GERALD STOURZH
UNTER MITARBEIT VON BARBARA HAIDER UND ULRIKE HARMAT

ANNÄHERUNGEN AN EINE EUROPÄISCHE GESCHICHTSSCHREIBUNG

ÖSTERREICHISCHE AKADEMIE DER WISSENSCHAFTEN
PHILOSOPHISCH-HISTORISCHE KLASSE
HISTORISCHE KOMMISSION

Archiv
für
österreichische Geschichte

Band 137

VERLAG DER
ÖSTERREICHISCHEN AKADEMIE DER WISSENSCHAFTEN
WIEN 2002

ÖSTERREICHISCHE AKADEMIE DER WISSENSCHAFTEN
PHILOSOPHISCH-HISTORISCHE KLASSE
HISTORISCHE KOMMISSION

Annäherungen an eine europäische Geschichtsschreibung

Herausgegeben von
Gerald Stourzh
unter Mitarbeit von
Barbara Haider und Ulrike Harmat

VERLAG DER
ÖSTERREICHISCHEN AKADEMIE DER WISSENSCHAFTEN
WIEN 2002

Vorgelegt von w. M. Gerald Stourzh
in der Sitzung am 14. Dezember 2001

Die Deutsche Bibliothek – CIP-Einheitsaufnahme
Ein Titeldatensatz für diese Publikation ist bei der
Deutschen Bibliothek erhältlich

Umschlagabbildung:
EVROPA
Prima pars terrae in forma virginis
Die Darstellung Europas geht zurück auf den aus Innsbruck stammenden
Johannes Putsch (Bucius, 1516–1542). Sie fand u.a. durch Heinrich Büntings
itinerarium sacrae scripturae, Magdeburg 1589, weite Verbreitung.
Die umseitige Abbildung beruht auf einem modernen Nachdruck aus der 1592
in Prag erschienenen tschechischen Ausgabe von Büntings Werk.

Umschlaggestaltung: H. Weinberger, ÖAW

ISBN 3-7001-3070-8

Gesamtherstellung: Weitzer & Partner GmbH., A-8045 Graz

INHALTSVERZEICHNIS

DANKSAGUNG

Der vorliegende Band geht auf ein eineinhalbtägiges Symposion zurück, das auf Einladung der Österreichischen Akademie der Wissenschaften am 15. und 16. Mai 2000 in Wien stattfand. Die Österreichische Akademie der Wissenschaften ermöglicht es seit mehreren Jahren jeweils einem ihrer Mitglieder, das den wissenschaftlichen Vortrag im Rahmen der Jahressitzung der Akademie hält, ein kleines Symposion zusammenzurufen. Ich bin dem Präsidium der Österreichischen Akademie der Wissenschaften zu sehr großem Dank dafür verpflichtet, daß mir die Akademie die Ehre erwies, mich für den wissenschaftlichen Vortrag im Rahmen der Jahressitzung 2000 einzuladen, den ich über das Thema „Begründung und Bedrohung der Menschenrechte in der europäischen Geschichte“ (veröffentlicht Wien 2000) hielt, und mir die Möglichkeit zu gewähren, unmittelbar zuvor das Symposion „Annäherungen an eine europäische Geschichtsschreibung“ zu leiten.

Den Referenten dieses Symposions danke ich sehr herzlich für ihr Kommen, und den Verfassern der hier vorgelegten Vorträge für die Mühe der druckfertigen Ausarbeitung. Die hier vorgelegten Abhandlungen sprechen für sich selbst. Allesamt tragen sie zur Belebung der Diskussion um die Möglichkeiten, ja Notwendigkeiten einer transnationalen europäischen Geschichtsschreibung bei. Zwei mündlich gehaltene Referate aus Frankreich und Irland konnten leider nicht zeitgerecht vorgelegt werden. Mein herzlicher Dank gilt auch den Moderatorinnen bzw. Moderatoren des Symposions, Frau Professor Mirjana Gross (Zagreb), Frau Professor Grete Walter-Klingenstein (Graz/Wien), Herrn Professor Heinz Duchhardt (Mainz) und Herrn Professor Helmut Rumpler (Klagenfurt).

Besonders danke ich der Historischen Kommission der Österreichischen Akademie der Wissenschaften und deren Obfrau, Frau Professor Walter-Klingenstein, für ihre liebenswürdige Bereitschaft, die Organisation des Symposions zu übernehmen und die Ergebnisse im Rahmen einer von dieser Kommission herausgegebenen Reihe zu ermöglichen. Last but not least danke ich von ganzem Herzen Frau Mag. Barbara Haider von der Historischen Kommission sowie Frau Dr. Ulrike

Harmat von der Kommission für die Geschichte der Habsburgermonarchie der Österreichischen Akademie der Wissenschaften für ihren ganz großen Einsatz und ihre unersetzliche Hilfe bei der Vorbereitung und Durchführung des Symposions ebenso wie bei der redaktionellen Betreuung und Drucklegung der hier vorgelegten Arbeiten.

Wien, im Oktober 2001 Gerald Stourzh

GERALD STOURZH

STATT EINES VORWORTS: EUROPA, ABER WO LIEGT ES?

Schillers oft genannte Frage aus den Xenien für 1797 –

„Deutschland? Aber wo liegt es? Ich weiß das Land nicht zu finden;
Wo das gelehrte beginnt, hört das politische auf" –

läßt sich unschwer auf Europa anwenden.

Europa? Wo ist es in der Tat zu finden? Was ist seine Umgrenzung? Viele Europas scheint es zu geben, viele politische, aber auch viele gelehrte. Gehen wir zunächst von der Gegenwart aus, von der Praxis sich als europäisch bezeichnender politischer Institutionen. Die „Organisation für Sicherheit und Zusammenarbeit in Europa (OSZE)" reicht von Vancouver und San Francisco bis Wladiwostok, nicht nur Kanada und die USA, sondern auch sämtliche Nachfolgerepubliken der Sowjetunion gehören ihr an. Der Europarat – und auch der Wirkungsbereich des Europäischen Gerichtshofs der Menschenrechte in Straßburg! – umfaßt unter anderem die Türkei, Rußland und die Ukraine sowie die transkaukasischen Republiken, nicht jedoch die in Asien jenseits des Kaspischen Meeres liegenden Nachfolgerepubliken der UdSSR. Die Europäische Union, wirtschaftlich, rechtlich und politisch wesentlich potenter, umfaßt bekanntlich derzeit 15 Länder. Nicht selten wurde und wird aus dem Innenraum der Europäischen Union (früher der Europäischen Gemeinschaften) die Gemeinschaft der Mitgliedstaaten im inoffiziellen Sprachgebrauch schlicht als „Europa" bezeichnet (etwa Brüssel als „Hauptstadt Europas", oder der Slogan „Wir sind Europa...")[1]. Dieser monopolisierende Sprachgebrauch ist zwar verständlich, da ja die In-

---

[1] „Europa bin ich – nicht mehr eine Stadt". Dieses schöne Beispiel von europäischer Identifikationsrhetorik aus der Zeit des Wiener Kongresses findet sich in der von Beethoven vertonten Kantate „Der glorreiche Augenblick", gedichtet vom Salzburger Arzt Aloys Weißenbach. Es ist die Stadt Wien selbst, die dies ausruft. Wolfgang HÄUSLER, „Europa bin ich – nicht mehr eine Stadt". Die Haupt- und Residenzstadt Wien als Schauplatz des Kongresses 1814/15, in: Heinz DUCHHARDT (Hg.), Städte und Friedenskongresse, Köln 1999, 135–158, hier 136.

stitutionen der EU über das Eigenschaftswort „europäisch“ verfügen (Europäischer Rat, Europäisches Parlament, Europäischer Gerichtshof, etc.)[2], doch für die noch nicht, vielleicht manchmal auch noch lange nicht oder nie der EU angehörenden europäischen Länder unzutreffend und verletzend. Es wird von Interesse sein, inwieferne die Einführung einer „europäischen Währung“ in „Euroland“, das ja nicht einmal mit der Europäischen Union identisch ist, zu weiteren Unschärfen im Gebrauch des Wortes „europäisch“ führen wird.

Jede machtbewußte politische Gruppierung sucht nach Legitimationsgrundlagen einschließlich historischer Gemeinsamkeiten (Stichwort „vaterländische Geschichte“). „History has not found its right place as a factor of European cohesion“, ließ sich ein hoher Funktionär der EU 1999 vernehmen[3]. Aber auch seitens der Historikerzunft gab oder gibt es didaktisch-pädagogische Bemühungen, die Vermittlung eines „europäischen historischen Bewußtseins“, die Vermittlung einer kulturellen Gemeinsamkeit im Gleichschritt mit der politischen und wirtschaftlichen Integration zu fördern. Jörn Rüsen hat die griffige Formel vom „kulturellen Euro“ geprägt, dessen Einführung erforderlich sei, um eine „fatale Disproportion“ zwischen verschiedenen Dimensionen des Lebens in einem vereinten Europa zu vermeiden, besonders zwischen Kultur auf der einen und Politik und Wirtschaft auf der anderen Seite – auch wenn Rüsen einräumt, daß die Einführung einer „kulturellen Währung“ nicht in gleicher Weise vorgeschrieben und durchgeführt werden könne wie der „Euro“[4].

Eine so deutliche Ausrichtung auf eine bestimmte Institution innerhalb Europas, nämlich der Europäischen Union, auch einer sich erweiternden Europäischen Union, seitens der Geschichtswissenschaft scheint wohl sehr problematisch. Selbstverständlich ist es eine nicht nur gerechtfertigte, sondern wichtige Aufgabe der Zeitgeschichtsschreibung,

---

[2] Die im Vertrag von Maastricht eingeführte und korrekt so bezeichnete „Unionsbürgerschaft“ wird inoffiziell häufig als „Europabürgerschaft“, „European citizenship“ bezeichnet.

[3] Spyros Pappas, Brussels and the European Identity, in: Haus der Geschichte der Bundesrepublik Deutschland (Hg.), The Culture of European History in the 21st Century, Berlin 1999, 39–45, hier 44. Kritisch hierzu Katja Fausser, Dimensions of a Complex Concept, in: Sharon Macdonald (Hg.), Approaches to European Historical Consciousness: Reflections and Provocations (Körber-Stiftung Hamburg, Eustory Series – Shaping European History, vol. 1) Hamburg 2000, 41–51, hier 45.

[4] Jörn Rüsen, „Cultural Currency“ – The Nature of Historical Consciousness in Europe, in: Macdonald (ed.), Approaches 75–85, hier 76.

den Prozeß der europäischen Integration und der diese Integration fördernden Institutionen zu erforschen. Doch darf – mit aller Vorsicht – von der Hypothese ausgegangen werden, daß auch nach dem gegenwärtig vor sich gehenden Erweiterungsprozeß eine Anzahl von europäischen Staaten der Europäischen Union voraussichtlich nicht angehören werden. Europa semper maior. Eine sich mit Europa befassende Geschichtsschreibung sollte daher stets weitere Dimensionen im Auge haben als den jeweiligen Umfang einer auch noch so bedeutenden Institution innerhalb Europas. Der nüchterne Blick eines französischen Außenpolitikers weist all jene in die Schranken, die allzu schnell historisch, geographisch oder kulturell „zwingende" Begründungen für einen bestimmten Umfang der Europäischen Union beistellen möchten: Es gebe „keine zwingenden historischen, geographischen oder kulturellen Gründe", mit „deren Hilfe man die Grenzen der heutigen Europäischen Union oder der Europäischen Gemeinschaft eindeutig bestimmen könnte. Hier geht es um politische Entscheidungen, die auf der Grundlage der Realitäten von heute und morgen, nicht der von gestern getroffen werden müssen."[5]

Löst sich der Historiker von den politischen Konstellationen der unmittelbaren Gegenwart, besinnt er sich auf Entwicklungen der „longue durée", scheinen mir zunächst aus Gründen der begrifflichen Präzision folgende Erwägungen wichtig: Europa ist nicht (allein) der Westen. Der Westen geht über Europa hinaus. Aber: Europa geht auch über den Westen hinaus. Zum ersten Gedanken sei kürzer, zum zweiten etwas ausführlicher Stellung genommen.

Europa hat „Neu-Europas", neue Europas oder „europagene" Gesellschaften jenseits der geographischen Grenzen Europas hervorgebracht, etwa in Franko- und Anglo-Kanada, in den Vereinigten Staaten, in den südlichsten Staaten Lateinamerikas, in Australien und Neuseeland[6]. Erst dadurch ist jener „Westen" entstanden, dessen Kohäsion und des-

---

[5] Jean François-Poncet, Senator und zeitweiliger Außenminister, in einer Wortmeldung auf einer Tagung in Warschau am 10. Juni 1995, in: Körber-Stiftung, Hamburg, (Hg.), Europa, aber wo liegen seine Grenzen? (Bergedorfer Gesprächskreis, Protokoll Nr. 104) Hamburg 1995, 21.

[6] „Neue Europas" in Übersee: Marcel R. Reinhard, Histoire de la population mondiale de 1700 à 1948, Paris 1949, 323. „Neu-Europa" in den Vereinigten Staaten: Larry Siedentop, Democracy in Europe, London 2000, 198. „Europagene" Gesellschaften: Gerald Stourzh in: Grete Klingenstein – Heinrich Lutz – Gerald Stourzh (Hgg.), Europäisierung der Erde? Studien zur Einwirkung Europas auf die außereuropäische Welt (Wiener Beiträge zur Geschichte der Neuzeit 7) Wien 1980, 11 (Vorwort).

sen „Werte" während des Zweiten Weltkriegs und erst recht in den Jahrzehnten des Kalten Kriegs vielfach beschworen wurden. Bemerkenswert ist nun, daß in dem Maße, in dem die Bildung und Verdichtung der Europäischen Gemeinschaften und der Europäischen Union fortschritt, der „Westen", großes Identifikationssymbol der Fünfziger- und Sechzigerjahre des 20. Jahrhunderts, an Bedeutung verlor. Jene europäische und europäisierende Geschichtsschreibung, die bewußt an den Integrationsprozeß der Europäischen Union anknüpfte, übte sich in einer merkwürdigen Selbstbescheidung und Konzentration auf den europäischen Kontinent, wenn nicht gar auf Westeuropa. Doch damit sind Dimensionen der europäischen Geschichte in den Schatten getreten, die für eine europäische Geschichtsschreibung unverzichtbar sind:

Die Geschichte der europäischen Überseemigration, wohl die größte Migrationsbewegung der bekannten Weltgeschichte, zumal im späten 19. und frühen 20. Jahrhundert, wird in einem Band der Reihe „Europa bauen" auf wenigen Seiten abgehandelt[7]. Die Tatsache, daß der Nordatlantik sozialgeschichtlich gesehen ein Binnenmeer ist, daß sozial- und familiengeschichtlich gesehen Irland mit dem Osten Nordamerikas unvergleichlich enger verknüpft ist als mit England oder gar Kontinentaleuropa, weiters die Tatsache, daß es eine „English-speaking world" von London und Glasgow (und Belfast und Dublin) über Toronto und Chicago bis Auckland oder Melbourne gibt, finden wenig Echo in der Geschichte der Konstruktion Europas, wie sie die von Jacques Le Goff geleitete Reihe „Europa bauen" darstellt[8].

Die Geschichte der größten Zwangsmigration der bekannten Geschichte, des Transports von etwa 13 Millionen schwarzafrikanischer Sklaven über den Atlantik, das Werk europäischer Herrscher, Kaufleute, Seefahrer, der „triangular trade" zwischen Europa, Westafrika und den Ostküsten Nord-, Mittel- und Südamerikas und der Karibik, findet in dem Band „Europa und das Meer" der genannten Reihe lediglich in einem Halbsatz [!] Beachtung, in einer Bemerkung über den internationalen Seehandel „besonders in seinen exotischen Formen wie beim Handel mit Negersklaven, bei dem fast doppelt so viel Sklaven wie Personal an Bord waren"[9].

---

[7] Massimo Livi Bacci, Europa und seine Menschen. Eine Bevölkerungsgeschichte (Reihe Europa bauen) München 1999, 205–211.

[8] Jacques Le Goff, Das alte Europa und die Welt der Moderne, München 1994.

[9] Michel Mollat du Jourdin, Europa und das Meer (Reihe Europa bauen) München 1993, 201. Hervorragend ist: Jürgen Osterhammel, Sklaverei und die Zivilisation des Westens, Privatdruck der Siemens-Stiftung, München 2000.

Der Kolonialismus der europäischen Mächte harrt noch der Behandlung in einer der spezifisch der europäischen Geschichte gewidmeten Reihen[10].

Die Spezifizität der (west-)europäischen Geschichte zumal des letzten Vierteljahrtausends wird häufig mit der Entwicklung des „rule of law", der Rechtsstaatlichkeit, der Gewaltenteilung, des Verfassungsstaats, der Grund- und Menschenrechte in Verbindung gebracht. Doch bekanntlich haben ganz wichtige Entwicklungen in „Neu-Europa" jenseits des Atlantik früher eingesetzt als in Europa – die Menschenrechtserklärungen von 1776 kamen vor jenen von 1789, der Ausbau elaborierter Verfassungen im modernen Sinne („geschriebene Verfassungen") erfolgte zwischen 1776 und 1787 in einer Vollständigkeit, die in diesen Jahren in Europa kein Äquivalent hatte. Die Verfassungsgerichtsbarkeit, seit einem halben Jahrhundert in Europa (West und nunmehr auch Ost) blühend und gedeihend, wurde in den Vereinigten Staaten weit vor ihren Anfängen in Europa ausgeformt[11]. Manche Kataloge „europäischer Werte", von der Europäischen Konvention der Menschenrechte (deren bereits großer praktischer Wert als Grundlage eines kühnen Experiments, das den Menschenrechtsschutz in ferne Länder des größeren Europa trägt, nicht geschmälert werden soll) bis zur Grundrechtscharter der Europäischen Union, sind durchaus im Rahmen „westlicher", wenn nicht universeller Wertvorstellungen zu sehen, wie sie im großen Dokument von 1948, der Allgemeinen Erklärung der Menschenrechte, niedergelegt wurden. Es wäre nicht auszuschließen, daß nach einer etwa zwanzigjährigen Periode, in der „der Westen" zugunsten „europäischer Werte" im Hintergrund stand, nach dem 11. September 2001 eine Renaissance des „Westens" und „westlicher Werte" erfolgen könnte. Doch jedenfalls gilt es für eine europäische Geschichtsschreibung, die oben genannten Faktoren sozialgeschichtlicher, wirtschafts- und politikgeschichtlicher sowie rechts- und verfassungsgeschichtlicher Art, die über das geographische Europa hinausweisen, ausreichend in die Interpretation einer gesamteuropäischen Geschichte einzubeziehen.

---

[10] Siehe allerdings Jürgen OSTERHAMMEL, Kolonialismus: Geschichte – Formen – Folgen, München 1995.

[11] Hierzu insbes. Willi Paul ADAMS, Republikanische Verfassung und bürgerliche Freiheit. Die Verfassungen und politischen Ideen der amerikanischen Revolution, Darmstadt-Neuwied 1973, sowie Gerald STOURZH, Wege zur Grundrechtsdemokratie, Wien 1989.

Zur zweiten Überlegung – Europa ist mehr als „der Westen“, es geht über den „Westen“ hinaus – ist etwas ausführlicher Stellung zu nehmen. Blickt man von jenen Teilen Europas, die dem Atlantik und der Nordsee, auch dem westlichen Mittelmeer relativ nahe sind, in Richtung Nordosten, Osten und Südosten, so eröffnen sich mehrere vermeintliche oder wirkliche Begrenzungslinien (stärker emotionalisierende Wörter wie „Bruchlinien“ oder „Grenzen“ seien bewußt vermieden und abgelehnt). Der römische limes kommt in den Sinn ebenso wie der Eiserne Vorhang. Drei andere Linien seien jedoch hier kommentiert. Eine solche Linie, mentalitätsmäßig durch weitgehende Unkenntnis weiter östlich und südöstlich gesprochener slavischer und anderer Sprachen verstärkt, wäre etwa jene, die Leopold von Ranke vor sich sah, als er sein Jugendwerk von 1824 über die „Geschichten der Romanischen und Germanischen Völker“ schrieb, darin (West-)Europa und Amerika als Einheit ansah und bemerkte: „In der Tat gehen uns Neuyork und Lima näher an als Kiew und Smolensk.“[12] Mit einigem Hochmut schrieb Ranke später, daß den Russen und den übrigen slavischen Völkern das Verdienst zukomme, die europäische Kultur vor Asien bewahrt zu haben. Den Mongolen stellten sich die Russen, den Osmanen stellten sich „Polen, Wlachen, Ungarn, Litthauer, Böhmen“ entgegen. „Hiedurch verdienten sich diese Völker des östlichen Europas in höherem oder geringerem Grade die Aufnahme in den Kreis der abendländischen Bildung im engeren Sinne.“[13] Der Hochmut vom Primat der Romanischen und Germanischen Völker, ja nicht bloß bei Ranke vorkommend[14], rief die leidenschaftliche Reaktion eines bedeu-

[12] Zit. bei Ernst Schulin, Die weltgeschichtliche Erfassung des Orients bei Hegel und Ranke, Göttingen 1958, 160. Ebenda 156–161 eine vorzügliche Analyse von Rankes Abgrenzung der romanischen und germanischen Völker vom übrigen (Ost- und Südost-)Europa, eingehender als bei Heinz Gollwitzer, Europabild und Europagedanke. Beiträge zur deutschen Geistesgeschichte des 18. und 19. Jahrhunderts, München 1951, 279.

[13] Leopold von Ranke, Weltgeschichte, Bd. IX/1, Leipzig 1888, 271. Kritisch zu Ranke Oskar Halecki, Europa – Grenzen und Gliederung seiner Geschichte, Darmstadt 1957, 80. Dies ist ein auch heute bedeutendes, wenn auch klar die Signatur seines ursprünglichen Erscheinens (in englischer Sprache 1950) tragendes Werk.

[14] Vgl. Hebbels oft zitiertes Gedicht „An den König von Preußen“ von 1861:

Auch die Bedientenvölker rütteln
Am Bau, den jeder tot geglaubt,
Die Czechen und Polacken schütteln
Ihr strupp'gs Karyatydenhaupt.

tenden russischen „Anti-Westlers“, des „eurasischen“ Ideen zugewandten Fürsten Nikolaj Sergejevič Trubetzkoy, hervor, dessen Schrift „Europa und die Menschheit“ (1920) eine einzige Attacke gegen das Überlegenheitsgefühl der „Romano-Germanen“ ist[15]. Von Hochmut kann nach den furchtbaren Verbrechen gegen Mitte des 20. Jahrhunderts, die die nationalsozialistische Herrschaft in der Shoa, aber eben auch gegenüber den slavischen Völkern verübte, wohl keine Rede sein. Doch jene Begrenzungslinie ist auch in der Gegenwart von unmittelbarer Relevanz für die europäische Geschichtsschreibung. Mögen tschechische, polnische, auch ungarische Historiker mit noch so großer Überzeugungskraft die historische Zugehörigkeit ihrer Länder zu Mitteleuropa, ja in vieler Hinsicht „zum Westen“ nachweisen, die „Sprachbarriere“, die mangelnde Sprachkompetenz der „Allgemeinhistoriker“ hat die Geschichte aller slavischen Länder traditionell in das Spezialgebiet der „Geschichte Ost-, Ostmittel- und Südosteuropas“ (die Fach-, Lehrstuhl- und Institutsbezeichnungen variieren natürlich) verwiesen[16].

Eine zweite Begrenzungslinie ist einem ganz anderen Teilgebiet der Geschichtswissenschaft, nämlich der Sozialgeschichte entnommen. Es handelt sich um die Familienstrukturforschung und die sogenannte „Hajnal-Linie“, die unterschiedliche Typen des Heiratsverhaltens

---

Hierzu vorzüglich Wolfgang Häusler, „Die Czechen und Polacken schütteln/Ihr strupp'ges Karyatydenhaupt“. Friedrich Hebbel und die „Bedientenvölker“ der Habsburgermonarchie, in: Hebbel-Jahrbuch 51 (1996) 151–212.

[15] Nikolaj Sergejevič Trubetzkoy, Evropa i čelovečestvo, Sofia 1920; deutsche Ausgabe Europa und die Menschheit, München 1922, am leichtesten greifbar eine französische Auswahledition: N.S. Trubetzkoy, L'Europe et l'humanité, hg. v. Patrick Sériot, Sprimont (Belgien) 1996. Zu den „Eurasiern“, einer Gruppe antikommunistischer und antiwestlicher emigrierter Intellektueller der Zwischenkriegszeit, vgl. Norman Davies, Europe. A History, repr. with corr. London 1997, 12; sowie neuestens Elena Chinyaeva, Russians outside Russia. The Émigré Community in Czechoslovakia 1918–1938 (Veröffentlichungen des Collegium Carolinum 89) München 2001, 185–212.

[16] Zur strukturellen Unterscheidung der Geschichte Ostmitteleuropas – verstanden vor allem als Geschichte der Königreiche Ungarn, Böhmen, Polen-Litauen und des Kurfürstentums Brandenburg als eigenständige „ostmitteleuropäische“ Region zwischen Westeuropa und dem (russischen) Osteuropa – vgl. die Studie des frühverstorbenen ungarischen Mediävisten Jenő Szűcs, Die drei historischen Regionen Europas, Frankfurt a.M. 1984. Zur Entstehung des mit dem europäischen Rußland verbundenen Osteuropabegriffs vgl. Hans Lemberg, Zur Entstehung des Osteuropabegriffs im 19. Jahrhundert. Vom „Norden“ zum „Osten“ Europas, in: Jahrbücher für Geschichte Osteuropas N.F. 33 (1985) 48–91.

(„European marriage pattern"), der Familiengründung und Familienverfassung trennt, und die John Hajnal etwa von Leningrad (nunmehr St. Petersburg) bis Triest angesetzt hat[17]. Das von Hajnal so genannte „European marriage pattern" westlich dieser Linie, durch ein hohes Heiratsalter und starke Ledigenquoten gekennzeichnet, wurde vielfach mit spezifisch „europäischen" Sonderentwicklungen – vor allem stärkerer Individualisierung – in Verbindung gebracht[18]. Die Debatte um die Hajnal-Linie ist umfangreich und hat zahlreiche Differenzierungen mit sich gebracht. Doch bleiben – in Bezug auf die einer europäischen Geschichtsschreibung adäquate Begrifflichkeit – Fragen offen. Der ursprüngliche von Hajnal angewandte Begriff „European marriage pattern" für Phänomene im nordwestlichen Europa – mit einem „aus Gründen der Kürze" höchst restriktiven Europabegriff – führte zur grotesken Konsequenz, daß etwa Daten aus drei ungarischen Dörfern im 18. Jahrhundert wie folgt charakterisiert wurden: „This population is not in ‚Europe' as defined in this paper."[19]

---

[17] Eine vorzügliche Einführung zu Formulierung, Kontrovers-Diskussionen, Differenzierungen und Ergänzungen der Hajnal-These bietet Michael MITTERAUER, Ostkolonisation und Familienverfassung. Zur Diskussion um die Hajnal-Linie, in: Vincenc RAJŠP – Ernst BRUCKMÜLLER (Hgg.), Vilfanov Zbornik – In Memoriam Sergej Vilfan, Ljubljana 1999, 203–222.

[18] Hierzu insbesondere Michael MITTERAUER, Europäische Familienentwicklung, Individualisierung und Ich-Identität, in: Rainer HUDEMANN – Hartmut KAELBLE – Klaus SCHWABE (Hgg.), Europa im Blick der Historiker (Historische Zeitschrift, Beihefte [Neue Folge] 21) München 1995, 91–97.

[19] Vgl. die gründliche Kritik an Hajnals – man muß wohl sagen, unverantwortlichem – Umgang mit dem Begriff Europa von Maria TODOROVA, Zum erkenntnistheoretischen Wert von Familienmodellen. Der Balkan und die „europäische Familie", in: Josef EHMER – Tamara K. HAREVEN – Richard WALL (Hgg.), Historische Familienforschung. Ergebnisse und Kontroversen. Michael Mitterauer zum 60. Geburtstag, Frankfurt a.M.-New York 1997, 284–287. Hajnal schrieb 1965: „...it was most inconvenient not to have a term for the area where the European pattern obtained and I have felt free (when there is no possibility of misunderstanding) to use ‚Europe' to denote this area. It is awkward to exclude Eastern Europe from Europe and it might be thought more accurate to use terms like ‚Western Europe', and ‚Western European pattern'. However, since these terms had to be referred to so frequently, brevity was a great advantage. Europe in our restricted sense is in fact the area dealt with in many a history of Europe."[!] Zit. bei Todorova, Zum erkenntnistheoretischen Wert 285, aus: John HAJNAL, European Marriage Patterns in Perspective, in: D. V. GLASS – D. E. C. EVERSLEY (Hgg.), Population in History. Essays in Historical Demography, London 1965, 101 Anm. 2. Die Angabe zu ungarischen Dörfern „nicht in Europa wie in diesem Aufsatz definiert" ebenda 131, zit. bei Todorova, Zum erkenntnistheoretischen Wert 286f.

Doch auch wenn Ostmittel-, Ost- und Südosteuropa als das gesehen werden, was sie sind, nämlich Teile Europas, verbleiben begriffliche Probleme. Michael Mitterauer hat in einem Überblick über die europäische Familienentwicklung davon gesprochen, daß es „vor allem im Osten und Südosten des Kontinents" weite Räume gebe, wo die (vorhin genannten) für die „europäische Familienentwicklung" charakteristischen Merkmale „überhaupt nicht oder erst sehr spät auftreten. Sie sind eben nicht für Europa als geographische Einheit, sondern für Europa als Sozialraum typisch. Mit Prozessen der Europäisierung haben sie weit über den Kontinent hinaus Einfluß ausgeübt."[20] Vom „Sozialraum" Europa zu sprechen, wenn dieser Sozialraum nur einen (kleineren) Teil des geographischen Europa ausfüllt, provoziert die Frage, in welcher Art von Raum die übrige Bevölkerung Europas lebt, bei der die charakteristisch neuartigen Familienstrukturen nicht aufgetreten sind. Es scheint problematisch, einen bestimmten – de facto in West- oder Nordwesteuropa gelegenen Raum als „Sozialraum Europa" zu privilegieren – auch wenn dessen spezifische Familienstrukturen Wirkungen über (West-)Europa hinaus, vor allem wohl in die angloamerikanische Welt ausübten[21].

Schließlich sei jene Begrenzungslinie angesprochen, die über das stärkste Emotionalisierungspotential in Europa verfügt – jene Linie, die das „lateinische", seit der Reformation in Römische Katholiken und Protestanten gespaltene Christentum einerseits und das von Byzanz herkommende orthodoxe Christentum andererseits voneinander scheidet. Sogleich sei hinzugefügt, daß die griechisch-unierte Kirche in Teilbereichen dieser Linie, vor allem im polnisch-weißrussisch-westukrainischen Grenzbereich einerseits, in Rumänien andererseits ein „Übergangselement" darstellt, das bisweilen ignoriert wird. Es gab und gibt nicht wenige Stimmen, die Europa, oder zumindest das, was sie als das

---

[20] Mitterauer, Familienentwicklung 92.

[21] Eine unscharf gleitende Begrifflichkeit, die fallweise von „Europa", fallweise von Westeuropa spricht, findet sich in einer Studie Hartmut Kaelbles. Kaelble schrieb 1995, daß sich während der vergangenen vierzig Jahre die „innereuropäischen Unterschiede" (der Gesellschaftsstruktur) deutlich abgemildert hätten. Die kommunistisch dominierten Staaten Europas sind hier allerdings nicht angesprochen. Vor allem seit den 1950er Jahren, so Kaelble, „wurden solche Annäherungen *zwischen europäischen oder zumindest zwischen westeuropäischen Gesellschaften* [meine Hervorhebg., G.S.] spürbar stärker." Hartmut Kaelble, Europabewußtsein, Gesellschaft und Geschichte, in: Hudemann – Kaelble – Schwabe, Europa im Blick der Historiker 16.

„eigentliche“, das kulturelle Europa im Unterschied zum geographischen ansehen, mit dem östlichen und südöstlichen Ende der lateinischen Christenheit enden lassen. Es gibt theoretisch oder historisch eindrucksvoll argumentierende Stimmen dieser Art[22]. Es gab und gibt Stimmen, die aus Gründen der Konzentration auf das eigene Spezialwissen ein nicht genauer definiertes Ost- und Südosteuropa ausklammern[23], es gibt fallweise stärker emotionell motivierte Stimmen, häufig aus Ländern unmittelbar westlich der genannten Linie kommend, wie Litauen, Polen oder Kroatien[24], die das Ende Europas an den Grenzen ihrer jeweiligen Länder sehen oder jedenfalls die Grenze zwischen westlicher und östlicher Christenheit „bis heute zu den dauerhaftesten Zivilisationsgrenzen in der Welt“[25] zählen. Schließlich ist dieser konfessionellen Trennungslinie eine ganz große „kulturtrennende“ Bedeutung zugesprochen worden in dem weitverbreiteten Werk des amerikanischen Politologen Samuel Huntington, Der Kampf der Kulturen[26]. Für

---

[22] Rémi BRAGUE, Europe, la voie romaine, Paris 1992, ergänzte Taschenbuchausgabe Paris 1999; Michael MITTERAUER, Die Entwicklung Europas – ein Sonderweg? Legitimationsideologien und die Diskussion der Wissenschaft, Wien 1999, 52–57.

[23] So etwa Friedrich Heer, der in seiner „Europäischen Geistesgeschichte“ schrieb, „Europa“ werde in diesem Buch „in einem engen Sinne begriffen“, als das nachgriechische Westeuropa zwischen Konstantin und Hitler, mit bewußter Ausklammerung des „Randeuropa im Osten“. Friedrich HEER, Europäische Geistesgeschichte, Stuttgart 1953, 6. In letzter Zeit etwa Peter RIETBERGEN, Europe – a Cultural History, London-New York 1998, xxf.

[24] Die große Bedeutung der Grenze zwischen Römisch-katholischem und orthodoxem Christentum werde zugegebenerweise häufiger als anderswo in Polen und Kroatien gesehen, bemerkt, leicht ironisierend, Eric HOBSBAWM, On History, London 1998, 294. Für Polen sehr informativ Małgorzata MORAWIEC, *Antemurale christianitatis*. Polen als Vormauer des christlichen Europa, in: Jahrbuch für Europäische Geschichte 2 (2001) 249–260, bes. 259. Für Litauen – sich von derartigen Äußerungen distanzierend – der litauische Diplomat Justas Paleckis, in: Körber-Stiftung (Hg.), Europa, aber wo liegen seine Grenzen? 68.

[25] Bronisław Geremek, ebenda 9. Der polnische Historiker Oskar Halecki betrachtete 1950 die polnisch-sowjetische Grenze als die Ostgrenze Europas. Allerdings finden sich in Haleckis Werk sehr subtile Überlegungen zu unterschiedlichen Phasen der zeitlich und räumlich variierenden Zugehörigkeit Rußlands zu Europa. Halecki, Europa 74–93. Halecki hat derart *avant la lettre* das Konzept eines „tidal Europe“ – eines Europa mit hin- und zurückflutenden Grenzen – praktiziert, das Norman Davies, eine Formulierung des Geographen W. H. Parker aufgreifend, zur Diskussion gestellt hat. Davies, Europe 8f.

[26] Samuel P. HUNTINGTON, Der Kampf der Kulturen. Die Neugestaltung der Weltpolitik im 21. Jahrhundert, München 1997, bes. 251ff.

Huntington, der die genannte Linie als wichtigste Trennungslinie auf einer Landkarte Europas eingetragen hat – von der finnisch-russischen Grenze weiter westlich von St. Petersburg bis an die Adria südlich von Dubrovnik reichend –, gibt es westlich bzw. nordwestlich davon „den Westen“, östlich davon die orthodoxe Kultur – ja, „Europa“ reicht für Huntington nur bis zu jener Linie[27]. Mit Recht hat Michael Mitterauer gewarnt, daß allzu schnell aus europäischen Strukturgrenzen der Vergangenheit Zielvorstellungen für politische Zusammenschlüsse in der Gegenwart abgeleitet würden: „Solche Ableitungen sind illegitim.“[28] Dem Hochspielen dieser Linie kommt insofern eine gewisse politische Brisanz zu, als absehbar ist, daß die östlichen Außengrenzen der Europäischen Union nach dem Beitritt der baltischen Staaten, Polens, der Slowakei und Ungarns über lange Strecken jener angeblichen „Zivilisationsgrenze“ sehr nahe kommen würden. Legitimationsideologien, die sich diese Konvergenz zunutze machen könnten, wären wohl problematisch.

Europa, so plädiere ich für einen „weiten“ Europabegriff, ist mehr als der Westen. Es ist mehr als die „latinitas“, mehr als das Abendland. Es hat auch einen Osten. Es wird berichtet, daß im späten 18. Jahrhundert die zaristische Regierung einen Grenzpfosten zur Markierung der Grenze Europas gegen Asien auf dem Weg zwischen Jekaterinburg und Tjumen aufstellen ließ. Auf dem Weg in die sibirische Verbannung knieten die in Ketten gelegten Verbannten bei dem Grenzpfahl nieder, um eine Handvoll europäischer Erde nach Sibirien mitzunehmen. Es gebe keinen Grenzpfahl auf Erden, berichtete ein Beobachter, „der so viele gebrochene Herzen gesehen hat wie dieser“[29]. Auch dort also war – noch – Europa; auch dort gab es Emotionen um den Abschied aus Europa – nicht bloß in Liverpool oder Cork oder Lissabon oder Cádiz.

[27] Huntington, Kampf der Kulturen 253. Daß etwa das orthodoxe Griechenland, Vorbild der europäischen nationalen Befreiungsbewegungen im 19. Jahrhundert, auch Mitglied der Europäischen Union ist, würde man auf Huntingtons kulturtrennender Landkarte nicht erkennen können. Im Gegensatz zur Huntington-These steht das (vor Huntington erschienene) umfangreiche Werk des Berliner Osteuropahistorikers Klaus Zernack, Polen und Rußland. Zwei Wege in der europäischen Geschichte, Berlin 1994.

[28] Unter Hinweis auf Huntington Mitterauer, Ostkolonisation und Familienverfassung, in: Rajšp – Bruckmüller (Hgg.), Vilfanov Zbornik 221.

[29] Berichtet in Davies, Europe 8. Zur Geschichte der Uralgrenze instruktiv auch das vorzügliche Werk von Jürgen Osterhammel, Die Entzauberung Asiens. Europa und die asiatischen Reiche im 18. Jahrhundert, München 1998, 45.

Plötzlich verwandelt sich die oft belächelte unscheinbare „künstliche“ Ural-Grenze zwischen Europa und Asien in ein psycho-kulturelles Phänomen, sie wird, um ein Modewort zu gebrauchen, zu einem europäischen „Gedächtnisort“. Europa jenseits des „Westens“ ist auch Europa. Es ist eine der dringendsten – und in Hinblick auf Sprachbarrieren schwierigsten – Aufgaben der Geschichtswissenschaft und Geschichtsschreibung, in ihren kulturhistorischen Traditionen sehr unterschiedliche Teile Europas zu integrieren. Hier geht das „gelehrte“ Europa dem politischen Europa voraus, oder sollte ihm voraus gehen. Erste bedeutende Leistungen wurden in jüngstvergangener Zeit erbracht[30]. Doch stehen wir erst am Beginn. Lösen müssen wir uns von der Vorstellung eines homogenen, durch bestimmte Errungenschaften, Programme oder exklusive Werte definierten Europa. „Es gibt kein historisch homogenes Europa, und diejenigen, die danach Ausschau halten, befinden sich auf einer falschen Fährte.“[31]

---

[30] Ich verweise auf zwei bedeutende Werke der Synthese, die beide die Relevanz der ostmitteleuropäischen, südosteuropäischen und osteuropäischen Dimensionen der europäischen Geschichte voll zur Geltung kommen lassen: Norman Davies’ bereits genanntes Werk Europe – a History, und Dan DINER, Das Jahrhundert verstehen. Eine universalhistorische Deutung, München 1999.

[31] Eric HOBSBAWM, Wieviel Geschichte braucht die Zukunft (= deutsche Übersetzung des Bandes „On History“), dtv-Taschenbuch München 2001, 285.

Nicolette Mout

DOES EUROPE HAVE A CENTRE? REFLECTIONS ON THE HISTORY OF WESTERN AND CENTRAL EUROPE

> "There is a belief, rather widespread in English-speaking countries, that the eastern half of Europe is inhabited by a number of endlessly quarrelling small nations whose conflicts keep endangering the quiet and comfort of Anglophones."
>
> Hugh Seton-Watson[1]

There are signs or even small monuments in various localities in Europe indicating that here, and only here, the centre of the continent is situated. Thus the French National Geographical Institute has established that the geographical centre is located at 54 degrees 54 minutes northern latitude and 25 degrees 19 minutes eastern longitude in the Lithuanian village of Purnuškes, twenty-six kilometres to the north of Vilnius. A stele on Bernotai castle mount marks the spot with the words "Europos centras". To honour this survey the Vilnius Academy of Fine Arts has laid out a park there with a permanent open-air exhibition of sculptures[2].

In the face of these facts historians might consider first of all that the French Geographical Institute was far ahead of us for it knew precisely what Europe is and what its frontiers are. Geographically at least it has solved the old question of the frontiers of Europe and included Russia as far as the Urals, for otherwise the centre would

[1] Hugh Seton-Watson, On Trying to be a Historian of Eastern Europe, in: Dennis Deletant – Harry Hanak (eds.), Historians as Nation-Builders. Central and South-East Europe, London 1988, 9.

[2] Baedeker Balticum: Estland, Lettland, Litauen, Königsberger Gebiet, s.l. 1994, 407; Rasa Avizienis, Guide to Lithuania, Chalfont St. Peter-Old Saybrook 1995, 4. I would like to thank Professor E.O.G. Haitsma Mulier for drawing my attention to Purnuškes.

hardly be placed in Lithuania. Since the Enlightenment there has been a lively debate about the place of Russia in Europe and it seems that the French geographers agree with Voltaire, who included Russia mainly because of his admiration for Peter the Great[3]. And then it is clear that Lithuania attaches some significance to the findings of the geographers for otherwise the stele and the open-air exhibition would not have been realized on that particular spot.

What is the significance of these geographical findings for the history of the continent and are they in any way useful for historians? My answer to this second question is: not much. As far as I know the village of Purnuškes in Lithuania has no outstanding significance for European history. Historians are not able, nor, I assume, willing to point with mathematical precision to a geographical locality which then might function as the centre of this continent[4]. Naturally, we would very much prefer to approach the question of the centre of Europe in a totally different manner and search for a centre in the historical sense. Then we would probably look for a place or possibly a region or even a whole country in which essential developments for the history of the continent have occurred. It is possible that we would choose not just one centre, but rather a whole series of centres, everyone of which had filled that role in a specific period of European history. Actually our textbooks are still dominated by such an approach, although in most cases this is not made explicit. For example: in the age of the Renaissance our eyes are directed to Italy, for the

---

[3] For the eighteenth century discussion on Russia as a part of Europe see Larry Wolff, Inventing Eastern Europe. The Map of Civilization on the Mind of the Enlightenment, Stanford 1994. Some of the older literature on the history of Europe as an idea is still valuable: Heinz Gollwitzer, Europabild und Europagedanke. Beiträge zur deutschen Geistesgeschichte des 18. und 19. Jahrhunderts, Munich 1951, 77–79; Denys Hay, Europe. The Emergence of an Idea, Edinburgh 1957, 123–125; Federico Chabod, Storia dell'idea d'Europa (Biblioteca di cultura moderna 562), Ernesto Sestan and Armando Saitta (eds.), Bari 1962, 144f., 198–200.

[4] Here I agree with Tony Judt, A Grand Illusion? An Essay on Europe, New York 1996, 55, with whom I disagree about almost anything else, who remarks: "Geography, after all, can confuse as well as enlighten. Since 1989 the 'center of Europe' has been variously placed in a Polish marketplace, a Lithuanian field, a French farmhouse, and most, recently, a Belgian village, depending on the definition of the Europe in question. None of these four claimants would be anyone's intuitive choice for the continent's true midpoint."

early history of the Reformation Germany provides the centre and for the nineteenth century we concentrate on England, France and Germany rather than on the Habsburg Empire or Southern Europe. In my opinion it will take a long time before historians describe Brussels as the centre of Europe around the turn of the century.

There is, however, another method of pursuing the question of the centre which is more acceptable to historians. A division of Europe in the four directions of the compass North, East, West, and South leaves the question of the centre open: "Central" or "East Central Europe", "Mitteleuropa", "Ostmitteleuropa", "l'Europe centrale" are all terms capable of indicating this centre. In most cases, though, a precise definition and a clear delimitation from the other directions is lacking. Any definition based on geographical facts, however, causes the historian great difficulties. "Eastern Europe" for example can refer to Central Europe with or without Russia; "Mitteleuropa" may include or exclude Germany. The Dutch historian Johan Huizinga once wrote: "The border between Western and Central Europe lies just beyond Delfzijl and Vaals." – i.e., just directly along the Eastern frontier of the Netherlands. However, he wrote this in 1934, that is shortly after the beginning of national socialist rule in neighbouring Germany[5]. I myself have always avoided pursing the term "Central Europe" or "Mitteleuropa" with a precise geographical definition because I am only too conscious that it tends to remain an exceedingly problematic and even ideologically charged term. It always needs a lengthy explanation, because, at least in my perspective, the problem of "Central Europe" is not exclusively a question of geography or terminology but above all a historical question. I am, moreover, aware of the fact that there are even historians who do not want to use this term which has become so questionable through the erstwhile dreams of a "Mitteleuropa" led by a nationalist and subsequently fascist Germany[6].

---

[5] Johan Huizinga, Nederland's geestesmerk, in his: Verzamelde werken, Bd. 7, Haarlem 1950, 311f.

[6] M.E.H.N. Mout, Het gezicht der vrijheid. Das Gesicht der Freiheit, inaugural lecture, Leiden 1991, 40f.; Richard Plaschka – Horst Haselsteiner – Arnold Suppan – Anna M. Drabek – Birgitta Zaar (eds.), Mitteleuropa-Konzeptionen in der ersten Hälfte des 20. Jahrhunderts (Zentraleuropa-Studien 1) Vienna 1995; Robin Okey, Central Europe – Eastern Europe: Behind the Definitions, in: Past & Present 137 (1992) 102–133.

Those who are still under the influence of the Cold War do not like to use the term either. Tony Judt, for instance, does not acknowledge a further subdivision between Eastern and Western Europe in the shape of a Central Europe. According to him, the idea of Central Europe "is a distinctively *modern* one, and it has no deep roots in Europe's past"[7]. Therefore, he sticks to the east-west division along the line dividing Europe during the Cold War. This dividing line has, in his view, venerable roots in a distant past, dividing the Roman and later the Carolingian, Holy Roman and Habsburg Empires from the rest, and Catholic from Orthodox Europe. Here, Judt's ideas are obviously similar to those of certain German nationalists who have traced the lineage of their "Mitteleuropa" – including Germany of course – back to the Carolingian empire. Conveniently, its eastern frontiers closely resemble the later Iron Curtain[8]. Judt does not allow Central Europe to play the cultural card either. Even present Central European urban culture, he argues, does not sustain the claim of the existence of a Central Europe which is closer to Western European civilization than to the Eastern counterpart. His conclusion is very harsh indeed: "Yet the very distinction that confers their modern significance upon cities like Prague or Warsaw, Budapest or Zagreb – that they are the capitals of independent countries – has also deprived them of a claim to a place in the 'center' of Europe. For their culture was a cosmopolitan culture, often written or spoken in an international language – German – many of whose most accomplished representatives were Jews. The destruction of this genuinely central European culture has left Polish Warsaw, Lithuanian Vilnius, Czech Prague, and Hungarian Budapest as provincial as Austrian Vienna. They may be located in the middle of Europe, but their claim to a distinctive 'central Europeanness' is at best nostalgic, at worst bogus. Their desire to avoid being confused with places and peoples to their east is real enough [...]. But it does not follow from this that they can claim a distinctive identity, past or present, that guarantees them a permanent place on the 'good' (and safe) side of such a line."[9]

---

[7] Judt, A Grand Illusion? 53.

[8] Ibid. 45–49; Okey, Central Europe – Eastern Europe 106. For the "invention" of Eastern Europe during the Enlightenment see Wolff, Inventing Eastern Europe.

[9] Judt, A Grand Illusion? 54f.

Nevertheless, *pace* Judt, the concept of Central Europe seems to be very tenacious indeed, especially in the historical sense[10]. Now and again this diffuse Central Europe is referred to as "the heart of Europe". The British historian Norman Davies applied this allusion to Poland. Before him, in the seventies, Hugh Seton-Watson had called the countries along the Danube "the Sick Heart of Modern Europe"[11]. On the first page of this booklet he explains where he found his title: "My title is taken from a phrase which became familiar in my younger days[12] [...]. The phrase was that Germany was the heart of Europe, and that all the troubles of the last few generations in Europe had derived from the fact that the heart was sick. As I travelled and studied more, it seemed to me that the heart was not so much Germany as the wider region deeply influenced by German culture, especially in the lands where German-speaking populations overlap with people of other languages. One could make a good case for a much smaller heart; Bohemia – where Germans and Czechs meet, the very centre of the continent, the land of which Bismarck is said to have declared that who holds it, holds Central Europe."[13]

An example of the idea that Bohemia represents the heart or the centre of Europe can be found as early as the seventeenth century in the writings of the Czech pedagogue and pansophist Johannes Amos Comenius (Jan Amos Komenský, 1592–1670). In his "Clamores Eliae", a commonplace book which he composed during his Amsterdam exile between 1665 and 1667 – but which was not published until the twentieth century – he wrote: "The core of all continents is Europe, the heart of Europe is the German Empire, the heart of the German Empire is Bohemia, and the heart of Bohemia is Prague."[14]

A famous, but somewhat later map published by the Bohemian historian, philologist and Jesuit Bohuslaus Balbinus (Bohuslav Balbín,

[10] Okey, Central Europe – Eastern Europe aptly summarizes the discussion up to the early 1990's.

[11] Norman Davies, The Heart of Europe. A Short History of Poland, Oxford 1984; Hugh Seton-Watson, The "Sick Heart" of Modern Europe. The Problem of the Danubian Lands, Seattle-London 1975.

[12] Hugh Seton-Watson was born in 1916; his remarks obviously relate to the thirties and early forties.

[13] Seton-Watson, The "Sick Heart" of Modern Europe 3.

[14] Johannes Amos Comenius, Clamores Eliae, quoted in Milada Blekastad, Comenius. Versuch eines Umrisses von Leben, Werk und Schicksal des Jan Amos Komenský, Oslo-Prague 1970, 720.

1621–1688) delineates the kingdom of Bohemia in the shape of a rose with Prague as its calyx[15]. Such statements, whether made by a modern historian or a scholar in a past century, betray a certain emotionalism. After all, in our culture the heart is treated as the seat of feelings and even functions as the symbol of love[16]. Without a heart one cannot live: without its Central European heart Europe is worth nothing; the essential events take place in this heart of Europe; he who dominates the heart controls the whole continent, and so on. All these associations contain emotional overtones, and in my opinion the historian should not pass them by but make an effort to understand them.

The discussion about the place of Central Europe in the history of our continent began already in the nineteenth century. I do not wish to repeat the well-known arguments about an Eastern Europe led by Russia, Western Europe of the Romance and Germanic peoples and a "cultural frontier" or "borderland" between them. I only like to draw attention to the fact that such a discussion did exist and I wish to add that in my view it did not produce much for a correct understanding of my specific subject, i.e. the relationship between Western and Central European history. Especially the problem of the "cultural frontier" between East and West has led to fairly fruitless observations concerning the question whether a particular region, for example Poland or Bohemia, was part of the West or the East. During the Cold War this rather opaque discussion was further clouded by political considerations and positions[17].

I feel more at home with a different approach where geography and geopolitics play a subordinate role, that is, the idea of Europe as a cultural area which is defined through its historical developments. In doing this, the numerous historical contrasts and conflicts within the continent itself must not be disregarded. For me personally some remarks by the English historian Geoffrey Barraclough became impor-

---

[15] Bohuslaus BALBINUS, Epitome historica rerum bohemicarum, Prague 1677.

[16] Doris BIETENHOLZ, How come this ♥ means love?, Saskatoon 1995.

[17] Th. J. LOCHER, Over de verhouding van Oost en West in de Europese geschiedenis [The Relationship between East and West in European History], in his: Geschiedenis van ver en nabij [Outside and Inside Views on History], Leiden 1970, 174–190 is still a very good summary of the older literature; see also Z.R. DITTRICH, Uitgestelde bevrijding. Volkeren van oostelijk Europa na de Tweede Wereldoorlog [Postponed Liberation. The Peoples of Eastern Europe after World War II], Utrecht 1991; Okey, Central Europe – Eastern Europe.

tant for they confirmed that a historian could be led to think in this direction. In a radio talk for English schoolchildren in 1950, that is right in the Cold War, he raised the question "Is There a European Civilization?" and did so without excluding Central and Eastern Europe. He rejected that phrase "Western Civilization" which was current at the time: "It is easy to speak of 'western civilisation' but it is extremely difficult to draw its boundaries, to maintain that this belongs to the west and that this does not. Or rather, [*and what follows was for me the most important point Barraclough made*] one should perhaps say that it is extremely difficult to do so, except on a basis of prejudice. At various times and in various circumstances the boundaries of 'western civilisation' have been placed on the Rhine, on the Elbe, on the Oder, on the Vistula, and even (when the bulk of the Spanish peninsula was in Moslem hands) on the Pyrenees."[18] He then quoted approvingly the Polish émigré historian Oscar Halecki who had written in that same year 1950: "Those who call European civilisation Western are inclined to decide in advance one of the most difficult and controversial questions in European history."[19]

Barraclough came to the conclusion that what he called Eastern Europe – at that time the usual name of the countries behind the Iron Curtain, that is including the German Democratic Republic – did not fundamentally differ from Western Europe historically and culturally. He was not insensitive to regional differences, but he did not want to draw a line between East and West: "Bearing in mind the vast differences from area to area in the west, between Scandinavia and Sicily (for example) and Saxony, I cannot but think that we should do well to hesitate before making dogmatic conclusions. In my view, the safest conclusion is that there is one civilisation throughout Europe. It is not identical everywhere, for none of the 'ingredients' (as we may call them) are everywhere identical."[20]

Between the fifties and the eighties such reflections were to be found among other historians, too, such as Francis Dvornik in his book "The Slavs in European History and Civilization" which dealt with the Slavic world in Central Europe between the thirteenth century and the

[18] Geoffrey Barraclough, Is there a European Civilisation?, in his: History in a Changing World, Oxford 1957, 46–53, 49f.

[19] Oscar Halecki, The Limits and Divisions of European History, London-New York 1950, 11.

[20] Barraclough, Is there a European Civilisation? 51f.

revolution of 1848. There he described the factors, many of them political and religious, which dominated Central Europe while affecting Western and Eastern Europe as well[21]. Such voices were, however, almost exclusively confined to the academic world and, as a result, such opinions were taken less notice of by the public than the views of those who, whether they were living in front of or behind the Iron Curtain, were not dissatisfied with the line the Cold War had drawn across the continent.

In Western Europe the discussion about the historical unity of European culture which history itself had created did not re-emerge until the end of the eighties, and became especially lively after the fall of the Berlin Wall. I stress *Western* Europe, because in my experience historians in Central Europe had always remained true to the opinion that the history of their countries had formed an unalienable part of the European past as a whole. Many historians remained loyal to this view even in dramatic moments of their history. For instance, when Neville Chamberlain in a broadcast address on 27 September 1938 justified the handing over of a great part of the territory of the First Czech Republic to Hitler, with the argument that the Czechs and Slovaks were only "People of whom we know nothing" this naturally cut the Czechs and Slovaks to the quick. Eleven years and one more World War later, however, a young Czech historian, Josef Polišenský (1915–2001) published his pioneering study on the relations between England and Bohemia during the Thirty Years' War. The Munich agreement of 1938 was not mentioned in this work, but was subliminally very present. He described in great detail how the English politicians had completely dropped the Bohemian rebels while public opinion in England was decidedly pro-Bohemian. For the readers in 1949 the parallel with 1938 was unmistakable[22].

At the international conference which in 1983 marked his retirement from the School of Slavonic Studies in the University of London, Hugh Seton-Watson stressed the cultural unity of Europe as Geoffrey Barraclough and others had done before him: "Yet, though today a line goes through the geographical area, European culture remains one. The north-east peninsula of the Asian land mass is divided on the pages

[21] Francis Dvornik, The Slavs in European History and Civilization, New Brunswick 1962.

[22] Josef V. Polišenský, Anglie a Bílá Hora [England and the White Mountain], Prague 1949.

of the atlases, but Europe is not divided. The signs of this are to be seen, every day, throughout the European *Kulturraum*."[23]

He added that the European Union is not to be equated with Europe and that one must laugh and cry at the same time, when one hears that the Union has admitted Greece to "Europe" but was still reflecting whether Spain deserved the same fate[24]. He himself would not wish to exclude an inhabitant of Central or Eastern Europe: "It is not true that the peoples living between the Elbe and the Volga, the Baltic and the Aegean and the Black Sea, share a common culture which distinguishes them from other cultures – because they are Slav, or small, or eastern, or anything else. Rather, each has his own cultural form, which is a variant of European culture."[25]

When these words were published in 1988, Mikhail Gorbachev was already in power in the Soviet Union. Soon it would no longer be necessary to use the expression "the other Europe" for the countries behind the Iron Curtain. In 1988 it was still used as the title of a BBC television series with an accompanying booklet by the journalist Jacques Rupnik[26].

The discussion about Central Europe in the eighties concentrated on a Central Europe with Germany left out: "Mitteleuropa" was not resurrected. Voices in Western Europe even put forward the question: "Does Central Europe exist?" In the region itself the idea of a separate identity of Central Europe was rediscovered by a number of Polish, Hungarian and Czech intellectuals. They mainly used this concept in order to set Central Europe apart from the Soviet Union and to invalidate the Iron Curtain. Apart from that, they reflected on their own national identities in relation to the divisions and frontiers across the continent[27]. Especially after the fall of the Berlin Wall the discussion could and did profit again from the views formulated during the Cold War by historians of a previous generation, such as Hugh Seton-Watson, Geoffrey Barraclough and Oscar Halecki. The last-named had

---

[23] Seton-Watson, On trying to be a historian of Eastern Europe 9.

[24] Ibid.

[25] Ibid. 7.

[26] Jacques Rupnik, The other Europe, London 1988.

[27] Timothy Garton Ash, Does Central Europe Exist?, in his: The Uses of Adversity. Essays on the Fate of Central Europe, New York 1989, 179–213. See also Robert J.W. Evans, Essay and Reflection: Frontiers and National Identities in Central Europe, in: International History Review 14 (1992) 480–502.

become engrossed in what he called the "Dualism of Central Europe" in his book (1950) "The Limits and Divisions of European History", of which a German translation appeared in 1957. Halecki restricted his idea of the European community to the cultural sphere while strongly arguing the essential unity of Western and Eastern Europe. Both were permeated by Christianity, albeit in different forms, and had assimilated the heritage of Greco-Roman civilization. Outsiders in European history and civilization were for Halecki the Ottoman Empire because of Islam, Russia after 1917 because of communism and possibly also the Jews, who are simply absent from his arguments. In his view Central Europe in the course of its history had been orientated now more towards Western and again more towards Eastern Europe and had finally been divided between East and West only after 1945. He treated Austria as one of the Danubian countries together with Poland as part of this divided Central Europe. In his opinion this region had always been confronted with the interests of foreign powers such as Germany, Russia or the Ottoman Empire. It was rarely able to take its fate in its own hands and therefore frequently functioned as a victim of the policy of the Great Powers[28].

The considerably younger Hungarian historian Jenő Szűcs developed a similar idea in his essay "The three Historical Regions of Europe. An outline", published in 1983[29]. Western Europe had already originated in the ninth century and came to include Central or East-Central Europe in the course of its expansion to the north and east. Eastern Europe proper came under the influence of Byzantium, together with the South-Eastern part of the continent. After the Middle Ages Western Europe lost as it were sight of Eastern Europe and concentrated on its expansion across the oceans. At the same time, Eastern Europe – which here virtually equals the Russian Empire – was expanding in eastern direction and came to include Siberia. Szűcs described Central Europe as a region oscillating between Western and Eastern Europe. In his opinion the Polish, Hungarian and Bohemian

[28] Halecki, The Limits and Divisions 123–141 (Chapter VII: The Geographical Divisions: (*b*) The Dualism of Central Europe) and passim. See also Oscar Halecki, The Millennium of Europe, Notre Dame 1963.

[29] Jenő Szűcs, The Three Historical Regions of Europe. An Outline, in: Acta Historica. Revue de l'Académie des Sciences de Hongrie 29 (1983) 131–184. Also in a French translation: Les trois Europe. Préface de Fernand Braudel. Transl. by Véronique Charaire, Gábor Klaniczay and Philippe Thureau-Dangin, Paris 1985.

kingdoms certainly belonged to Western Europe during the Middle Ages and the Early Modern period. This was because the development of their political institutions as well as their social and economic structures show close similarities with those of the Western part of the continent. According to Szűcs the undeniable influence of Eastern Europe only became fully effective in later centuries, for example in the form of the so-called "second serfdom" and the absence of an influential native Enlightenment. His conclusions, however, differ considerably from Halecki's. Szűcs pleads for an interpretation of European history which clearly distinguishes "three Europes": Western, Eastern and Central regions with their distinctive qualities and historical developments. He considers these three Europes as equipollent and, consequently, would like to put an end to the lengthy discussion as to whether Central Europe belongs to the West or to the East. The history of his "third Europe" possesses for him its own character which cannot be easily measured by Western or Eastern yardsticks. He does make a case, however, in favour of the inclusion of Central Europe into "civil society". This "civil society" originated in Western Europe during the Middle Ages and had paved the way to democracy, the rule of law and individual freedom. Central Europe obviously had a right to enjoy these benefits too, was his message. In the year he published his work, 1983, this kind of statement had clear political overtones which would not have been lost on his fellow-Hungarians.

The Polish-American historian Piotr Wandycz builds on the insights of Halecki, Seton-Watson and Szűcs in his admirable book "The Price of Freedom. A History of East Central Europe from the Middle Ages to the Present" (London 1992). In his introduction he indicated how he views the place of Central Europe in our continent, including the relation between Western and Eastern Europe in his reflections. Unlike his predecessors he starts from concepts which are borrowed from economic and social theories. They revolve around a coupling of population density and the extent of economic activity. In this manner he defines for certain epochs the centre, the semi-periphery and the periphery of the continent. Wandycz divides Europe in zones which are very variable in their form and do not answer to a strict geographical definition. In his view the economic and social centre of Europe was never fixed in the geographical centre of the continent but in the West, or, in other periods, at one and the same time in the South and the West. In this interpretation Central Europe always belonged to the semi-periphery. Incidentally, Wandycz warns – as the other three historians also did – against the reduction of any part of Europe, be it West, East or Centre, to a single scheme of historical development. For Wandycz the true characteristic of the continent as a whole is multiplicity and not uniformity[30]. Such ideas have the advantage that at least they are free from the well-known arrogance of Western Europeans who from the start assume that only their own countries and nations count in European history and effortlessly equate it with Western European history[31].

From my own experience I am able to report how the history of Central Europe is almost totally unknown among Dutch history students. Only now and again, really only during serious political crises of the past does this region emerge in their textbooks: the Thirty Years' War, the Napoleonic wars, the revolutions of 1848, Sarajevo in 1914, the Second World War, Hungary in 1956, Czechoslovakia in 1968, Srebrenica, Kosovo perhaps. This is not so much the fault of the textbooks, but above all of the attitude of their authors, which is the attitude of a large section of the Western European intelligentsia towards Central and Eastern Europe.

The motto of this article, the quotation by Hugh Seton-Watson from his contribution to his own festschrift, "There is a belief, rather widespread in English-speaking countries, that the eastern half of Europe is inhabited by a number of endlessly quarrelling small nations whose conflicts keep endangering the quiet and comfort of Anglophones"[32], sounds funny, but is tragic. Western Europeans, and by no means only the Anglophones, all too often lack any historical empathy with their fellow human beings in other parts of this continent. In order to teach my history students some of this empathy I now and again tell them the following.

As an example compare the fate of a Dutchman and a Hungarian born between 1900 and 1914 and dying at the end of the twentieth century. The Dutchman was born in the Kingdom of the Netherlands. The greatest political, economic and social shocks in his life came from his experiences in the Second World War as a result of the German occupation of his country and perhaps also through his vicissitudes

---

[30] Piotr S. Wandycz, The Price of Freedom. A History of East Central Europe from the Middle Ages to the Present, London 1992, 1–11.

[31] Judt, A Grand Illusion? 50f.

[32] See footnote 1.

during the preceding world economic crisis of the early thirties. If he had lived in the Dutch colonies he would have been affected by the Japanese occupation of the Dutch East Indies and the subsequent loss of the colonies after 1945. However, he would die as a member of the same nation in which he had been born and would have lived under basically the same political and legal system.

Now consider the Hungarian, his opposite number, who was born at the beginning of the twentieth century. He was born in a country which after the agreements of the Compromise (Ausgleich, 1867) was part of the Austro-Hungarian monarchy. He would have survived the First World War and the regimes of Mihály Károlyi and Béla Kun after 1918. The treaty of Trianon and other political developments concerning his region would have exposed him to the risk of becoming a citizen of another country, although ethnically he would have remained a Hungarian. It might also have been possible that his birthplace would suddenly be in a foreign country or that he and his family no longer lived in the same country. He would have lived through the Horthy regime, then the Second World War, the takeover by the communists in the years 1945–1948, the People's Republic of Hungary, the rising of 1956, the regime of János Kádár and the political changes of the late eighties, and would have died in the Hungarian Republic as it exists today.

The history of Hungary during the twentieth century, at least in the eyes of the Dutch observer, is bound to appear very much more dramatic than Dutch history in the same period. Hence the assumption – usual in the Netherlands and also in other Western European countries – that the history of Hungary and of Central and Eastern Europe in general differs fundamentally from their own: it is characterized by enormous crises and shocks.

Wandycz quotes an example from Ruthenia: an inhabitant of Užhorod (Ungvár) who before 1918 lives in the kingdom of Hungary under the dual monarchy, then becomes a Czechoslovak and in 1938 briefly a Ruthenian, then a Hungarian national until 1945, from then a citizen of the Soviet Union and finally now a Ukrainian. In order to achieve these changes in his nationality all he has to do is never to leave Užhorod[33]. These dramatic differences are labelled, all too easily, as

[33] Wandycz, The Price of Freedom 8. A second example is the fate of Czernowitz in the Bukovina, see the wonderful film by Volker Kopp, Herr Zwilling und Frau Zuckermann, Vineta Films, Berlin 1999.

characteristic of the "East" as against the comparative quiet of the "West". In this way a contrast arises between Western and Central European history which, in my opinion, is perhaps suggestive and even spectacular, but not fundamentally true. The essential core of the matter is that the inhabitants of Western Europe, including its historians, learn to understand that the fate of the Central Europeans forms part of the history of all inhabitants of the continent.

And now let us return to the question I posed at the beginning: does Europe have a centre? Answer: what is important, not only for historians but also for the future of the continent at large, is not the search of such a centre, because it does not exist as such, but the awareness of a common past. Let Purnuškes in Lithuania keep its stele and open-air exhibition and even be proud of them. We are dealing here, however, with one single continent whose centre is to be determined first of all in a historical, not a geographical sense. For this reason this imaginary centre is to be found neither in Western nor in Eastern or Central Europe, but can be found only in its common history.

Max Engman

"NORDEN" IN EUROPEAN HISTORY

One of the maps in a book called "a unique guide to Europe's common heritage" shows "Medieval Christianity in the West"[1]. The map is cut off at the latitude of southern Sweden, most of Scandinavia is thus non-existent. This region is not even one of those famous "faraway countries about which we know so little" and it is not – unlike Russia – worth a discussion about whether it belongs to Europe or not. This map simply leaves out the cathedrals of three national saints: St. Olav of Norway, St. Erik of Sweden and St. Henrik of Finland. It is of course easy to see the cartographer's dilemma. Including all this vast, and from a Western European perspective more or less empty space, means making the rest of Europe smaller.

My countrymen would also be surprised to learn in the same book that Finland in 1944 was liberated by the Allied Powers. Finland was not at war with the USA and was not occupied by Soviet troops. If it had, very few Finns would have seen that as a liberation.

I am not going to complain about this kind of Western European cultural arrogance or ignorance – all small nations could probably complain about similar things. I do, however, completely agree with Norman Davies' argument that this kind of perspective, this Western European bias is not only simply wrong about a lot of things in Eastern and Northern Europe, but also distorts any discussion about what European history is[2]. I find it more fruitful to discuss how different areas are linked to the main themes of European history.

"Norden" as concept and reality

First, however, a few words about concepts and terminology. In the area itself we normally speak about "Norden" or "the Nordic coun-

[1] Frédéric Delouche (ed.), The Illustrated History of Europe. A Unique Guide to Europe's Common Heritage, Paris 1992, 156f.

[2] Norman Davies, Europe. A History, Oxford 1996.

tries". The terms are the same as in the names of organisations for regional cooperation such as the Nordic Inter-Parliamentary Union (1907), the Association for Nordic Unity (Föreningarna Norden, 1919) and the Nordic Council (1952). The Council is a coordinating forum for the policies of five countries (Iceland, Norway, Denmark, Sweden, Finland)[3]. Historically this is somewhat distorting since Russia in the eighteenth century certainly saw itself and was seen as one of "the Northern Powers", too. The Baltic countries of Estonia and Latvia could also historically be considered "Nordic", having been part of the Danish and Swedish Baltic empires for centuries[4].

Scandinavia, the term often used outside "Norden", is a problematic concept. Strictly speaking it includes only the monarchies of Denmark, Sweden and Norway, but not the republics of Iceland and Finland. The languages of the three Scandinavian kingdoms (and the Swedish-speaking minority in Finland) are closely related and mutually understandable. Icelandic is of course one of the Scandinavian languages but not accessible for other Scandinavians without study. Finnish belongs to a wholly different language group, the Finno-Ugric languages, related to Estonian, Hungarian and several languages spoken in Russia[5].

One more word of caution. Like most regions, seen from the outside, the Nordic countries often look alike or at least more uniform than from the inside. For many Europeans the stereotypes of the North and "the Scandinavians" include isolation, long dark winter nights, light summers, blond girls, barbarian drinking habits, a certain kind of

---

[3] Knud LARSEN, Scandinavian Grass Roots: From Peace Movement to Nordic Council, in: Scandinavian Journal of History 9 (1984) 183–200. For Finland's somewhat hesitant entry into Nordic cooperation, see Leena KAUKIANEN, From Reluctance to Activity. Finland's Way to the Nordic Family during 1920's and 1930's, ibid. 201–219. Finland joined the Norden-association in 1924 and the Nordic Council in 1955.

[4] Matti KLINGE, The Finnish Tradition. Essays on structures and identities in the North of Europe, Helsinki 1993, 227.

[5] On the theories about the supposedly "Mongol" or "Asian" origins of the Finns, see Aira KEMILÄINEN, Finns in the Shadow of the "Aryans". Race Theories and Racism (Studia Historica 59) Helsinki 1998. Modern genetics claim that Finns are genetically close to western and central Europeans but the old theories – with the attendant speculations about abilities to create and sustain higher culture – in their time served to underline the "Eastern" character and inferiority of the Finns and thus stressing differences between them and the "Germanic" Scandinavians. They were also used in this sense in the internal language struggle in Finland between Finnish-speakers and Swedish-speakers.

design and welfare states[6]. In fact, historically today's Northern countries are rather different from each other. Denmark and Sweden are old monarchies and left-overs of empires long gone. Norway was an independent kingdom in the Middle Ages, but thereafter part of Denmark, from 1814 in a union with Sweden and became independent in 1905. Finland became part of the Swedish realm in the Middle Ages. The Russian Grand Duchy of Finland, created in 1809, became an independent republic in the turmoil of the Russian revolution. Iceland became an independent republic after the Second World War.

The Nordic countries have been under one political authority only during little more than a century in the late Middle Ages, during the so-called Union of Kalmar (1397–1523), established at the same time as the union of Poland and Lithuania (1385). It is an interesting question why "Norden" did not go the same way towards unification as Spain, Britain and France did at roughly the same time. Instead wars between Denmark (including Norway and Iceland) and Sweden (including Finland) were common until the Napoleonic Wars. Pan-Scandinavianism in the middle of the nineteenth century was a counterpart to the Italian and German movements for unification, but there was no Northern Piedmont or Prussia; the geopolitical interests of Denmark and Sweden were too different[7].

"Norden" is a far from homogeneous area. There is a profound geographic cleavage between the Atlantic, seafaring North and the land-based Baltic North. To this corresponds a difference between what has been called West Norden, i.e. the areas historically part of the Danish realm (Denmark, Norway and the Atlantic dependencies), and East Norden, the areas formerly belonging to the Swedish realm.

Geographically and historically there are also very distinct regions, or rather: parts of "Norden" belong to entities that can be seen as historical regions in their own right[8]. There is the North Calotte region where the Sami were taxed by Norwegians, Swedes and Russians alike

[6] W.R. Mead, Perceptions of Finland, in: Max Engman – David Kirby (eds.), Finland. People, Nation, State, London 1989, 1–15 shows how British perceptions of Finland have stressed a frontier location and an image dominated by characteristics as "isolated, solitary, remote".

[7] Uffe Østergård, The Geopolitics of Nordic Identity – From Composite States to Nation States, in: Øystein Sørenson – Bo Stråth (eds.), The Cultural Construction of Norden, Oslo 1997, 38–41.

[8] For modern regions, see Harald Baldersheim – Krister Ståhlberg (eds.), Nordic Region-Building in a European Perspective, Aldershot 1999.

and where borders in a modern sense took form only in the eighteenth and nineteenth centuries. The North Calotte cooperation between Norway, Sweden and Finland inside the Nordic Council was expanded to a Barents Sea cooperation including the Murmansk region in 1993. In this region Denmark is an outsider but it is central in the North Atlantic region, that includes Greenland and the Faroe Islands, autonomous areas left from Denmark's (historically Norway's) Atlantic empire. Greenland projects itself as a leading member of the Fourth World of autochthonous peoples, to which also the Sami of Northern Fenno-Scandia belong. A group of their own are the autonomous Faroe and Åland islands[9]. The North Sea creates a world of its own in close connection to the Baltic Sea[10]. The Baltic region, with a more Eastern Baltic accent sometimes called "Nordosteuropa" and including at least those parts of Russia closely connected to Novgorod and St. Petersburg, has been rather popular as an area of historical research since the fall of the Soviet Union[11]. There is also the world of the Russian imperial borderlands, where Finland belongs, but not the other Nordic countries[12]. Denmark is continental in a way the others are not. The agrarian society of early modern Denmark (including the Duchies of Slesvig and Holstein, but not Norway) is East-Elbian in the same way as Mecklenburg, Pomerania and Prussia are[13]. Most of these regions stretch outside the area called Scandinavia or "Norden" and include other areas and states. Intra-Nordic regions with close historic connections over modern borders are the Kvarken region (the Swedish and Finnish coasts of the Gulf of Bothnia) and the Öresund region (the

---

[9] Østergård, The Geopolitics 25–29 and articles on the Faroe Islands, Greenland, the Sami and Finns and Swedes in Finland, in: Sven TÄGIL (ed.), Ethnicity and Nationbuilding in the Nordic World, London 1995.

[10] David KIRBY – Merja-Liisa HINKKANEN, The Baltic and the North Seas, London 2000.

[11] David KIRBY, Northern Europe in the Early Modern Period. The Baltic World 1492–1772, London 1990 and The Baltic World 1772–1993. Europe's Northern Periphery in an Age of Change, London 1995; Göran RYSTAD – Wilhelm CARLGREN – Klaus-Richard BÖHME (eds.), In Quest of Trade and Security. The Baltic in Power Politics 1500–1990, vol.1-2, Lund 1994–1995; Matti KLINGE, Östersjövärlden [Baltic Sea Region], Helsingfors 1995; Stefan TROEBST, Nordosteuropa: Geschichtsregion mit Zukunft, in: Scandia 1999/2, 153–168.

[12] Edward C. THADEN, Russia's Western borderlands, 1710–1870, Princeton, N.J. 1984.

[13] Harald GUSTAFSSON, Dansk historia i nordiskt perspektiv – eller tyskt? [Danish History in a Nordic Perspective – or German?], in: Historisk Tidsskrift 98/2 (1998) 359–371.

former Danish, now Danish and Swedish coastal areas around the Sound).

"Norden" is thus not anything given, but a creation, even a construction. "Norden" got some of its cultural coordinates with the Enlightenment interest in the Icelandic scripts collected from the seventeenth century onwards. From this material, today covered by a field of research often termed "Old Norse studies", a distinctly Nordic past was created. During the nineteenth century it took on a life of its own in art, history and popular imagination[14]. "Norden" as a concept with the meaning it has today could only evolve with the "invention of Eastern Europe" and the rearrangement of the Renaissance North-South divide of Europe around 1800 into a East-West divide, in which Russia was redefined from being "North" as "East" and part of a mainly Slavic Eastern Europe. During the same process "Nordic" became more or less synonymous with "Scandinavian"[15]. In the Baltic region itself the Poles and the Swedes had been depicting the Russians as foreign, "Asiatic" barbarians for some centuries at least[16].

Another factor influencing the concept of "Norden" as we know it today was that the Nordic countries became small powers in a relatively unimportant area of great power politics after the Napoleonic Wars. The Napoleonic wars implied a crisis for the states involved, and Denmark still had to learn some hard lessons in its dealings with its evolving southern neighbour Germany in the middle of the nineteenth century. After that "Norden" has concentrated on keeping a distance to all neighbouring powers, especially Germany and Russia, and depicting itself as "something non-European, non-Catholic, anti-Rome, anti-imperialist, non-colonial, non-exploitative, peaceful, small and social democratic"[17].

---

[14] Østergård, The Geopolitics 34–38.

[15] Hans LEMBERG, Zur Entstehung des Osteuropabegriffes im 19. Jahrhundert. Vom "Norden" zum "Osten" Europas, in: Jahrbücher für Geschichte Osteuropas NF 33 (1985) 48–91; Larry WOLFF, Inventing Eastern Europe. The Map of Civilization on the Mind of the Enlightenment, Stanford, Cal. 1994.

[16] Ekkehard KLUG, Das "asiatische" Rußland. Über die Entstehung eines europäischen Vorurteils, in: Historische Zeitschrift 245 (1987) 265–289; Kari TARKIANEN, Se Vanha Vainooja. Käsitykset itäisestä naapurista Iivana Julmasta Pietari Suureen [The Old Evil Enemy. Perceptions of the Eastern Neighbor from Ivan the Terrible to Peter the Great] (Historiallisia tutkimuksia 132) Helsinki 1986.

[17] Østergård, The Geopolitics 25; Lars TRÄGÅRDH, Statist Individualism: On the Culturality of the Nordic Welfare State, in: Sørensen – Stråth (eds.), The Cultural Construction 284f.

Grandiose plans for Nordic unification or cooperation in high politics (economy, foreign policy, defense) have failed: Pan-Scandinavianism in the middle of the nineteenth century, the plans for closer foreign policy cooperation after the Second World War and for closer economic cooperation in the 1960's. On the other hand, behind and after these failures there has been a large amount of realistic, pragmatic cooperation. During the second half of the ninetheenth century there evolved both a modern Nordic literary breakthrough (Brandes, Bjørnson, Ibsen, Strindberg) and a currency union in 1872. Nordic conferences were established in several fields, education and law as well as among historians (since 1905)[18]. Nordic cooperation in this form has constituted an element in the professionalisation of many professions and had an impact in all countries. The same happened after the Second World War when the Nordic countries created many forms of practical cooperation and integration, which made movement inside "Norden" very easy (common labour market, passport-free zone etc.).

Nordic cooperation and Nordic identity are, however, not an alternative to, but based on and constructed from the nation states. "Norden" is a reinforcing element of national identities and an element in a demarcation from Europe: a democratic, Protestant, progressive and egalitarian North against a Catholic, conservative and capitalistic Europe[19]. That concept and vision is losing much of its credibility at a time when three Nordic countries are part of the European Union, but it has played a role in opposition to European integration and in keeping Norway outside the EU. "Norden" is thus not the only possible perspective on Northern European history, but as long as that is kept in mind it is in many ways a useful concept[20].

---

[18] Åke Holmberg, On the Practicability of Scandinavianism: Mid-nineteenth-century Debate and Aspirations, in: Scandinavian Journal of History 9 (1984) 171–182 and Anders Monrad Møller, Economic Relations and Economic Cooperation between the Nordic Countries in the Nineteenth Century, ibid. 8 (1983) 37–62.

[19] Øystein Sørensen – Bo Stråth, Introduction, in: Sørensen – Stråth (eds.), The Cultural Construction 19, 22; Østergård, The Geopolitics 46.

[20] See Harald Gustafsson, A Nordic Perspective – why? Why not?, in: Richard Holt – Hilde Lange – Ulrike Spring (eds.), Internationalisation in the History of Northern Europe. Report of the Nordsaga '99 Conference, University of Tromsø, 17.–21. nov. 1999 (Tromsø 2000) 7–21.

Peripherality

As the example with the map showed (p.15), one of the features of Norden is its peripherality. No definition of Europe would place its "Mittelpunkt" in Scandinavia. Geographically the area is in the periphery – it is a long way to Rome, Santiago de Compostela, Paris or Vienna. Scandinavians sometimes – like the British – talk about travelling "to Europe". The area is also on the periphery because there is nothing beyond, only a lot of ocean and ice to the west and north. To the east there is Russia and many, preferring the polar bears to the Russian bear, would like to pretend that it does not exist, at least not as part of Europe, or prefer to see it as "another Europe"[21].

"Norden" is on the periphery also because it has, compared to Western Europe, relatively few inhabitants, who in Immanuel Wallerstein's terminology have been living on the periphery or semi-periphery of the European economy and the world system. "Norden" is also on the periphery because its inhabitants until recently have been ethnically fairly homogeneous, except for the autochthonous peoples[22]. The inhabitants of "Norden" have not had to face much ethnic diversity. Until recent times few foreigners have settled in the north, emigration has for centuries been far larger than immigration[23].

How and when did this periphery become part of Europe? "Norden" became part of Europe between the ninth and the twelfth centuries through "Völkerwanderungen" and Christianization, reinforced by trade and the creation of "national" monarchies, i.e. through the same processes as everywhere else in the western part of the Eurasian landmass, through the process that created Europe as Christendom, supplanting the Mediterranean, half Asian and one quarter African world

---

[21] This is the title of a Swedish book on Russia: Birgitta FURUHAGEN – Lars E. BLOMQVIST, Ryssland. Ett annat Europa. Historia och samhälle under 1000 år [Russia. Another Europe. History and Society during Thousand Years], Stockholm 1995; Klinge, The Finnish Tradition 22f.

[22] The area is, however, more heterogeneous than most Europeans think, see Tägil (ed.), Ethnicity and Nationbuilding.

[23] See Hans NORMAN – Harald RUNBLOM, Transatlantic Connections. Nordic Migration to the New World after 1800, Oslo 1987; Max ENGMAN, Norden och flyttningarna under nya tiden [The North and Migration in Modern Times], København 1997. The latter volume was sponsored by the Norden-associations in a series in which the other two volumes dealt with the Vikings and the welfare state.

of the Greeks and the Romans. "Norden" was part of that process lasting about half a millennium from the fall of Rome[24].

"Völkerwanderungen"

The great migrations did not only consist of the Germanic migrations and the Barbarian invasions of the Roman empire. The process went on with the Slavic migrations, the Magyar immigration to the Pannonian plain, the Viking expeditions and the Northern Crusades[25].

The first documented Viking attack in the West, on the monastery of Lindisfarne, happened in 793 and since then the Vikings have had a rather bad publicity in Europe. The Vikings were not, however, only pirates, robbers and burners of monasteries. They were traders, important go-betweens in the trade between East and West during a period when the Mediterranean was closed. The Vikings did also colonize large areas in parts of Europe accessible from the sea: Normandy, the British Isles, Iceland, Greenland and the Shetland, Orkney and Faroe islands. After the Viking Age proper but as a continuation of it Swedes migrated to Finland and Estonia – both countries still have Swedish-speaking minorities. It is very small in Estonia but Finland is a bilingual country.

The "Varyag factor" is the topic of a well-known controversy in Russian history. If Vikings really "founded the Russian state", is a question best left to the specialists, but we know for certain that Scandinavians migrated to Russia and that there were many links between the ruling houses of Scandinavia and the Kiev state in the beginning of the last millennium.

Christianization

For missionaries and representatives of the church of Rome christianization certainly meant Europeanization; those outside the church

[24] For a history of Norden from a European perspective, see Harald GUSTAFSSON, Nordens historia. En europeisk region under 1200 år [The History of the North. A European Region During 1200 Years], Lund 1997. Also, Carl-Fredrik HALLENCREUTZ, När Sverige blev europeiskt. Till frågan om Sveriges kristnande [When Sweden Became European. The Question of the Christianization of Sweden], Stockholm 1993.

[25] Eric CHRISTIANSEN, The Northern Crusades. The Baltic and the Catholic Frontier 1100–1525, London 1980.

were not part of Europe. The monk Rimbert spoke in the 870's of the land of the Swedes as the end of the world and still in 1070 the chronicler Adam of Bremen speaks of the border between "Dania" and "Europa".

The christianization of Scandinavia was part of a complicated interplay between Emperor, Pope and the evolving national kingdoms and national churches. The same struggle was going on in the whole Western church, in Scandinavia it was played out in parallel with the Christianization process itself. The missionary efforts of the archdiocese of Hamburg-Bremen was an Imperial project and part of Northern German politics. In time this process created a Nordic see, with an archbishop in Lund in 1104 and Norwegian and Swedish archbishops fifty years later. There were influences from other directions as well, e.g. missionaries from the British Isles.

Between 800 and 1150 Scandinavia became part of Christian Europe through the establishment of Christian kingdoms. This was the kind of kingdoms, whose ideological foundations were laid by Augustinus and Alcuin, and constituted a kind of entry ticket to Western Europe. The oldest known Christian crowning ceremonies in Denmark, Norway and Sweden date from the period 1160–1210.

It took time to establish ordered church administrations, but after that had been completed the integration of Scandinavia into the institutional framework of Western Europe was surprisingly fast. It took almost a millennium for Christianity to reach Scandinavia but it took only seven years from the founding of the Dominican Order to the founding of the first Dominican Convent in Scandinavia in Lund 1223. During the following decades the Order was established in the whole of Scandinavia. The easing of the rule prohibiting marriage within the seventh degree to the fourth degree was instituted by the Fourth Lateran Council in 1215 and incorporated into Icelandic law already in 1217[26]. In sparsely populated Iceland there probably existed special reasons to introduce the new rule immediately, but the example shows that in the Late Middle Ages "Norden" was an integral part of Western Europe.

---

[26] Kirsten HASTRUP, Culture and History in medieval Iceland. An anthropological analysis of structure and change, Oxford 1985, 92f.

Faultlines

When Europe was taking form in the North, at the same time it formed its internal borders. The Eastern church established itself in Finland at roughly the same time as the Western church. Some of the oldest Christian words in Finnish (cross, priest, bible) have eastern origin. As a result the border between the Western and Eastern churches runs through eastern Finland – this border forms one of Huntington's faultlines of civilization running along Finland's eastern border down to Bosnia[27].

Finland has an Orthodox minority of about one percent of the population; the Orthodox church is a second state church in Finland – under the authority, not of the patriarch in Moscow, but the Ecumenical Patriarch in Constantinople since 1923.

This Northern watershed between Christians has its counterpart in the history of the Jews. In all of Scandinavia except Finland the Jews are descendants of immigrants from the West, who were allowed to settle – without conversion – in the Danish realm in the seventeenth century and in the Swedish realm in the late eighteenth century. The Danish and Swedish kings were interested in rich "Portugese" Jews – who, in fact, usually came from Amsterdam. In the Swedish realm Jews were allowed to settle only in four towns, none of them in Finland. The small Jewish population in Finland consists mainly of descendants of discharged soldiers of the Russian army, who according to a decree of 1858 were allowed to settle wherever they wanted in the realm.

There are other examples of the dividing lines between East and West that run along Finland's eastern border, in some cases through Finland: the line between Western European field agriculture and the slash-and-burn agriculture of the Northeast, between Western European demographic patterns and Eastern. In eastern Finland, Karelia and the Russian North there existed large extended families, a kind of "zadrugas" of the North. These features should however not be seen as clear-cut dividing lines but as features changing over time and with the development of agriculture and social conditions.

There are dividing lines between East and West but it is difficult to see them as Huntingtonian faultlines of civilization. Rather I see a

---

[27] Samuel P. HUNTINGTON, The Clash of Civilizations and the Remaking of World Order, New York 1996.

broad transitional zone. And after all, what is eastern in St. Petersburg, the most European city in Russia and the most Russian city in Europe as its inhabitants like to joke. It is certainly a European city because it imitates them all. For Finland, St. Petersburg meant Europe coming to the backwoods[28]. Rather than as a faultline and a frontline in a clash of civilisations one could see the area around the inner part of the Gulf of Finland as a "missing link" between Western Europe and Russia[29]. Karelia, early on caught in the tidewater between East and West, has been a battlefield but also a bridge and thus exhibits a duality difficult to reconcile with clear dividing lines[30].

Finland as an imperial borderland

In 1809 Finland was united with but not incorporated into the Russian empire; Finland is exceptional among the Nordic countries in having been part of a multinational empire in modern times. In a formal sense Finland became part of Eastern Europe, but appearances are deceptive. Russia was not a unitary state but an empire with room for very different institutional arrangements[31]. Finland was allowed to keep its laws and religion, its social institutions including a social system very different from the Russian one and without serfdom. At the same time Finland got something it never had before. Finland had been an integrated part of the Swedish realm, the Finns had the same rights, including representation in the "riksdag" in Stockholm, and obligations as other subjects in Sweden. Finland was not a province as the Baltic provinces or Swedish Pomerania. In 1809 the Finns got a central administration of their own, in fact a rudimentary state. It was more than a phrase when Alexander I in 1809 declared to the new

---

[28] Max ENGMAN, S:t Petersburg och Finland. Migration och influens 1702–1917 [St. Petersburg and Finland. Migration and Influence 1702-1917], Helsingfors 1983 and An Imperial Amsterdam. The St. Petersburg Age in Northern Europe, in: Theo BARKER – Anthony SUTCLIFFE (eds.), Megalopolis: The Giant City in History, New York 1993, 73–85.

[29] Troebst, Nordosteuropa 163.

[30] Hannes SIHVO, Karelia: Battlefield, Bridge, Myth, in: Engman – Kirby (eds.), Finland 57–72; Max ENGMAN, Karelians between East and West, in: Tägil (ed.), Ethnicity and Nation Building 217–246.

[31] This is well argued in Andreas KAPPELER, Rußland als Vielvölkerreich. Entstehung – Geschichte – Zerfall, München 1993.

Finnish four-estate diet that he had elevated Finland "au rang des nations"[32].

The Finns thus got a rudimentary state as part of an empire. They had access to a huge empire ready to accept experts and entrepreneurs. Over 3.000 Finns served in the Russian imperial army, in the middle of the nineteenth century every fifth adult Finnish nobleman had chosen this career. Over 300 advanced to the rank of general or admiral, among them one Minister of War, two chiefs of the Naval Staff and two governors of Russian Alaska. Finns manned Russian ships, including the ships of the Russian-American Company and the Finnish-Russian Whaling Company. Finnish industry used the opportunities of the huge Russian market and Finnish engineers built railroads, worked in the mechanical workshops in St. Petersburg or in the oil industry in Baku[33].

At the same time, under the wings of the Double Eagle, in Finland itself a development took place that could be summed up in the following key words: institution building, state making and nation-building. The Finnish autonomy was not exceptional in the Russian empire, but it was exceptional in its extent and its long duration. While the Poles lost their initially far greater autonomy, the Finns extended theirs by loyalty – primarily to the throne, less so to Russia. Finland thus got its own central administration, separate finances, state bank, own currency, state railroads and even a separate Finnish conscript army (1879–1901).

Thanks to this institution building based on the old Swedish framework Finland thus got most of the characteristics of a modern state. This framework was filled with a civil society and an increasingly Finnish nationalist content. In the old distinction between Western and Eastern nationalism, nationalism as a civic religion and as a doctrine of liberation, Finland was an intermediate case. The Finns got a state of their own, albeit an incomplete one, where power ultimately resided firmly in St. Petersburg decades before the Balkan peoples and the successor states of the inter-war period did.

---

[32] Osmo Jussila, Finland from Province to State, in: Engman – Kirby (eds.), Finland 85–101; Klinge, The Finnish Tradition 99–118.

[33] Max Engman, The Finns and Russia (1809–1917), in: Erik Aerts – Francis M.L. Thompson (eds.), Ethnic minority groups and economic development (1850–1940) (Tenth economic history congress 10) Leuven 1990, 96–112.

A German cultural province

One aspect of the peripheral position of "Norden" is that there is something between Norden and the Mediterranean world and Western Europe – the Germans. There was no large scale German immigration, not like the German colonization of Eastern Central Europe or, in different form even in the Baltic lands. German cultural influences were strong, however. Christianity, and later Lutheranism, book printing, Pietism, the Humboldtian university, Hegelianism, Romanticism, Socialism and much else found their way to Scandinavia from or through Germany. Germany had already become the Baltic and Northern "lingua franca" before Latin lost its position. Lutheranism, by narrowing the horizons, strengthened German cultural dominance.

In the Middle Ages students from Scandinavia, Iceland and Finland went to Paris and Bologna, from around 1350 increasingly to the universities east of the Rhine. Over three thousand Nordic students have been identified at universities in Germany, the Netherlands and Eastern Europe 1350–1530. Most of them studied at Northern German universities. Even after the Reformation and the founding of universities in the Nordic countries (Uppsala 1477, Copenhagen 1479, Åbo/Turku 1640) students went abroad, over five thousand to German and Dutch universities 1541–1660; noble students seeking higher education and students aiming at a secular career studied also at non-Lutheran universities. Studies abroad integrated the Nordic countries into a common European culture and into a German cultural sphere, already before the Reformation[34].

Only Visby on the island of Gotland was a full member in the Hanseatic League, but Bergen, Stockholm and Kalmar played an important part during the centuries when Hanseatic merchants dominated trade in the Baltic. German merchants and their language "Plattdeutsch" were dominant in Northern European towns until the Dutch came in the sixteenth and seventeenth centuries. Both Stockholm and Copenhagen had German Lutheran congregations since the Reformation.

There were exceptions to this German dominance. Strong French influences reached the Nordic countries during the eighteenth century and during the Napoleonic period. The founding father of the new

---

[34] Sverre Bagge, Nordic Students at Foreign Universities until 1660, in: Scandinavian Journal of History 9 (1984) 1–29.

Swedish dynasty, Jean Baptiste Bernadotte, was a former French marshal. The emperor of Russia wrote his "approuvé Alexandre" on the presentations of Finnish affairs in French. During the reign of Nicholas I the Finnish Minister State Secretary, a kind of regional minister for Finland in St. Petersburg, started using Russian in the written presentations; in oral communication French was used much longer.

Modern Denmark on the other hand was created partly in a process of demarcation against all things German. German cultural influences and the German language were strong in the Danish realm and administration until late in the eighteenth century. The German chancellery handled affairs of the duchies Slesvig and Holstein but also foreign relations in general. The language of the army was German until 1773.

During the nineteenth century German influences started growing stronger again, especially in the areas of science and higher learning. Engineers went to Germany to study, and before the First World War German was the dominant language in Finnish dissertations not written in the domestic languages[35]. This German cultural orientation survived two world wars. In the schools the real watershed occurred in the 1950's and 1960's. Until then most pupils learned German as their first foreign language. Today some 90 % of Finnish school pupils choose English, and this creates problems for communication inside the European Union – but "Norden" is not the only Americanized part of the world.

Variations on European themes

The medieval church, once established, existed in "Norden" in the same form as in the rest of Latin Christendom. Distance was a factor but through the Middle Ages we find Scandinavians as supplicants in the curia, students in Paris (one Finn even as rector of the university), representatives on provincial congregations of religious orders, as crusaders in the Holy Land etc. We find the same pattern with regard to other aspects of European history; the absolutist state, mercantilism and enlightened absolutism had some peculiar features in "Norden", but that was the case in other parts of Europe as well. Denmark and Sweden participated in the overseas expansion of Europe. Both had East India Companies and colonies on the Gold Coast, the Danes were

[35] Matti KLINGE, The Germanophil University, in: Engman – Kirby (eds.), Finland 166–177.

slave-traders and the Swedes had the colony of New Sweden in Delaware – with a not insignificant proportion of Finns in its European population. Rather than going into details on these variations on common European themes, I prefer to stress some features.

Unitary law codes for the whole realm were introduced in Norway in 1274 (not Iceland) and Sweden including Finland around 1350 – Denmark got a unitary law code only in the seventeenth century. Although there still existed different law books for town and countryside this created a legal uniformity that was fairly unique in a Europe where most states in this respect were empires consisting of parts with different laws and legal traditions. Another important factor in this uniformity was the existence of Lutheran state churches[36].

The history of the Nordic countries has been formed by the colonization of the northern and central parts by peasants cultivating new land out of the forest. This process has been going on almost to the present day, in Finland still after the Second World War when Finns evacuated from the areas ceded to the Soviet Union in 1944 were given land to claim[37]. On the other hand, the counterpart of this rural dominance were small and insignificant towns as well as correspondingly weak corporations of town burghers and urban traditions.

The combination of a free peasantry, weak feudal structures and the absence of large scale noble landholding – except in Denmark and Southern Sweden – has had a profound impact. Norway, Sweden and Finland are, together with some of the Alpine lands, exceptional in not having ever experienced serfdom. The free landowning peasant, the "bonde" – the term is almost impossible to translate adequately – was the backbone of society, both as taxpayer, soldier and to some extent as political player. There is no need to idealise the "bonde", or even less so the landless beneath the class of peasants. It is, however, exceptional to have a freeholding and personally free peasantry that formed the fourth estate in parliament at least since the early modern period.

This four-estate diet survived in Finland until 1906, when the Grand Duchy in the wake of the Russian revolution of 1905 moved

[36] On this topic, e.g. Dag THORKILDSEN, Religious Identity and Nordic Identity, in: Sørensen – Stråth (eds.), The Cultural Construction 138–160 and Henrik STENIUS, The Good Life is a Life of Conformity: The Impact of the Lutheran Tradition on Nordic Political Culture, ibid. 161–171.

[37] Eino JUTIKKALA, The Colonisation and the Roots of the Finnish People, in: Engman – Kirby (eds.), Finland 16–37. On the many forms and the importance of life in the forest, see Aarne REUNALA, The Forest and the Finnish, ibid. 38–56.

from having the most old-fashioned parliament in Europe to the most modern with equal and universal suffrage for men and women. Finland was in fact the first country in Europe to give women the vote.

In the existence of a uniform legal code and a strong fourth estate we have some of the roots of what has been called "Nordic egalitarian pragmatism". The Crown had to negotiate with the peasants both at the level of the "riksdag" and at the local level. As they owned most of the land, paid most of the taxes and supplied most of the soldiers the Crown simply could not push them too hard and the "negotiating state" thus had to listen to their complaints, at least up to a certain point[38]. In fact, an enduring alliance between the monarch and the free peasantry against the nobility created in Sweden and Finland a political culture very different from other Western democracies. In this culture the levelling or elimination of privilegies to the level of the peasant, "the people", became the organizing principle rather than the extension of privilegies to a widening gentlemanly class – with far-reaching consequences for the development of civil society and social democracy[39].

During the nineteenth century the free peasantry as the core of the "folk" became the symbol of the nation, of education, freedom and equality, not as a rhetorical, even utopian figure but as an active participant. The peasants were actors on the political stage as well as through the "popular movements" (revivalism, temperance), which together with the labour movement formed much of political culture in "Norden". The Nordic countries formed "a permanent process of problem resolution" with popular participation in political processes, which meant that no revolution occurred and no antithesis to the Enlightenment emerged[40].

---

[38] See the results of three Nordic research projects, Harald GUSTAFSSON, Political Interaction in the Old Regime. Central Power and Local Society in the Eighteenth-Century Nordic States, Lund 1994; Eva ÖSTERBERG – Sølvi SOGNER (eds.), People Meet the Law. Control and conflict-handling in the courts. The Nordic countries in the post-Reformation and pre-industrial period, Oslo 2000; Leon JESPERSEN (ed.), A Revolution from Above? The Power State of 16th and 17th Century Scandinavia, Odense 2000.

[39] Trägårdh, Statist Individualism 253–285.

[40] This is one main thesis in Sørensen – Stråth, The Cultural Construction, Introduction, esp. 1–20. The revolution in Finland in 1918 could be seen as an exception but also be explained as a consequence of the Russian revolution and the dissolution of the empire and its power structures, see Risto ALAPURO, State and Revolution in Finland, Berkeley, Cal. 1988.

This political culture supplies some explanations for "the Swedish model" (of the welfare state and labour market relations), the peaceful language struggle in Finland and the fact that the Nordic countries remained parliamentary democracies during the twentieth century, although in the case of Finland this was not without difficulties. Of all the new states created after the fall of the empires 1917/18, however, only Finland and Czechoslovakia were still parliamentary democracies twenty years later[41].

Links to the rest of Europe

A peripheral position has not made it impossible to take part in European affairs. On some occasions the Nordic countries have been important players on an all-European scene. The Danish and Swedish kings had possessions on German soil and were thus for centuries "German princes". The Danish king Knut the Great (1018–1035) ruled over England, Denmark, Norway and at least part of Sweden. He almost made the North Sea into a Danish "Mare nostrum". During a short period in the twelfth and thirteenth centuries Denmark dominated the southern shore of the Baltic from Rügen to Estonia – except for the indomitable Lithuanians of course.

Norway built an Atlantic empire consisting of the Atlantic islands, the Faroes, Iceland and Greenland. On and off, Norsemen ruled the Isle of Man, the Hebrides, Orkney and Shetland Islands, which last were subsequently lost to Scotland.

Sweden had its Age of Greatness in the seventeenth century when it almost succeeded in transforming the Baltic into a Swedish "Mare nostrum" and was one of the victors in the Thirty Years War. The economic and social resources that made this extraordinary show of strength possible is certainly a topic of European interest, but what does this tell us about the rest of Europe?[42]

The Swedish dream of greatness was shattered by Peter I at Poltava in 1709 – after the Great Northern War the Scandinavian kingdoms were reduced to second rate powers. Even in its weakness Sweden was, however, able to threaten St. Petersburg until – as Napoleon put it –

---

[41] Max ENGMAN, Finland as a Successor State, in: Engman – Kirby (eds.), Finland 102–127.

[42] See Michael ROBERTS, The Swedish Imperial Experience 1560–1718, Cambridge 1979; Göran RYSTAD (ed.), Europe and Scandinavia. Aspects of the Process of Integration in the 17th Century, Lund 1983.

Swedish guns were denied the opportunity of disturbing the sleep of the ladies of St. Petersburg by the Russian conquest of Finland in 1809.

The Nordic countries are also linked to Europe by processes independent of political borders. There are Scandinavian variations on common European themes like the spread of agriculture and agricultural innovations, the Black Death, Enlightenment, Greek Revival, industrialization and transatlantic emigration.

In our context, more interesting are points where Scandinavia has played a specific role, e.g. when Sweden was a crucial supplier of strategic commodities, iron, copper and tar. Sweden offered such promising prospects in the middle of the seventeenth century that Dutch entrepreneurs, among them Louis De Geer, one of the greatest arms dealers of the day, established themselves in Sweden. De Geer became a Swedish nobleman and the family is still represented at the Swedish House of Nobility. De Geer and other Dutch entrepreneurs brought about a thousand Walloons, some with their families, to modernize the Swedish iron industry.

On the other hand, strong economic centres attract migrants; a metropolis always draws immigrants independently of political borders. In the seventeenth and eighteenth centuries thousands of Scandinavians, especially Norwegians, went to Amsterdam, to work as sailors, in the navy, the herring fleet or the East-Indian Company, but also as domestic servants[43].

Patterns as these can again be found in different parts of Europe. Cities were meeting places and had to welcome immigrants for purely demographic reasons. It is thus not surprising that Amsterdam was an important centre for southern Scandinavia and St. Petersburg for Eastern Finland – in the nineteenth century St. Petersburg was one of the largest Finnish cities, just like Vienna was the second largest Czech city and a lot of Irish moved to London and Liverpool.

European alliances

A historian coming to Vienna or Prague from the old Swedish realm has the feeling of coming from "the other side": Turks and Swedes, barbarians who besieged and tried to conquer, but were not able to sack Vienna. The Swedes were, however, able to sack part of Prague

[43] Sølvi SOGNER, Ung i Europa. Norsk ungdom over Nordsjoen til Nederland i tidlig nytid [Young in Europe. Norwegian Migration over the North Sea to the Netherlands during the Early Modern Period], Oslo 1994.

just before the end of the Thirty Years War. Some manuscripts taken from Bohemian monasteries ended up in Åbo (Turku) in Finland, where they were destroyed in the great fire of 1827.

Diplomatic alliances are by definition unstable, but in early modern times Sweden formed one corner of a fairly long-lived diplomatic triangle consisting of France, Sweden and Turkey. All three needed one or two of the others in order to counter its primary enemy, the Emperor (for France) or Russia (Sweden and Turkey). On the other hand Denmark and Russia often cultivated good relations as a counterweight to Sweden.

These patterns ended in the beginning of the nineteenth century. In the Napoleonic Wars "Norden" was a side show, but the wars were in some respects even more important and brought more permanent changes than in the rest of Europe. Norway was detached from Denmark and united as a separate kingdom to Sweden in 1814. This ended three centuries of common Danish-Norwegian history and laid the foundation for Norwegian independence in 1905 after a plebiscite. 1814 also meant the end of almost six centuries of bonds between Norway and the Atlantic islands, Denmark kept the originally Norwegian dependencies of Iceland, Greenland and the Faroes.

Sweden acquired Norway but lost Finland, an integral part of the realm for six centuries. Sweden kept the name and the capital of the old realm but was in many respects a new creation, even to the extent of electing a French marshal as heir to the throne. Finland was awarded to Russia by Napoleon at Tilsit in 1807, mainly as a means to put pressure on Sweden to join the Continental Blockade against Great Britain. The Russian conquest became, however, the beginning of Finnish statehood, and thus laid the foundation for Finnish independence in 1917.

Not much of all this was decided or even discussed at the Congress of Vienna, but surely this fundamental rearranging of the European North belongs to any discussion of Europe in the age of Napoleon. It is also the beginning of a period of peace and striving for neutrality. There have been no wars between the Nordic states since 1814 and Sweden has been at uninterrupted peace for almost two centuries. War has touched the region only through attacks from the outside and in the form of the civil war in Finland in 1918, in large part a consequence of the dissolution of the Russian empire in 1917[44].

---

[44] In 1941 Finland, however, was involved in the preparations for Operation Barbarossa against the Soviet Union. The war of 1941–1944 is called the Continuation War (continuation of the winter War of 1939–1940) in Finland.

Europe is a kaleidoscopic concept, it looks different from different angles. Cartographic projections are, however, not historical projections. Even if "Norden" sometimes is ignored or neglected I think it is fair to say that including the area in a discussion of Europe will not make Europe smaller. "Norden" has had, for a millennium and more, innumerable contacts with other parts of Europe and is an integral part of the European past and presumably Europe's future as well.

Alexei Miller

RUSSIA, EASTERN EUROPE, CENTRAL EUROPE IN THE FRAMEWORK OF EUROPEAN HISTORY

All the terms or concepts used in the title of my paper are in fact problematic. Let me begin with the most problematic one – "the framework of European history". In his Freiburg lecture[1] Max Weber defined political economy as a political science. History is often treated as a political science in the same sense. The political demand is obvious, and numerous histories of Europe tailored to be the first chapter of the history of the eternal European Union are inevitable. We must reflect upon the negative consequences of such developments and must not contribute to this trend, which reminds me very much of my school textbook in Moscow in the 1960's. It began with a chapter "The USSR in the period of paleolith".

In fact, whatever period we take – the scope of European history proves to be either too broad or, at least for the last four centuries, too narrow. In my opinion, if there is a reason other than politics for thinking about the framework of European history, it is the chance to overcome the national historic narratives. But what is so wrong about national historic narratives? Most of all the teleological nature of such narratives, the wish to see history as inevitably leading to the triumph of one's nationhood. History serves as a projection of contemporary state of affairs or of the desired future into the past. Immanuel Wallerstein was right in saying that the past is a hostage of the present and not vice versa[2]. If the project of European history is supposed to help us to overcome the shortcomings of national historic narratives, we

[1] Max Weber, The Nation State and Economic Policy (Freiburg Inaugural Lecture 1895), in: Peter Lassmann – Ronald Speirs (eds.), Weber: Political Writings, Cambridge 1994, 1–28.

[2] Immanuel Wallerstein, Unthinking Social Science. The Limits of Nineteenth-Century Paradigms, Cambridge 1991, 131.

should not approach this project from the same perspective. I do not think that Hegel's famous saying that Minerva's owl flies in the dusk should be interpreted in a way which makes the writing of history to be an exercise in teleology. We should try to avoid building another myth, the myth of European unity[3].

Another serious danger which the project of European history is pregnant with comes from the fact that the question about belonging to European history is perceived by the majority as a question as to whether some region, or nation, or state is "good enough" to belong to those chosen. It is important not to allow this discourse about belonging to dominate the agenda of historians. Let me give one example. Much has been done recently in order to deconstruct the exclusivist and varied discourses about different historical regions, including the European east and south-east[4]. But striving to prove the "Europeanness" of the history of those excluded is present in many texts about "inventing" and "imagining". Sometimes it constitutes even the main goal of these texts, and that is nothing else but accepting the rules of the game, which these efforts of deconstruction of exclusivist discourses initially aimed to challenge. I am sure that as long as the debate about the proportion of "Europeanness" and "non-Europeanness" in the history of a particular region or country remains a debate about the legitimacy of their claims to belong to contemporary European structures, history will remain the victim of immediate political interests.

I believe that approaching the task of writing European history we should not concentrate so much on the limits of Europe or on the problems of belonging or not belonging to Europe. For historians, unlike politicians, these limitations are of secondary importance. Those writing the diplomatic or military history of Europe will not doubt whether the Russian or the Ottoman Empires should be a subject of their interest. Those writing the history of the Balkans, of the Iberian peninsula or of the southern territories of contemporary Ukraine and Russia would not dare to claim that European history is only the history of people born in Europe. It is also true that the history of

---

[3] See Sonja PUNTSCHER-RIEKMANN, The Myth of European Unity, in: Geoffrey HOSKING – George SCHÖPFLIN (eds.), Myths and Nationhood, London 1997, 60–71.

[4] Iver B. NEUMANN, Russia as Central Europe's Constituting Other, in: East European Politics and Societies 7/2 (Spring 1993) 349–369; Larry WOLFF, Inventing Eastern Europe. The Map of Civilization on the Mind of the Enlightenment, Stanford 1994; Maria TODOROVA, Imagining the Balkans, New York-London 1997.

Europeans reaches far beyond Europe. The framework of European history for the historian is just a concept, an instrument which should help him in his research, with flexible borders and meanings.

European history has everything, including the Holocaust, including Stalin and Hitler, who could have won. Just imagine what perception of European history the participants of a conference on writing European history would have in that case, of course not in Vienna, but somewhere in Boston or Beijing. European history is not about the inevitable victory of market economy and democracy, but illustrates that capitalism and democracy were possible here, alongside with many other, often much less respectful things. European history is about dynamism, expansion and the multiplicity of possible outcomes of not only political, but also structural development. This means that for understanding the history of Europe the teleological approach is particularly dangerous. That also means that comparison to and interest in possible alternative developments should constitute the backbone of any approach to the history of Europe.

If we take the comparative approach, then what should we compare? Or, rather, what geographical spaces should we have in mind while comparing different structures, processes, etc.? Borders of contemporary states are of limited value, whatever national histories try to claim. Therefore, we will inevitably turn our attention to the concept of historical region.

The good thing about the regional approach is its flexibility. Unlike state borders, regional borders are not necessarily lines on the map. Very often we can operate with transitional border zones or borderlands, allowing the spaces we designated for different research purposes to overlap partially. We can look at micro-regions, which belonged to some state or were cut by a state border. We can also operate with the concept of macro-region, which could cover territories of several contemporary states or parts of them.

Without question, the concepts of regions are not free from ideological bias, either. Speaking about the regional divisions of Europe, Jenő Szűcs in his famous essay names three such huge historical regions – Western, Central and Eastern Europe[5]. There were and there are many more than these three of them. The reason for Szűcs' obvious simplifi-

[5] Jenő Szűcs, Les trois Europes. Préface de Fernand Braudel. Transl. by Véronique Charaire, Gábor Klaniczay and Philippe Thureau-Dangin, Paris 1985.

cation is that his attention was focused on the ideologically important cases. As soon as the problem of some particular region loses political importance, as instanced by the cases of Scandinavia or the Iberian peninsula, historians have a tendency to use such concepts for their own purposes of comparison. But not in the case of the regions and concepts I am supposed to talk about – namely Central and Eastern Europe.

The term "Central Europe" was first coined in the nineteenth century for political purposes. Different versions of the concept were changing the ideological content and geographical limits of the notion according to the needs and plans of the authors, who very often pursued mutually exclusive political goals. (That is why Central Europe and "Mitteleuropa" mean so different things, not only in the geographical context; that is why the term East-Central Europe has been recently coined.) The feature common to all the concepts of Central Europe was the combination of two functions – to integrate and to isolate or exclude. The latter task was always performed better.

This concept has served political purposes to this day. Many authors have recently shown how much the discourses of Central and Eastern Europe were and remain politically biased, and how this political bias influenced many historians. I have also written on this subject[6]. But, unlike Eric Hobsbawm, Maria Todorova and some other authors, I do believe that the concept of Central Europe as a historical region can be a helpful instrument for historians provided that we manage to separate it from political discourses. The usefulness of the concept is particularly evident to me in the context of the history of the western borderlands of the Russian Empire, previously the eastern borderlands of the Polish Commonwealth, and in the case of some of the Eastern marches of the Habsburg Empire. These Empires as political entities had very clear-cut borders. This fact might be helpful in some cases. But for those studying cultural history or the problem of identities, the concept of historical regions with borderlands, transitional zones instead of clearly cut state borders becomes much more appropriate.

In order to separate the concept of Central Europe as a historical region from its contemporary political versions, we should remember

---

[6] See the selected bibliography in: Alexei MILLER, Central Europe: A Tool for Historians or a Political Concept?, in: European Review of History 6/1 (Spring 1999) 85–89.

that the borders of the historical region had very little in common with the contemporary state borders[7]. We should also remember the fabric of the region, particularly its cultural and ethnic heterogeneity, which I consider to be one of the most important constitutive features of the area in the nineteenth and the beginning of the twentieth centuries. Maciej Janowski formulated this point most aptly: "[...] the heroes of the play are not only Czechs, Slovaks, Hungarians, etc., but Masurians and Cassubians, Slovinians and Slovenes, Uskoks and Hanaks, Cumans and Iasygians, Valachians and Armenians, Gypsies and Jews, Seklers, Ruthenes, Cossacks, Lemkos, Boykos and by whatever names the innumerable ethnic, social or ethnosocial groups of the region were called in various epochs."[8] This fabric went through consequent and steady destruction during the twentieth century with the extermination of Jews, expulsion of Germans and many other exercises in ethnic cleansing. Thus the whole contemporary debate whether some country belongs to Central Europe or not and whether there is a club of "better" candidates among those many aspiring to be accepted to EU has rather little to do with history.

There is one lesson in the contemporary development of those countries claiming to be the heirs of Central European heritage, which is particularly important and relevant to the previous history of the region. The post-communist development can be much better understood and described not as "coming back to Europe" of some "stolen" regions, which is the slogan of the day in all of these countries, but as the expansion of Europe (from the perspective of the West in this context) into this area with capital, businesses, insurance companies, technologies, etc. This can be seen as the answer of history to the quite

[7] We should keep in mind that these borders of the region were changing over time. If I had to name the single most important factor which should be taken into consideration while looking for the eastern border of the region, I would suggest the German urban colonization. It shaped, to a large extend, structures, legal systems and the very appearance of the towns in this region. But very much depends on one's perspective. While Isaak Babel spoke about the "Europeanness" of Galicia, Joseph Roth described it as an obsolete half-civilized place. The eastern borderlands of Central Europe were considered even by people in the region, not to speak about people in the West, to be famous for their poverty and backwardness, as Galicia, or so strange and godforsaken, as to serve as a reserve for vampires (Transylvania).

[8] Maciej Janowski, Pitfalls and Opportunities: The Concept of East-Central Europe as a Tool of Historical Analysis, in: European Review of History 6/1 (Spring 1999) 91–100, ibid. 95.

accurate observation by Jenő Szűcs and his teacher István Bibó that social and political structures of the region allowed different trajectories of development depending on external influence.

Now to the last, or more exactly to the first two notions in the title of my paper. Why do I need both? Doesn't Russia equal Eastern Europe? If Russia is to designate the Russian Empire, then it includes Eastern Europe, but also much more even in its European part: some borderlands, which have evident characteristics of Central Europe, some Baltic territories which cannot be easily ascribed either to Scandinavia, or to Central and Eastern Europe. That reminds us of the significance of the notion of borderland, which combines features of different types of development, of different historical fabric.

But today we use the name "Russia" to designate a completely new phenomenon. And in its contemporary version Russia does not include the whole of Eastern Europe. All the other states which emerged in the post-Soviet space are also very young if not completely new entities. What happens to history-writing in these new nationalizing states? If the attempt to write European history can be defined in negative terms – then it is overcoming the weaknesses of national historic narratives. But in Eastern and to some extend also in East-Central Europe local historiographies are mostly preoccupied with quite the opposite – the creation or recreation of national myths. This task is addressed with the whole range of means from modest make-up to radical plastic surgery. These national narratives are intolerant to any discussion of the alternatives in history and very reluctant to use comparative methods. They are also full of martyrology. The attempts to externalize the responsibility for the evils of the past, for example the Holocaust, are common practice. Many historians in these countries still believe that the main task of teaching history at school is to prepare pupils to become good soldiers.

The logic of the creation of national historic narratives inevitably leads to distortion, or destruction of that fabric of encounters, mutual influences, conflicts, etc., which constituted the internal history of the Empire. Centuries during which these countries were part of the Russian Empire are often presented as a sad episode or deviation in the originally "European" history of these nations. Looking now at the historiographies of the post-Soviet countries, one gets the impression that in the discourse of the last decade Eastern Europe as a historical region tends to disappear. Nobody wants to be Eastern European – a reasonable position from the point of view of political interests, but not for a historian. We can see a new version of an old Central European disease – the wish to claim that exactly the eastern border of one's country, or even one's own city, as in the case of the famous *mot* of Count Metternich, should be considered the eastern limits of Europe. The task of finding a proper balance in writing the history of the Russian Empire as the history of all its subjects in their interaction is still to be met. Now the pendulum has moved from one extreme, which was writing this history as only the Russian history, to another extreme of a wholesale fragmentation, and there are very few reasons to believe that equilibrium will be reached soon.

Let me conclude with some inevitably brief remarks on the place of Russia in the framework of European history. Russia had many features of a unique civilization. Many concepts used to describe European societies and their development are irrelevant here. The most important task is, probably, to understand the phenomenon of "Russian Power" and how it emerged from the second half of the sixteenth century until the beginning of the eighteenth century. This Christian power was striving to suppress all the other independent political and social subjects. It was not just a reduction of normal pluralism of Christian societies, but the creation of a new quality of power and body social. But one can ask a question: was not that scenario an implementation of a potential danger of European development, which others in Europe managed to avoid? Kant in his comments on patrimonial power, Montesquieu in his "Persian Letters" and many other authors thought this way. If we agree with them, Russian and Soviet history becomes an alternative version of European history. I do not insist on such an interpretation, but it opens so interesting possibilities of comparative approach that it should not be rejected too easily[9].

Even if we accept the view that Russia in some of her basic characteristics was not European, it makes no sense to ask whether it is possible to write the history of Europe without Russia. The role of Russia in the major European military conflicts from the Napoleonic wars to World War II is the most trivial answer. The history of the Cold War without the Soviet Union is nonsense. (And we have to look not only at the negative consequences of it, but also at the role of the

---

[9] We should also keep in mind the possibility of diachronic comparison. For example, Soviet experience should be compared not only to the Nazi rule, but also to the experience of the leading European countries, which were dealing with the problem of agrarian overpopulation centuries earlier.

Cold War as a precondition for the contemporary unification of Europe.) But leaving aside power politics – during the last three centuries Russian involvement in the economic and cultural life of Europe was too serious to be ignored.

Finally – is it possible to write the history of Russia outside the European context? The last three centuries of Russian and Soviet history were the history of gradual, although often selective, westernization. Paradoxically, during the Soviet time it was westernization within a project tailored to be the rejection of the West, or aimed at overcoming the West. If the history of the unique phenomenon, which I called "Russian Power", has reached its end, one can ask whether these three centuries-long process of westernization can attain a new quality? If that were possible then Russian history could become an example – a very particular example – of overcoming relative backwardness, which constitutes one of the major paradigms of the development of the European periphery. Let me leave you with this question, but I would like to stress that while politicians are free to speculate on it (or even act as if they knew the answer) now, historians should wait at least for several decades.

Andreas Kappeler

DIE BEDEUTUNG DER GESCHICHTE OSTEUROPAS FÜR EIN GESAMTEUROPÄISCHES GESCHICHTSVERSTÄNDNIS

„Osteuropa ist tot. Mit dem Ende des Kommunismus verschwand, was sich in der Imagination der politischen Klasse im Westen Europas als Zusammenhang darstellte. Osteuropa war nicht allein ein geographischer Raum. In diesem Begriff symbolisierte sich das Andere, von dem sich die politische Kultur des Westens abheben konnte, durch die sie definierbar wurde [...]. Osteuropäische Geschichte, wie sie an deutschen Universitäten meist noch gelehrt wird: als Geschichte Russlands, Polens, manchmal auch des Balkans, in den Epochen des Mittelalters und der Neuzeit, ist ein Anachronismus, ein Relikt des Kalten Krieges."

Mit diesen Sätzen beginnt ein im November 1999 in der „Neuen Zürcher Zeitung" erschienener Aufsatz[1]. Sein Autor, der Tübinger Osteuropa-Historiker Jörg Baberowski, hatte seine provokativen Thesen schon im Sommer 1998 in der Zeitschrift „Osteuropa" vorgestellt. Er plädierte folgerichtig für die Aufhebung des Spezialfaches „Osteuropäische Geschichte" und seine Integration in die sogenannte „Allgemeine Geschichte". Baberowski löste damit eine Diskussion aus, in der sich zahlreiche Fachvertreter und -vertreterinnen zu Wort meldeten[2]. Offensichtlich hatte er einen neuralgischen Punkt der seit ihrer Begründung vor einem Jahrhundert stark politisierten Fachdisziplin getroffen, die nach dem Zusammenbruch des sogenannten „Ostblocks" eine Orientierungs- und Legitimationskrise erlebt.

Die mir von Gerald Stourzh gestellte Frage nach der Bedeutung der Geschichte Osteuropas für ein gesamteuropäisches Geschichtsverständnis kann in einem doppelten Sinn verstanden werden,

---

[1] Jörg Baberowski, Das Ende Osteuropas und das Fach Osteuropäische Geschichte, in: Neue Zürcher Zeitung 13./14.11.1999, Nr. 265, 57.

[2] Die Diskussionsbeiträge aus „Osteuropa" jetzt in: Stefan Creuzberger – Ingo Mannteufel – Alexander Steininger – Jutta Unser (Hgg.), Wohin steuert die Osteuropaforschung? Eine Diskussion, Köln 2000.

– als Frage nach der Bedeutung der Subdisziplin „Osteuropäische Geschichte" für eine europäische Geschichtsschreibung und

– als Frage nach der Bedeutung Osteuropas in einem gesamteuropäischen Geschichtsverständnis.

Ich will beide Aspekte miteinander verbinden. Die Fragestellung impliziert, daß Osteuropa, und das heißt in der deutschsprachigen Tradition nicht nur Ostmitteleuropa, sondern auch Rußland und der Balkan bzw. Südosteuropa, als Teil Europas begriffen wird. Europa verstehe ich demnach nicht als römisch-lateinischen Okzident oder als neuzeitliche „westliche" Wertegemeinschaft, sondern als weiteren Begriff, der neben der Geographie auf den mittelalterlichen Grundlagen, der Verbindung des antiken Erbes mit dem Christentum und den spezifischen Traditionen der einzelnen indoeuropäischen Völkerfamilien, deren größte die Slawen sind, beruht. Die Zugehörigkeit zu Europa steht auch aus der Perspektive der meisten Osteuropäer nicht in Frage.

Baberowski ist zuzustimmen, daß Osteuropa (wie Europa und Asien) einen von Westeuropäern imaginierten Raum darstellt. Mit Ausnahme sowjettreuer Kommunisten nach dem Zweiten Weltkrieg haben Osteuropäer nie eine osteuropäische Identität entwickelt, die den gesamten Raum umfaßt hätte. Wenn schon, dann wurden höchstens sein östlicher oder sein westlicher Teil, das byzantinisch-orthodoxe Osteuropa und das lateinisch-katholische Ostmitteleuropa, gelegentlich als Zivilisationen und Schicksalsgemeinschaften gedacht. Allerdings war die Vorstellung von Osteuropa in der genannten Reichweite (also mit Rußland und dem Balkan) nicht erst ein Produkt des Kalten Krieges, sondern Osteuropa wurde, wie Larry Wolff und Hans Lemberg gezeigt haben, im 18. und in der ersten Hälfte des 19. Jahrhunderts erfunden. Seit der Antike hatte sich der zivilisierte Süden, der Mittelmeerraum, in einem Gegensatz zum barbarischen Norden gesehen. Diese Vorstellungen wurden vom Humanismus wiederbelebt, und noch für Schlözer waren Polen und Rußland nordische Mächte. Mit der Verlagerung des Zentrums Europas in seinen Nordwesten wurde die Vorstellung von Nordeuropa folgerichtig, wenn auch verspätet, ersetzt durch die Vorstellung von Osteuropa als der dem ebenfalls neu erfundenen Westeuropa komplementären, barbarischen, anderen Hälfte Europas, die neben Polen und Rußland auch Böhmen, Ungarn und den Balkan umfaßte[3].

---

[3] Hans Lemberg, Zur Entstehung des Osteuropabegriffs im 19. Jahrhundert. Vom „Norden" zum „Osten" Europas, in: Jahrbücher für Geschichte Osteuropas 33

Die Konstruktion Osteuropas (Europe orientale) knüpfte außerdem an Vorstellungen vom Orient an, sei es als christliches Morgenland im Gegensatz zum Abendland, sei es als asiatischer Orient. Die Abgrenzung von Asien, vom Orient, war seit dem Fall Konstantinopels konstitutiv für die Formierung einer europäischen Identität[4]. Mit der folgenden Normierung und Verengung Europas auf die westliche Zivilisation wurde zusätzlich die Abgrenzung vom Balkan und vom europäischen Osten überhaupt wichtig, wie Maria Todorova und Iver Neumann zeigen[5]. Im Gegensatz zum islamischen Orient wurde indessen das neu konstruierte Osteuropa mit Rußland und dem Balkan im 18., 19. und frühen 20. Jahrhundert zu Europa gerechnet, doch gehörte es nie ganz zum Eigenen, blieb ein anderes Europa. Osteuropa war (und ist) per definitionem immer auf dem Weg von der Barbarei zur Zivilisation, ohne das Ziel je zu erreichen, so zugespitzt Wolff und Neumann[6]. Der Osten Europas bleibt immer der Schüler und damit abhängig vom zivilisierten Westen. Diese Vorstellung von Osteuropa wurde im 19. und 20. Jahrhundert politisch instrumentalisiert und rassistisch aufgeladen und diente der Legitimation „westlicher“ Machtpolitik, ökonomischer Ausbeutung und militärischer Aggression bis zum NS-Vernichtungskrieg gegen die slawischen „Untermenschen“.

Die Konstruktion des Westens in seiner Alterität zum Osten wurde durch die Zweiteilung Europas im Kalten Krieg verstärkt. Die Vorstellungen von Osteuropa wurden erneut mit dem Bild des asiatischen Ostens angereichert, etwa in der Assoziation der Sowjetunion mit dem Mongolenreich Tschingis-Khans. Unter Osteuropa verstand man nun die Länder und Völker im kommunistisch beherrschten Teil Europas, denen der Westen, die demokratische „Freie Welt“, gegenüberstand. Die Himmelsrichtungen Osten und Westen waren politisch klar

---

(1985) 48–91; Larry Wolff, Inventing Eastern Europe. The Map of Civilization on the Mind of the Enlightenment, Stanford 1994.

[4] Vgl. Gerhard Delanty, Inventing Europe. Idea, Identity, Reality, Basingstoke-London 1995, u.a. 7, 14; Jürgen Osterhammel, Die Entzauberung Asiens. Europa und die asiatischen Reiche im 18. Jahrhundert, München 1998, u.a. 15, 29.

[5] Maria Todorova, Die Erfindung des Balkans. Europas bequemes Vorurteil, Darmstadt 1999; Iver Neumann, Use of the Other. "The East" in European Identity Formation, Manchester 1999.

[6] Wolff, Inventing Eastern Europe, u.a. 4; Neumann, Use of the Other, u.a. 111.

markierte Kategorien. Zu Osteuropa wurden deshalb Böhmen (Tschechien) und Slowenien, in der angelsächsischen Welt auch die DDR, gerechnet, während die weiter östlich gelegenen Länder Finnland, Österreich und Griechenland meist ausgeklammert blieben.

Dieses politisch definierte Osteuropa ist tot. Ob allerdings der Eiserne Vorhang auch aus den Köpfen verschwunden ist, erscheint zweifelhaft. Mit der Osterweiterung der europäischen Institutionen verschiebt er sich allmählich nach Osten an die alte Zivilisationsgrenze zwischen west- und oströmischer Welt. Diese wird wiederbelebt, nicht nur in ideologischen Schnellschüssen wie Samuel Huntingtons „Clash of Civilisations", sondern auch in der Öffentlichkeit der von der sowjetischen Vorherrschaft befreiten Länder. Viele Polen, Tschechen, Slowaken, Ungarn, Slowenen, Kroaten, Esten, Letten und Litauer wehren sich dagegen, als Osteuropäer negativ markiert zu werden, und betonen ihre Zugehörigkeit zum Westen oder wenigstens zu Mitteleuropa. Zwar hat sich in Politik und Publizistik ein unterschiedlich definierter, schwammiger Mitteleuropa-Begriff weitgehend durchgesetzt. Dennoch bleibt aus „westlicher" Sicht die Vorstellung von ganz Osteuropa als barbarischem, beständig auf dem Weg zur Zivilisation befindlichem Raum lebendig. Das zeigt sich zum Beispiel in der Bezeichnung der osteuropäischen Länder als Reform- oder Transformationsstaaten.

Die Tatsache, daß Osteuropa nur eine Fremdzuschreibung, ein für bestimmte Zwecke imaginierter und instrumentalisierter Raum war, diskreditiert den Begriff nicht als heuristisches Konzept. Der historische Raum Osteuropa weist Gemeinsamkeiten auf, die es m.E. rechtfertigen, daß sich eine historische Subdisziplin, die „Osteuropäische Geschichte", damit beschäftigt[7]. Die Mehrheit der Teilnehmer der erwähnten Diskussion in der Zeitschrift „Osteuropa" führt ethnisch-sprachliche, sozio-ökonomische, politische und forschungspraktische Gründe an, die dafür sprechen, auch nach dem Fall des Eisernen Vorhangs Osteuropa weiter als historischen Großraum zu analysieren und ihn nicht aufzulösen in die Räume Mitteleuropa, Rußland und

---

[7] Ich habe dies an anderer Stelle zu begründen versucht: Andreas KAPPELER, Das Universitätsfach Osteuropäische Geschichte nach dem Zusammenbruch des „Ostblocks", in: Österreichische Osthefte 40 (1998) 487–500; DERS., Osteuropäische Geschichte, in: Michael MAURER (Hg.), Aufriß der historischen Wissenschaften, Bd. 2: Räume (Reclams Universal-Bibliothek 17028) Stuttgart 2001, 198–265.

Balkan. Gleichzeitig wird die innere (konfessionelle, soziale und politische) Differenzierung der östlichen Hälfte Europas betont, nicht nur in die Teilräume Ostmitteleuropa, Südosteuropa und ostslawisch-orthodoxes Osteuropa, sondern auch in kleinere Subregionen. Außerdem wird erinnert an historische Regionen wie den Ostsee-, Mittelmeer- und Schwarzmeerraum, die Osteuropa mit Westeuropa bzw. mit Asien verbinden. Schließlich wird betont, daß der Raum Osteuropa wie alle imaginierten historischen Räume nicht statisch ist, sondern seine Grenzen ständig verändert.

In der genannten Diskussion herrscht Einhelligkeit darüber, daß das Fach „Osteuropäische Geschichte" seine Selbstisolation aufgeben, den „Eisernen Vorhang" zur sogenannten „Allgemeinen Geschichte" hochziehen und sich stärker in Methodendiskussionen engagieren solle. Dennoch spricht sich eine Mehrheit für die Beibehaltung einer institutionellen Trennung und gegen eine völlige Integration des Spezialfaches in die „Mittlere und Neuere Geschichte" aus. So wird die Befürchtung geäußert, daß die sogenannte „Allgemeine Geschichte" die „Osteuropäische Geschichte" einfach schlucken könnte, ohne ihre einseitige Orientierung auf West- und Mitteleuropa bzw. die einzelnen Nationalgeschichten aufzugeben. Als zusätzliches Argument wird auf die nach wie vor bestehenden Sprachbarrieren hingewiesen, die eine Spezialisierung rechtfertigen können. Damit hängt die seit dem Zerfall des Ostblocks besonders wichtige Aufgabe des Dialogs mit den Historikerinnen und Historikern in Osteuropa zusammen.

Auffällig ist, daß sich die Diskussion im engen Kreis der Osteuropa-Spezialisten abspielt. Zwar hat sich ein amerikanischer Osteuropahistoriker zu Wort gemeldet und auch für die Vereinigten Staaten eine Desorientierung der auf Osteuropa bezogenen Geschichtswissenschaft bestätigt. Meines Wissens hat aber bisher kein einziger der ebenfalls angesprochenen sogenannten Allgemeinhistoriker, die in Wirklichkeit oft Nationalhistoriker mit mehr oder weniger weitem Horizont sind, das Wort ergriffen. Dies bestätigt die von Baberowski diagnostizierte Abschottung der Osteuropa-Spezialisten ebenso wie die Vernachlässigung Osteuropas durch die Europahistoriker, die sich bis auf Ranke zurückführen läßt[8].

---

[8] Der oft zitierte Satz Rankes „In der Tat gehen uns Neuyork und Lima näher an als Kiew und Smolensk" in: Leopold von Ranke, Geschichten der romanischen und germanischen Völker von 1494 bis 1535, Leipzig 1824, XXXIX.

Diese Vernachlässigung scheint heute im deutschen Sprachraum allerdings etwas weniger gravierend zu sein als in West- und Südeuropa, wenn man vergleichenden Analysen von Schulbüchern glauben darf[9]. Die Konstruktion einer europäischen Geschichte, die den Prozeß der europäischen Integration begleitet, beschränkt sich dennoch weitgehend auf die westliche Hälfte Europas. Einige Beispiele: Das in vielen Sprachen herausgekommene „Europäische Geschichtsbuch" mit dem Untertitel „Eine europäische Initiative von Frédéric Delouche" beginnt zwar im Mittelalter vielversprechend mit einer gleichberechtigten Behandlung des Byzantinischen Reiches, verliert den Osten Europas aber in der Folge aus dem Blick, bis er mit der Sowjetunion plötzlich wieder auftaucht[10]. Ganz westeuropazentriert ist die ebenfalls viel übersetzte Europageschichte von Jean-Baptiste Duroselle[11]. In der internationalen Reihe „Europa bauen" gehen fast alle Bände von westeuropazentrischen Fragestellungen aus. Sie grenzen Osteuropa zwar nicht systematisch aus, sondern beziehen es exemplarisch oder dekorativ mit ein. Nirgendwo wird jedoch, soweit ich sehen kann, der östliche Teil Europas als tragender oder gar gleichberechtigter Pfeiler des Baus Europa angesehen. Die auf 65 Bände angelegte Reihe „Europäische Geschichte" im Fischer Taschenbuch scheint Ostmitteleuropa vermehrt zu integrieren, nicht aber Rußland und Südosteuropa. Polen und Ungarn sind auch unter den Autoren angemessen vertreten. Dies ist nicht nur ein Reflex der politischen Entwicklung der neunziger Jahre, also der zunehmenden Ausgrenzung der orthodoxen Welt, sondern hat auch mit der Quellenlage und dem Forschungsstand zu tun. Die jüngst erschienene „Geschichte Europas" von Michael Salewski erzählt konventionell politische Geschichte aus westeuropäischer Sicht, gibt aber additiven Abschnitten zu Osteuropa relativ breiten Raum[12]. Explizit auf Westeuropa beschränken sich die verdienstvollen komparativen Arbeiten von Emmanuel Todd, Hartmut Kaelble, Hubert Kiesewetter und Henri Mendras. Dies entspringt, worauf Kaelble hin-

---

[9] Falk PINGEL (Hg.), Macht Europa Schule? Die Darstellung Europas in Schulbüchern der Europäischen Gemeinschaft, Frankfurt a.M. 1995.

[10] Frédéric DELOUCHE (Hg.), Das Europäische Geschichtsbuch. Von den Anfängen bis heute. Eine europäische Initiative von Frédéric Delouche, Stuttgart 1998 (1. Aufl. 1992).

[11] Jean-Baptiste DUROSELLE, L'Europe. Histoire de ses peuples, Paris 1990.

[12] Michael SALEWSKI, Geschichte Europas. Staaten und Nationen von der Antike bis zur Gegenwart, München 2000.

weist, nicht nur einem Westeuropazentrismus, sondern ist auch eine Folge fehlender Vorarbeiten und mangelnder Sprachkenntnisse[13].

Es ist kein Zufall, daß die wenigen Synthesen von Historikern, die sich auch in Osteuropa auskennen, diesen Raum stärker berücksichtigen. Zu nennen ist in erster Linie die viel gelesene und viel kritisierte einbändige „History of Europe" des Polen-Spezialisten Norman Davies, die sich in ihrer Konzeption explizit gegen den dominierenden Westeuropazentrismus wendet und Osteuropa als grundsätzlich gleichberechtigten historischen Raum behandelt[14]. Davies' Buch bestätigt die in der erwähnten Diskussion erhobene Forderung, daß sich Osteuropahistoriker vermehrt in die allgemeinen Diskussionen einbringen und der gesamteuropäischen Geschichte zuwenden sollten. Umgekehrt müssen gesamteuropäisch angelegte Projekte vermehrt Osteuropa-Fachleute und Historikerinnen und Historiker aus Osteuropa heranziehen.

Mein Plädoyer für eine stärkere Integration Osteuropas in eine europäische Geschichte kann allerdings nicht an der Tatsache vorbeigehen, daß von Westeuropa seit dem Mittelalter eine größere Dynamik ausgegangen ist als von Osteuropa. Die mittelalterliche Agrarrevolution und Ostsiedlung, das Aufblühen des Städtewesens und des Kapitalismus, Humanismus, Renaissance und Reformation, Aufklärung, Menschen- und Bürgerrechte, Industrialisierung und parlamentarische Demokratie haben ihre Ursprünge ebenso im Westen Europas wie Nationalismus, Liberalismus, Sozialismus, Rassismus, Faschismus und Kommunismus.

Davon ausgehend analysieren die sogenannten „westlichen" Geschichtswissenschaften, dem oben diskutierten Osteuropabegriff folgend, die Geschichte Osteuropas in der Regel mit den Kategorien der relativen Rückständigkeit und der nachholenden, meist deformierten, Modernisierung. Es ergibt sich eine Aneinanderreihung von Defiziten, ein Defizit an Bürgertum, an ständischer Verfassung, an Wissenschaft, an Kapital, an Unternehmergeist, an Industrie, an Demokratie, an

---

[13] Hartmut KAELBLE, Auf dem Weg zu einer europäischen Gesellschaft. Eine Sozialgeschichte Westeuropas 1889–1980, München 1987, zu Osteuropa 15, 157; Emmanuel TODD, L'invention de l'Europe, Paris 1990; Hubert KIESEWETTER, Das einzigartige Europa. Zufällige und notwendige Faktoren der Industrialisierung, Göttingen 1996; Henri MENDRAS, L'Europe des Européens: Sociologie de l'Europe occidentale, Paris 1997.

[14] Norman DAVIES, Europe. A History, 2. Aufl., London 1997.

Individualismus, an Zivilgesellschaft, an Freiheit. Die Länder und Völker Osteuropas werden daran gemessen, wie weit sie die Errungenschaften der westlichen Zivilisation übernahmen, wie erfolgreich sie den vom Westen vorgegebenen Weg imitierten. Eine solche Sichtweise haben nicht nur die westeuropäischen Historikerinnen und Historiker, sondern auch viele ihrer osteuropäischen Kolleginnen und Kollegen. Sie wird gestützt dadurch, daß auch herrschende Eliten der osteuropäischen Länder, von den mittelalterlichen Landesherren Ostmitteleuropas über Peter den Großen, die Präsidenten der neuen Nationalstaaten und die Bolschewiki bis zu Gorbatschow und den nachkommunistischen Reformern, das Aufholen des Rückstandes gegenüber dem Westen zu ihrem vorrangigen Ziel erklärten. Der Ansatz, die Geschichte Europas als Prozeß einer allmählichen Verwestlichung zu betrachten, ist m.E. durchaus legitim.

Die Frage ist, ob dieser Prozeß nur einseitig verlief. Genügt es, die Geschichte Osteuropas lediglich aus ihrem Verhältnis zu Westeuropa zu definieren und ihr evolutionistisch-teleologisch das westliche Entwicklungsmodell aufzuzwingen? Werden dabei nicht autochthone Kontexte und spezifische Beiträge Osteuropas vernachlässigt? Verzerrt die für die westeuropäische Identität konstitutive Alterität Osteuropas als auf dem Wege zur Zivilisation befindlicher Entität die Perspektive? Bedeutete Europäisierung nicht nur eine Übernahme westlicher Errungenschaften, sondern auch eine Synthese westeuropäischer und osteuropäischer Elemente? Solche Fragen sind gerade heute, im Zeichen der Osterweiterung der europäischen Institutionen, aktuell.

Hat Osteuropa denn überhaupt nennenswerte Beiträge zur europäischen Geschichte geleistet? Diese Frage wird selten gestellt, aber implizit in der Regel verneint. Ich will versuchen, darauf einige vorläufige knappe Antworten zu geben. Eine umfassende revisionistische Analyse zum „Osten im Westen", wie sie Jack Goody für das Verhältnis Asiens zu Europa vorgelegt hat, steht noch aus[15].

Eine erste mögliche Antwort geht von einem bipolaren Europa aus, das seine Zentren in Ost- und Westrom hatte. Die orthodox-griechisch/slawische und die katholisch-lateinische Zivilisation standen dabei in ständiger Wechselbeziehung, waren nicht durch eine Grenze getrennt, sondern durch eine breite Übergangszone und einen Kommunikationszusammenhang verbunden. Die Eroberung der Rus durch die Mongo-

[15] Jack Goody, The East in the West, Cambridge 1996.

len und Konstantinopels durch die Osmanen erschütterte die Vorstellung eines bipolaren Europas und stellte die Zugehörigkeit Rußlands und des Balkans zu Europa in Frage. Für Enea Silvio Piccolomini wurde mit dem Fall Konstantinopels der Christenheit ein Auge ausgerissen und ein Arm amputiert[16]. Genau in dieser Situation begannen im Westen Europas die Imagination Europas und die (Wieder)Entdeckung Rußlands. Inwiefern übernahm das Osmanische Reich die Rolle Ostroms? Wuchsen in Rußland das Auge und der Arm nach, und wurde es seit Peter dem Großen zum östlichen Pol Europas? Spätestens mit der Schaffung der Sowjetunion und des von ihr beherrschten sogenannten Ostblocks mit ihrer kommunistischen Alternative war das bipolare Europa wieder Realität. Die Spannung zwischen den beiden Polen war in den Übergangszonen, also vor allem in Ostmittel- und Südosteuropa, besonders stark. Ich nenne nur die Türkenkriege, die Nordischen Kriege, die Teilungen Polens, die Orientalische Frage, den nationalsozialistischen Vernichtungskrieg und die sowjetische Fremdherrschaft.

Eine zweite Antwort richtet den Blick auf die Ostgrenze Europas. In ihren eigenen Traditionen sehen sich die Länder und Völker Osteuropas als Verteidiger Europas im Osten, als „antemurale christianitatis". Dieser Mythos, der die Opferrolle für Europa betont, existiert in fast allen Ländern Osteuropas: Die Polen haben Europa vor Tataren und Moskowitern geschützt, die Ungarn und Balkanvölker vor Steppennomaden und osmanischen Türken, die Russen vor den Mongolen. Alle Völker grenzen sich vom jeweils negativ markierten Osten ab. Im Gegensatz dazu stehen Auffassungen, die einen wichtigen Beitrag Osteuropas für die europäische Geschichte gerade in dessen engen Wechselbeziehungen zum Islam und den hoch entwickelten Imperien Asiens sehen und die dadurch bedingte Bereicherung der europäischen Zivilisation unterstreichen. Das gilt schon für das Byzantinische Reich, dann für Rußland und den Balkan, die unter Mongolen und Osmanen nicht nur gelitten, sondern auch viel gelernt haben. In Rußland hat dieser Gedanke im 20. Jahrhundert in der potentiell antiwestlichen Ideologie der Eurasier seinen Ausdruck gefunden. Eine bis heute sichtbare Spätfolge asiatischer Herrschaft sind die bedeutenden Gruppen

[16] Zitiert nach Ekkehard KLUG, Das „asiatische" Rußland. Über die Entstehung eines europäischen Vorurteils, in: Historische Zeitschrift 245 (1987) 265–289, hier 271.

muslimischer Bevölkerung in Südosteuropa, in der Rußländischen Föderation und der Ukraine.

Eine dritte Antwort sieht den Beitrag Osteuropas zur europäischen Geschichte in erster Linie im religiösen und kulturellen Bereich. „Das Europa der Historiker ist das Europa der gemeinsamen Kultur", schreibt der Europahistoriker René Girault[17]. Am Anfang standen die tiefen Wirkungen, die die byzantinische Kultur während des Mittelalters auf ganz Europa ausübte. Sie fanden im 19. und 20. Jahrhundert eine Fortsetzung in der Faszination, die von der orthodoxen Spiritualität, ihrem Gottesdienst und ihren Ikonen, ausging. Auch aus orthodoxer Perspektive wurde die Spiritualität gegenüber der westlichen Rationalität und die ganzheitliche Gemeinschaft (sobornost) gegenüber dem eigensüchtigen westlichen Individualismus betont, das harmonische Zusammenwirken (symphonia) von Kaiser und Patriarch von den ewigen Konflikten zwischen Papst und weltlicher Herrschaft positiv abgehoben.

Seit dem 16. und besonders seit dem 18. Jahrhundert verstärkten sich Prozesse der Kommunikation, des Kulturaustausches und der Vernetzung zwischen dem Osten und Westen Europas, faßbar in Reisen und Massenmigrationen in beide Richtungen. Vor allem die stark verwestlichte russische Kultur wurde in kurzer Zeit zu einem integralen Bestandteil der europäischen Hochkultur, die ohne Puschkin und Tolstoj, ohne Tschechow und Majakowskij, ohne Kandinskij und Malewitsch, ohne Mendeleev und Pavlov ein anderes Gesicht hätte. Ebenso bedeutsam ist der Beitrag der jüdisch-slawisch-deutschen Kultur Osteuropas zur europäischen Kultur, von Marc Chagall und Isaak Babel über Joseph Roth und Martin Buber bis zu Paul Celan und Iosif Brodskij. Nicht wenige der aus Osteuropa stammenden Schriftsteller, Künstler und Wissenschaftler ließen sich vorübergehend oder für immer in Mittel- und Westeuropa nieder und beeinflußten die Kulturen ihrer Gastländer direkt. Die den Kulturaustausch behindernden Sprachbarrieren überwand am besten die Musik: Ist europäische Kultur ohne Chopin, Tschajkowskij, Dvořák, Bartók oder Schostakowitsch vorstellbar?

Eine vierte Antwort geht aus von der postmodernen Kritik an der von Westeuropa ausgegangenen Modernisierung. Erweisen sich die

---

[17] René Girault, Das Europa der Historiker, in: Rainer Hudemann – Hartmut Kaelble – Klaus Schwabe (Hgg.), Europa im Blick der Historiker (HZ Beihefte N.F. 21) München 1995, 55–90, hier 65.

Defizite, die aus der Verspätung, der relativen Rückständigkeit, dem langsameren Tempo der Geschichte Osteuropas herrühren, vielleicht als Vorteile? Haben weite Teile Osteuropas, weil sie die Prozesse der Zivilisation, Konfessionalisierung und Sozialdisziplinierung, der modernen Staatsbildung und des Nationalismus nicht oder mit großer Verspätung vollzogen haben, vormoderne Zustände bewahrt, die als Alternativen zur scheinbaren Einbahnstraße der westlichen Modernisierung angesehen werden können?

Ich nenne drei mögliche Ansatzpunkte für eine solche Argumentation:

1. Die rechtliche und soziale Situation religiöser und ethnischer Minderheiten und von Randgruppen war in den Vielvölkerreichen Osteuropas seit dem Mittelalter und bis ins 19. Jahrhundert hinein in der Regel besser als in den Staaten Westeuropas. So fanden die meisten mitteleuropäischen Juden seit dem Spätmittelalter in Osteuropa Zuflucht und wurden dort lange mehr oder weniger toleriert. Sie erhielten sich Religion, Sprache und Kultur bis zur Shoah und waren eine für die Gesellschaften und Kulturen Osteuropas wichtige Kraft, die immer wieder auch auf Mittel- und Westeuropa zurückwirkte. Ähnliches gilt für die sephardischen Juden im Osmanischen Reich und wohl auch für die Sinti und Roma. In Polen-Litauen und im Zarenreich wurden Muslime ebenfalls geduldet und ihre Eliten sogar in den Adel kooptiert.

Die Orthodoxie zeichnete sich gegenüber der katholisch-protestantischen Welt des Westens (nicht Polen-Litauens, das in der Frühen Neuzeit das Paradebeispiel für religiöse Toleranz darstellt) durch eine größere Duldsamkeit gegenüber Andersgläubigen aus. Kreuzzüge, Schwertmission, Inquisition und Hexenverfolgung fehlten in den orthodoxen Ländern weitgehend. Ähnliches gilt mindestens in Rußland für die rechtliche, soziale und wirtschaftliche Stellung der Frau, die seit der Frühen Neuzeit besser war als in Mittel- und Westeuropa.

2. Die ständischen Verfassungen Ungarns, Böhmens, Polens und Kroatiens mit ihren zahlenmäßig starken Adelsnationen können als potentielle Nuclei einer parlamentarisch-demokratischen Entwicklung interpretiert werden, die den schmerzvollen Umweg über den Absolutismus hätte ersparen können. Ähnliche Hypothesen sind auch für die militärdemokratischen Grenzergesellschaften der Kosaken und Haiduken geäußert worden. Umgekehrt war die im Kern bis 1905 intakte russische Autokratie eine eigenständige Alternative europäischer staatlicher Entwicklung, die bei konservativen Westeuropäern immer wieder Anklang fand.

3. Ganz allgemein wurden in Osteuropa, besonders auf dem Balkan und in Rußland, traditionale Sozialformen und Werthaltungen länger bewahrt als im Westen, etwa in bäuerlichen Gemeinden mit Solidarität, Gemeinschaftsbesitz und vorkapitalistischer, nicht profitorientierter Wirtschaftsmentalität, in Werten wie Gastfreundschaft, Geborgenheit in der Gemeinschaft oder Achtung vor dem Alter. Einerseits wurden solche traditionalen Strukturen und Mentalitäten immer wieder als fortschrittshemmend gebrandmarkt. Andererseits übten die osteuropäischen Volkskulturen, die sich gegenüber den Hochkulturen länger behaupteten als im Westen, seit Herder und wieder im Zuge der Kritik am Fortschrittsdenken eine große Faszination auf Westeuropäer aus. In Osteuropa dienten und dienen sie immer wieder als Basis für meist antiwestliche nationale, konservative oder sozialrevolutionäre Ideologien.

Daran anknüpfend eine fünfte mögliche Antwort auf die Frage nach dem Beitrag Osteuropas für die Geschichte Europas. Es ist paradox, daß gerade aus dem relativ rückständigen Osteuropa seit dem 19. Jahrhundert immer wieder revolutionäre Ideologien und Handlungsanweisungen kamen, die in Mittel- und Westeuropa von oppositionellen Gruppen aufgenommen wurden. Das geht von den Freiheitsideen der polnischen Emigration und dem Anarchismus Bakunins und Kropotkins über den russischen Agrarsozialismus der Narodniki, den russischen, armenischen und balkanischen Terrorismus, den Leninismus und Trotzkismus bis zum jugoslawischen Rätesozialismus. Daß Osteuropa in Form der Sowjetunion, der marxistisch-leninistischen Ideologie und des „Ostblocks" die europäische Geschichte des 20. Jahrhunderts ganz wesentlich beeinflußt hat, versteht sich von selbst.

Ich komme zum Schluß: „Rückkehr nach Europa" – so hieß eine Parole der ostmitteleuropäischen Intellektuellen, die sich von der sowjetischen Herrschaft befreiten. So einprägsam dieses Schlagwort ist – es verkennt, daß auch das sowjetische Modell ganz wesentlich auf europäischen Grundlagen beruhte, und es blendet die viel ältere Komplementarität Ost- und Westeuropas aus. „Das östliche Europa", so Karl Schlögel, „muß nicht nach Europa zurückkehren, denn es war immer dort, und zwar in der Zone ihrer größten Erhitzung und Gewalttätigkeit. Es müßte mindestens ebenso sehr heißen: Das westliche Europa, das so gut davongekommen ist, täte gut daran, sich in der Zone umzusehen, in der sich das 20. Jahrhundert in seiner deutschen und in seiner sowjetischen Version am furchtbarsten ausgetobt hat. Wenn man wissen will, was Europa in diesem [dem 20.] Jahrhundert war und wie es zu dem wurde, was es heute ist, dann ist die östliche Region das dafür prädestinierte und am meisten der Aufklärung bedürftige Terrain.“ [18]

Rückkehr nach Europa – das heißt demnach auch, daß die Westeuropäer in den Osten des Kontinents zurückkehren, den sie weitgehend ausgegrenzt und vergessen hatten. Die Osterweiterung der Europäischen Union wird die Westeuropäer lehren, daß die Integration des östlichen Europa nicht ein einseitiger Prozeß sein, sondern daß dadurch ein verändertes Europa entstehen wird [19]. Ähnliche Folgerungen ergeben sich für die Konstruktion einer Geschichte Europas. Sie ist nicht möglich als simple Erweiterung des im Westen entworfenen Baus, sondern sollte versuchen, die beiden interdependenten und komplementären Teile zu einem neuen Ganzen zu integrieren.

„Osteuropa ist tot“ – mit diesem Zitat habe ich begonnen. Ist Osteuropa wirklich tot?

Osteuropa und mit ihm die Subdisziplin „Osteuropäische Geschichte“ sind frühestens dann tot,

– wenn Osteuropa nicht mehr als das fremde Andere gesehen wird, das ständig auf dem Wege zur Zivilisation ist und aus dem sich Westeuropa definiert,

– wenn seine Geschichte, seine Gesellschaften, Sprachen und Kulturen als gleichberechtigt anerkannt werden,

– wenn es in ein neues Europa und ein gesamteuropäisches Geschichtsverständnis integriert ist.

Es bedarf keiner prophetischer Gaben, um festzustellen: Bis es soweit ist, wird es noch eine ganze Weile dauern.

---

[18] Karl SCHLÖGEL, Kommunalka – oder Kommunismus als Lebensform. Zu einer historischen Topographie der Sowjetunion, in: Historische Anthropologie 6 (1998) 329–346, hier 345.

[19] Vgl. dazu Jost DÜLFFER, Der Niedergang Europas im Zeichen der Gewalt: Das 20. Jahrhundert, in: Heinz DUCHHARDT – Andreas KUNZ (Hgg.), „Europäische Geschichte“ als historiographisches Problem (Veröffentlichungen des Instituts für Europäische Geschichte, Beiheft 42) Mainz 1997, 105–127.

Maria Todorova

THE BALKANS AS CATEGORY OF ANALYSIS: BORDER, SPACE, TIME*

The primary purpose of this paper is to assess the categories of analysis that constitute mental maps, in particular as they pertain to the Balkans. I will utilize the notion of mental maps in their broadest meaning, as a version of what different scholars define as "recipes", "forms" or "schemata" into which we fit our impressions in the course of the life-long human attempt to give meaning and order to the world, the so-called "nomos-building activity"[1] . As generously proposed even by professional geographers and cartographers, "[to] map is in one way or another to take the measure of a world, and more than merely take it, to figure the measure so taken in such a way that it may be communicated between people, places or times. The measure of mapping is not restricted to the mathematical; it may equally be spiritual, political or moral."[2] Perceiving, it has been pointed out, is not merely

* This is a shorter English version of an article which will appear in German in an issue of "Geschichte und Gesellschaft" together with other papers from the workshop on "Mental Maps. The Construction of Space and Borders in Europe since the Enlightenment", organized by the Zentrum für vergleichende Geschichte Europas on 30 March – 1 April 2000.

[1] Jerome S. Bruner – Jacqueline J. Goodnow – George A. Austin, A Study of Thinking, New Brunswick-N.J.-Oxford 1986; Mary Douglas, Purity and Danger: An Analysis of Concepts of Pollution and Taboo, Harmondsworth 1970; Stephen C. Ainlay – Faye Crosby, Stigma, Justice, and the Dilemma of Difference, in: Stephen C. Ainlay – Gaylene Becker – Lerita M. Coleman (eds.), The Dilemma of Difference. A Multidisciplinary View of Stigma, New York-London 1986, 17–38.

[2] Denis Cosgrove (ed.), Mappings, London 1999, 1f. For a very illuminating review of how in the last decades geographers have moved away from dealing exclusively with the materiality of "geographical facts" and toward the immateriality of historical phenomena, defying, at the same time, the rigid disciplinary borders between history (as the science of time relations) and geography (as the science of space relations), see Chris Philo, History, Geography and the "Still Greater Mystery" of Historical Geography, in: Derek Gregory – Ron Martin – Graham Smith (eds.), Human Geography. Society, Space, and Social Science, Minneapolis 1994, 256–260.

receiving a ready-made impression from without. There is, in fact, a consensus that our impressions are schematically determined from the outset. We organize the information we receive into patterns for which we, as perceivers, are responsible. Hayden White characterizes this "conceptual apparatus by which facts are ordered" as the "implicit shaping device"[3]. The same applies to the next stage when we have organized and articulated our perceptions as knowledge, and this knowledge, in turn, is consumed and mentally ordered by other perceivers with their own mental grids. Thus, when dealing with a mental map, we ought to pay as much attention to the contents of the map itself, as to the minds behind the acts of creation and reception.

In "Imagining the Balkans", I argued that a specific discourse that I called "balkanism" shapes attitudes and actions toward the Balkans[4]. "Balkanism" can be treated as one of these most persistent "recipes", "forms", "schemata" or, as we call them here "mental maps" in which information about the Balkans is being crammed, notably in journalistic, political, and literary output. What I defined as "balkanism" was formed only gradually in the course of approximately two centuries. The eighteenth and nineteenth centuries, the time of the discovery of the Balkans and their simultaneous invention, witnessed the emergence of distinct patterns of perceptions. They crystallized in a specific discourse (or mental map) about the Balkans only around the time of the Balkan wars and World War I. In the next decades it gained additional features but these accretions were mostly a matter of detail, not of essence. In its broad outlines it was handed down and continues to be handed down having undergone what James Clifford defines as "discursive hardening". I argued further that unlike "orientalism" which describes an imputed opposition, "balkanism" deals with an imputed ambiguity. The West and the Orient are represented as incompatible entities, anti-worlds, but completed anti-worlds.

---

[3] Hayden White, The Fictions of Factual Representation, in: Hayden White, Tropics of Discourse: Essays in Cultural Criticism, Baltimore 1978, 121–134, ibid. 127.

[4] Maria Todorova, Imagining the Balkans, New York-London 1997. German translation: Die Erfindung des Balkans: Europas bequemes Vorurteil, Darmstadt 1999. Bulgarian, Serbian, Romanian, Greek, Slovenian, Macedonian, and Italian translations have been published, and there are forthcoming Turkish, Croatian, and Albanian ones. The following pages present an abbreviated summary of the main thesis of the book.

The Balkans, on the other hand, have always evoked the image of a bridge or of a crossroads: between East and West, but also between stages of growth, and this invokes labels as semi-developed, semi-colonial, semi-civilized, semi-oriental, etc. This most persistent trope of a bridge between East and West as well as its often accompanying trope of "antemurale christianitatis" can be seen as a "sui generis" European mental map which in different periods shifted from one to another European region or nation: Hungary, Austria, Germany, Poland, Romania, Croatia, Greece, Serbia, Bulgaria, Russia, the Balkans, Slavdom, Central Europe, Orthodoxy, etc. The in-betweenness of the Balkans, their transitionary character, could have made them simply an incomplete other; instead, they are constructed as an incomplete self. The main reasons for this are two: religion and race.

Despite the longstanding and fierce enmity between Catholicism and Orthodoxy, the latter was not seen as a transitionary faith to Islam; what was usually emphasized was the unbridgeable boundary between Christianity (even in its schismatic Orthodox variety) and the Muslim religion. An additional nuance in the treatment of the Balkans is the peculiar grafting of two different western attitudes: one of religion and the other of class. Whereas the treatment of Islam was based on an unambiguous attitude toward religious otherness (ranging from rejection to enlightened acceptance), there was an ambiguous attitude toward the Ottoman polity which invited a very distinct class attitude of solidarity with the Muslim Ottoman rulers in particular. This was in stark contrast to the poor and unpolished, but Christian, upstarts, who have been described in a discourse almost identical to the one used to depict the western lower classes, inviting an immediate parallel between the East End of London and the East End of Europe (or maybe today, with the decline of Britain and the ascent of the USA, and with the subdivisions in the former Eastern Europe, the better analogy for the Balkans is the Lower East Side of Manhattan, with its poverty and chaos, but also creativity).

The racial component offers a more complex analysis. On the one hand, there is a whole trope about racial mixture, the mongrel nature of the Balkans. The complex ethnic make-up, that added the word "macédoine" to the vocabulary of menu-writers, was held responsible for the instability and disorder of the peninsula, which was diagnosed as afflicted by "the handicap of heterogeneity". Practically nobody, however, emphasized the fact that it was not ethnic (often used interchangeably with racial) complexity "per se" that induced ethnic conflicts, but ethnic complexity in the framework of the idealized nation-state that leads to ethnic homogeneity.

On the other hand, despite the presence of racial, i.e. ethnic ambiguity, and despite the important internal hierarchies, in the final analysis the Balkans are still treated as positioned on this side of the fundamental opposition: white versus colored, Indo-European versus the rest. This also explains the preoccupation with the war in Yugoslavia in the face of more serious and bloody conflicts elsewhere on the globe. As shown by sociological studies on stigma, "difference is an essential part of the process of typification. Put most simply, differences are variations between or within types"[5]. It is my thesis that while "orientalism" is dealing with a difference between (imputed) types, "balkanism" treats the differences within one type.

By being geographically inextricable from Europe, yet culturally constructed as "the other" within, the Balkans have absorbed conveniently a number of externalized political, ideological and cultural tensions and contradictions inherent to the regions and societies outside the Balkans. "Balkanism" became, in time, a convenient substitute for the emotional discharge that "orientalism" provided, exempting the West from charges of racism, colonialism, eurocentrism and Christian intolerance against Islam. After all, the Balkans are in Europe; they are white; they are predominantly Christian, and therefore the externalization of frustrations upon them can circumvent the usual racial or religious bias allegations. As in the case of the Orient, the Balkans have served as a repository of negative characteristics against which a positive and self-congratulatory image of Europe and the "West" has been constructed. With the reemergence of East and "orientalism" as independent semantic values, the Balkans are left in Europe's thrall, anti-civilization, "alter ego", the dark side within. To appropriate a recent metaphor from the world of cinema, the Balkans are Kusturica's "Underground", where war never stops.

At the same time, "balkanism", while already operative as a discourse since World War I, was not evoked at all times but at particular political junctures and by different protagonists in the next decades (e.g. partly during World War II, or as an analogy in the attempt to

[5] Ainlay – Crosby, Stigma, Justice, and the Dilemma of Difference, in: Ainlay – Becker – Coleman, The Dilemma of Difference 21.

undermine the anticolonial struggle in the 1960s, etc.). It was resurrected on a mass scale after 1989, and had two parallel rhetorical developments: one was the successful attempt of the (former socialist) East Central European countries to disassociate themselves from the Balkans; the other was the civil war in Yugoslavia which was rhetorically sold to the political class and to the broad public as a Balkan war[6].

In the book, I purposely stayed away from indicting scholarship. One reason not to go into easy generalizations about whether or how or to what extent academic discourse partakes in "balkanism" was that I didn't want to replicate Said's stance and maintain that "orientalism" (or my "balkanism") is an all-encompassing and inevitable discourse (or mental mapping). After all, I continue to believe that the production of scientific knowledge moves along a line that only occasionally intersects with the production of popular mythology. I also pointed out that this does not mean that a great number of scholarly practitioners of Balkan studies do not share a staggering number of prejudices in private; but that the rules of scholarly discourse restrict their open articulation, and I think that these rules, as well as what and how we articulate does matter.

So, when I finally asked "What are the Balkans?" and played ironically around Derrida's "il n'y a pas de hors-texte" by asking the question "qu'est-ce qu'il y a hors de texte?" and positing a Balkan ontology, I was doing so slightly tongue-in-cheek. While "balkanism's" philosophical underpinnings remind one very much of platonic idealism with the conviction that an innate idea enables the mind to mirror

---

[6] In the past years I have continuously and utterly unsuccessfully argued that the description of the Yugoslav war as the "Third Balkan War" or simply as a "Balkan war" is a blatant and impertinent caricature. Why is the Irish problem confined to Ireland and is not projected to its real roots – England – and called a British (or better still, a Western European) problem? Numerous analogous examples can be taken. There was no Balkan war in the Balkans: Greece, Romania, Bulgaria, Turkey, even Albania before the latest conflict, have not been involved in any way with what was essentially a succession struggle strictly confined to Yugoslavia. But one can make, in this respect, a neat methodological point about the disjuncture between causes and consequences. The causes for the Yugoslav tragedy have nothing to do with the rest of the Balkans. But the consequences of the Yugoslav tragedy have everything to do with the Balkans, and have produced a "crisis in the Balkans".

external reality accurately, postmodernism reminded me ironically, although coming from a completely different angle, of British empiricism positing that we know nothing except what we perceive in our senses, implicitly a denial of knowledge. My own philosophical mental map is unabashedly Kantian, i.e. I believe that as humans we have the innate qualities of "intuiting" space and time, of "understanding" categories such as unity, substance, causality, etc., that the human mind can arrange a coherent picture of the world that can be communicated to others. In doing this, however, I will not (nor am I able, nor do I wish to) take up the question of whether the world in itself ("an sich") and the reflected world are coincidental. I believe some of the praise I received in reviews, letters or comments that I had managed to go beyond Said's textuality implicitly made the assumption that in my reconstruction of Balkan ontology I posit this coincidence. That is not so. I was offering simply another mental map, arranged around the conventions of scholarly research which, according to me, organizes knowledge in a more adequate way. But precisely because it is just an alternative mental map alongside others, it has to fight its way for legitimacy and for a place from which *its* organization of knowledge, and not an alternative one either within the scholarly tradition, or outside it, and especially not the one of "balkanism", could become the template for assessment and eventually for action (political, social, cultural).

For a long time, borders have been a preferred object of analysis, especially in examinations of identity. They are a natural first resort, because it is at the margins, at the edge that the differentiation or disentanglement of entities takes place. Since identity and alterity are clearly in a symbiotic relationship, their most sharply defined characteristics are best articulated at this border encounter[7]. Otherness became in consequence a fundamental category not only of social experience but also of social analysis, and in the past decade has made a powerful inroad in historical studies. Borders, however, turned out to be a problematic first choice not only because they themselves are changing, or are subject to different criteria (geographic, political,

---

[7] Frederik BARTH (ed.), Ethnic Groups and Boundaries. The Social Organization of Culture Difference, Boston 1969; Raymond CORBEY – Joep LEERSEN (eds.), Alterity, Identity, Image. Selves and Others in Society and Scholarship, Amsterdam-Atlanta 1991.

ethnic, cultural, etc). More importantly, the excessive focus on borders imposed an unhealthy obsession with distinction, difference, with otherness[8].

Recently, there has been a powerful shift away from border studies toward the now fashionable category of space. This approach allots more and due attention to the cohesive processes and structures within the entity. It has produced valuable works but it also has its caveats, the most important of which, creeping through the back door, is essentialism. The latter has little to do with the theory which has been developed in a thoughtful and refined way primarily by geographers who have stressed the links between knowledge, power, and spatiality and have pointed out both the metaphorical and material resonance of "space"[9]. Rather, it has to do with the sometimes hasty and unreflective application of the category in concrete historical studies[10].

It is against this background that I would like to introduce the notion of historical legacy. It does not, in my opinion, displace the notion of space. Instead, it retains the valuable features of the analysis of spatiality while, simultaneously, refining the vector of time, and making it more historically specific. It is on the element of time within this equation that I would like to focus the attention. What is, then, in

---

[8] Werner SCHIFFAUER, Die Angst vor der Differenz, in: Zeitschrift für Volkskunde 1 (1996) 20–31; Maria TODOROVA, Is "the Other" a useful cross-cultural concept? Some thoughts on its implementation to the Balkan region, in: Internationale Schulbuchforschung 21 (1999) 163–171.

[9] Derek GREGORY, Geographical Imaginations, Cambridge 1994, 63, and especially chapters 1 and 6; Derek GREGORY, Social Theory and Human Geography, in: Gregory – Martin – Smith, Human Geography 78–109. For an anthropological take on the notion of space, see Rudolf ZUR LIPPE, Raum, in: Christoph WULF (Hg.), Vom Menschen. Handbuch Historischer Anthropologie, Weinheim-Basel 1997, 169–179.

[10] This is the case, for example, in what otherwise is definitely an interesting contribution to Bulgarian historiography: Tsvetana GEORGIEVA, Prostranstvo i prostranstva na bîlgarite, XV–XVIII vek [Space and Spaces of the Bulgarians, 15–18 century], Sofia 1999. By adopting the category "space" but at the same time uncritically linking it to the unscrutinized category "Bulgarians", the study in facts replicates unintentionally statist and nationalist claims under the guise of a new scholarly jargon. I am going to argue further in the text that Holm Sundhaussen's reconstruction of a Balkan historical space adapts a mechanistic version of the otherwise sophisticated spatial theory to produce a rather static and ahistoric structural vision of the region.

the light of this approach the answer to the misleadingly simple question: What are the Balkans? While surveying the different historical legacies which have shaped the southeast European peninsula as a whole (the period of Greek antiquity, Hellenism, Roman rule, etc.), two can be singled out as crucial until the nineteenth century. One is the millennium of Byzantium with its profound political, institutional, legal, religious and general cultural impact. The other is the half millennium of Ottoman rule that gave the peninsula its name, and established the longest period of political unity it had experienced. Not only did part of Southeastern Europe acquire a new name during this period, it has been chiefly the Ottoman elements or the ones perceived as such which have mostly invoked the current stereotype of the Balkans, so that it would not be even exaggerated to say that the Balkans are, in fact, the Ottoman legacy.

In "Imagining the Balkans", I made the distinction between the Ottoman legacy as continuity and the Ottoman legacy as perception. The legacy as continuity is a notion different from the characteristics of the Ottoman polity or the Ottoman period in general. It is a process that begins *after* the Ottoman Empire ceased to exist for particular regions which shaped themselves into successor states, and is the aggregate of characteristics handed down chiefly from the historical situation of the eighteenth and nineteenth centuries. I further attempted a systematic review of the workings of the Ottoman legacy as continuity in the political, cultural, social and economic spheres where it displayed different degrees of perseverance. In practically all spheres, except the demographic and the sphere of popular culture, the break was enacted almost immediately after the onset of political independence of the separate Balkan states and, as a whole, was completed by the end of World War I; thereafter it turned into legacy as perception. In the realm of demography, however, the Ottoman legacy continued for some time and, more importantly, became intertwined with and gradually transformed into the influence of the Turkish nation-state. The Ottoman legacy as perception, on the other hand, is the process of interaction between an ever-evolving and accumulating past, and ever-evolving and accumulating perceptions of generations of people who are redefining their evaluations of the past, in a word the question not of reconstructing, but of constructing the past. The legacy as perception is firmly built in the discourse of Balkan nationalism as one of its most important pillars, and displays striking similarities in all Balkan countries. Precisely because it is at the center of securing present social arrangements, and above all legitimizing the state, it is bound to be reproduced for some time to come[11].

At the same time, the Ottoman legacy as continuity has been in a process of decline for the past century. The countries defined as Balkan (i.e. the ones which participated in the historical Ottoman sphere) have been moving steadily away from their Ottoman legacy, and with this also from their Balkan-ness. I want to strongly emphasize here that this is a statement which is devoid of any evaluative element. It is with this in mind that I argued that what we are witnessing today in the geographic Balkans (the eradication of the final vestiges of an imperial legacy of ethnic multiplicity and co-existence, although not necessarily idyllic, and its substitution with institutionalized ethnically homogeneous bodies) may well be an advanced stage of the final europeanization of the region, and the end of the historic Balkans, if they are, as I think they are, the Ottoman period and the Ottoman legacy.

In fact, the British diplomat who wrote the Balkan survey for the Carnegie Endowment in 1913, concluded that one "may boldly assert that the only basis of European culture and the only bias towards European civilization to be found in the Balkans, after centuries of subjection to Asiatic Byzantinism, is the consciousness of nationality". Therefore, "wherever and whenever in the Balkans national feeling became conscious, then, to that extent, does civilization begin; and as such consciousness could best come through war, war in the Balkans was the only road to peace"[12]. This was written a few months before the outbreak of World War I, yet it is ironic that Balkan nationalism, which later has been described as intrinsically alien to Western civic

---

[11] The detailed argument about the Balkans as Ottoman legacy is developed in Imagining the Balkans 161–183. See also an earlier version: Maria TODOROVA, The Ottoman Legacy in the Balkans, in: L. Carl BROWN (ed.), Imperial Legacy: The Ottoman Imprint in the Balkans and the Middle East, New York 1995, 45–77. As far as the geographical borders of the Balkan space are concerned, see Imagining the Balkans 21–31 for different criteria and definitions. There I made the point that, with all due qualifications and for practical purposes, I would cover under the rubric Balkan Greece, Albania, Bulgaria, Romania, all the former Yugoslavia with the exception of Slovenia, and partly Turkey. Today, I would revisit this as to include Slovenia, on the grounds that twentieth-century Balkan history is unthinkable without the whole Yugoslav entity. The issue to be stressed, however, is the impossibility of a purely geographic criterion, and the arbitrariness (within limits of course) of applying a historical or cultural one.

[12] Nationalism and War in the Near East (By a Diplomatist), Oxford 1915, 31.

and supposedly civilized nationalism, was considered to be the only Balkan feature upon which the mantle of Europeanness was conferred.

A few decades later, the West has conveniently forgotten its legacy of ethnic, religious and political cleansing, reaching several culminating points – the Reconquista, the wars of religion, and the two world wars. Today, well-cleansed, the West can afford to regret the process. It has embarked in a well publicized and televized campaign of political apologies all over the globe. It also wants to build "Volksmuseen" of multiethnicity but outside its borders. It is ready to forego even its copy-right on nationalism. As Partha Chatterjee has expressed it: "Nationalism is now viewed as a dark, elemental, unpredictable force of primordial nature threatening the orderly calm of civilized life. What had once been banished to the outer peripheries of the earth is now seen picking its way back toward Europe, through the long-forgotten provinces of the Habsburgs, the Czarist, and the Ottoman empires. Like drugs, terrorism, and illegal immigration, it is one more product of the Third World that the West dislikes but is powerless to stop."[13]

Let me make a brief digression here, and address the methodological problem of how historians (and others) treat regional characteristics and legacies. I will take as an additional example a category that seems to be under increasing attack, to the point where, at academic fora the question is asked "Is there still an Eastern Europe?"[14] According to the State Department's nomenclature, there is no Eastern Europe; there is only Central Europe, and beyond lies Russia, today euphemistically called Eurasia. The usually posed question is: What are the unique features of Eastern Europe (and by extension of Central Europe, the Balkans, and any other area of study)? The usual answer to such a question is: first, Eastern Europe is the outcome of the legacies of recent multinational dynastic empires: Ottoman, Habsburg, Romanov, with concomitant consequences – on the one hand, complex ethnic and religious structures, ongoing minority problems, and, therefore, built-in inadequacy to adapt painlessly to the principles of self-determination, and the homogenous nation-state as it has been exper-

---

[13] Partha CHATTERJEE, The Nation and Its Fragments: Colonial and Postcolonial Histories, Princeton 1993, 4.

[14] There was a whole panel devoted to this question at the annual convention of the American Association for the Advancement of Slavic Studies in Seattle, November 1997.

imented in the west; on the other hand, strong statist traditions. Secondly, it would be described as a region of belated industrialization of predominantly agrarian societies, with the appropriate structural results: late urbanization with an enormous number of first and second generation urbanites, not quite yet socialized in the new setting and, therefore, producing the phenomenon of ruralized or semi-urban centers; deep pockets of traditional social and economic relations; types of industrialization which have not managed to overcome the relative backwardness of this region. Thirdly, I wouldn't, but others surely do add the alleged cultural consequences of having by-passed the Renaissance, the Reformation; or the fundamental differences that supposedly mark the Orthodox world from the Catholic and the Protestant, etc.

What bothers me with such a question and such answers is their unabashed structural (not to say mechanistic) quality. Within a rigidly structural and ahistorical framework they might be even acceptable. They assume the objective existence of the entities Western and Eastern Europe, and they assume that legacies are a thing, not a process. And again, in a political science framework, which is a snap-shot vision, such an approach may not necessarily be absurd. As a historian, though, I am most fascinated with change over time, and to me the main thing about legacies is that they are not perennial; they are transient. For all their prolonged and profound impact, all three imperial legacies are historical phenomena with their "termini post" and "ante quem", and actually, in terms of historical time, none of them has been that long: only a few hundred, and very uneven, years.

What is also bothersome is that the most recent legacy, albeit the shortest, is totally neglected, precisely by the ones who insist on the permanence of the previous imperial legacies[15]. I am speaking, of

---

[15] The so-called Habsburg nostalgia has been evident in much of the scholarly and artistic output emanating from East Central Europe, most strongly in Hungary, with much weaker manifestations among Czechs and Poles. Interestingly, no comparable nostalgia is to be discerned in regard to the Ottoman legacy. However, this has little to do, in my view, with the immanent characteristics of either the Habsburgs or the Ottomans, not even the fact that one was a Christian, and the other a Muslim empire. Rather, it has to do with the success of Austria (and Germany as well) in the post-World War II era. If this had not been the case, alternative memories and assessments would have been invoked, the elements of differentiation would have been stressed, and the anti-German rhetoric would have been revived (or, closer to the truth, would have become more audible).

course, of the socialist or communist legacy. Let me make a glib statement. It is preposterous to look for a socialist legacy *in* Eastern Europe. "Eastern Europe" *is* the socialist legacy. Anyone who has lived in pre-1989 Eastern Europe would concur that the notion made sense only as a political synonym for communist Europe, or Warsaw Pact Europe. As with similar processes, the socialist period was a continuous and complex one. It ended around 1989; the moment it ended, it was turned into a legacy. What I had said before about the Ottoman period and the Ottoman legacy, can be applied also to the communist one. Under the rubric of legacy as continuity, we can look at the workings of the socialist heritage in different spheres: the political, the economic, the social, the realm of "mentalité", and they are strikingly similar in all post-communist countries. Whether they like it or not, for most transitologists the preferred and logical sphere of reference is Eastern Europe. The socialist legacy as continuity displays different degrees of perseverance in separate spheres and in separate countries but, like any legacy, it is bound to subside; after which it will be relegated to the realm of perception.

Once we approach Eastern Europe as a distinct historical legacy (and to me it is the socialist/communist one), we are bound to postulate that it is finite. Only, in history these things do not happen so abruptly, they are gradual. As a long-term process, Eastern Europe is slowly fading away. Integration with the European institutional framework may occur over the next 10–20–50–100 years. In the realm of perception, however, we are speaking of the discrete experience of two or three generations. Eastern Europe may and most likely is going to disappear as a category, but it will be more difficult to obliterate attitudes from the inside as well as from the outside. The reason I am invoking this concept and this legacy is that it is the most important medium in which the recent debate over Central Europe and the Balkans has to be historicized. Central Europe as the emancipatory ideology of the 1980s and the early 1990s, despite the rhetoric of pertaining to a quasi-Habsburg or West European space, belongs to the hermeneutic realm of Eastern Europe (to reiterate, Eastern Europe not as an eternal concept, but as the historical experience of the Cold War period).

The socialist legacy is the latest in a sequence of legacies, and, as already pointed out, it became a legacy after the completion of the socialist period in the late 1980s and early 1990s. But it is itself a subcategory of a larger phenomenon which some would argue has also turned into a legacy, while others see it as a still ongoing process. I am referring, of course, to what came in the wake of the Ottoman period and what, depending on the preferred paradigm or terminology, has been defined as the capitalist world economy (Wallerstein), or the capitalist mode of production (Marx), or the "iron cage" of capitalist modernity (Max Weber), or the age of industrialism, or urbanism, or modernization, or globalization and its uneven impact, etc. In Lefebvre's sequence of spatialities, it is the abstract space of contemporary capitalism[16]. For Zygmunt Bauman, it is modernity with its Enlightenment message where capitalism and socialism are "married forever in their attachment to modernity", and where modernity is turning into a legacy because we are now at a crossroads with a road ahead "which is still hard to describe"[17].

The most important conclusion which follows from this argument in general is that legacies are not perennial, let alone primordial. Any reification of their characteristics along immobile and unreformable civilizational faultlines cannot be a legitimate working hypothesis for historians. And yet, this is exactly what informs the present political rhetoric, in which "balkanism" as a mental map has reappeared so powerfully. At the same time, it occasionally resurfaces unintendedly in serious scholarly analyses which, I repeat, I treat as alternative mental maps conforming to a given set of shared professional conventions (in regard to evidence, the rules of analysis and interpretation, and even the accepted forms of exposition).

It is with this in mind that I would like to engage in a critical dialogue with what I think of as an exemplary treatment of the Balkans as a distinct space: Holm Sundhaussen's recent article in "Geschichte und Gesellschaft" which is also a review/response to my book[18]. There is much I agree with in this vision of the Balkans but it is the points of disagreement or simply different accents which will allow me to flesh out methodological or theoretical differences. The

[16] Gregory, Geographical Imaginations 360.

[17] Zygmunt BAUMAN, Intimations with Postmodernity, New York 1992, 222.

[18] Holm SUNDHAUSSEN, Europa balcanica: Der Balkan als historischer Raum Europas, in: Geschichte und Gesellschaft 25 (1999) 626–653. As pointed out at the beginning, in this text I will confine myself to several examples from this article. The full argument and analysis is in the German version to be published by a forthcoming issue of Geschichte und Gesellschaft.

article posits the Balkans as a historical space, and then seeks to establish its defining characteristics ("Merkmale").

There are eight defining features of the region which have been identified by Professor Sundhaussen. The first is, in his words, "the instability of population relations and ethnic mixture in a very small space". In contrast to Western Europe, the population relations in the Balkan peninsula were never consolidated. In principle, I have no objection to this fact. I myself describe this as the longest standing characteristic of imperial legacies: the demographic. I agree with Sundhaussen that there have been four major "cleansing waves" in the Balkans, from the consecutive secessions from the Ottoman empire until today. But precisely because *he* insists on articulating the Balkan characteristics in comparison to the West, let me remind that the largest population moves in Europe occurred as a result of World War II, and not in the Balkans. What I take issue with, is how this first feature is articulated. Instead of speaking of the contrasting features of population characteristics of two discrete spaces – stability for the western space, and instability for the Balkan space – the same point could be made in the following way: A process of consolidation of homogeneous dynastic, religious and ethnic states has been taking place in Europe at least since the fifteenth century. The same process may be described less euphemistically as ethnic and religious cleansing. Nation building and consolidation is a dynamic process which in Europe has taken several centuries and is not yet completed. If we have to map it geographically and chronologically, it begins in the European West, and moves gradually to the north, the center, the south and the east, the southeast (or the Balkans) presenting its youngest version. So, what we call stability in the West, may be rephrased as the somewhat earlier (although also ambivalent) completion of this process.

This reformulation is suggested not for the sake of political correctness, or diplomacy. I want to make a methodological point with it. While the first description presupposes two distinct geographic and historical spaces, the second involves the Balkans in a common "longue durée" process. It, thus, redefines the Balkans as part of a common space (European or global) which evolves, and one of whose characteristics is the homogenization (or, rather, imagined homogenization) of polities. It also allows us to deconstruct the category "West" from a model-like entity into a dynamic one which itself underwent the process unevenly and over a long period of time.

I realize that this may be my biggest methodological quandary. By describing a longue-durée process from the fifteenth to the twentieth century, I may be accused of postulating a deterministic, teleological evolutionary development culminating with "cleansed" nation-states, an ironic variation on the Hegelian theme. I am perfectly aware that the "late-comers" are not simply late-comers, replicating the experience of the "pioneers" in an ideal laboratory setting. The end of the twentieth century is different from the end of the fifteenth century, among others because the "pioneers" (who represent today's most influential economically and politically part of humanity) deem as unacceptable the types of behavior which had been accepted (or imposed) as normal several centuries ago. That is so. On the other hand, there are two ways to respond to this challenge.

The first addresses the question of longue-durée processes and the adequacy of subsuming them within the same category. If we take the concept of industrialization, it faces a similar challenge. Not only did it happen in the course of several centuries over Europe; even in its core space – England – it took several centuries for its accomplishment and penetration in different areas of the country and in different branches of the industry (the eighteenth and nineteenth, or, according to a different interpretation, the sixteenth to the nineteenth centuries). Surely, the mechanisms of the process and the social price at different junctures of this development were different (with pioneers and laggards in each case) but still nobody questions the epistemological adequacy of describing them within the same overall process (and the respective category). In a word, overarching and long-term categories implicitly carry in themselves the danger of essentialism, or teleology, or determinism. We can go around this by providing detailed and sensitive area- and time specific studies. But as scholars we owe our readers at least consistency. We either apply these categories (with all due qualifications and consciously taking all the risks) to everyone (to the Balkans, or any other region which seems to be undergoing similar processes which are spatially and temporally linked); or else, purge these categories altogether, proclaim the inevitable solipcism, and lapse into an epistemological nirvana.

The other response addresses the charge of determinism and the problem of agency. Do I implicitly assert that the Balkans were swept by a preordained process of nation formation and ethnic homogenization from which there was no alternative? In theory, I do not subscribe to reductive determinism, and welcome the exploration of alternative developments at each historical juncture. In practice, I would maintain that the maneuverability of small nations and states in a hierarchical configuration is very limited, and that they are constrained in their choices down to the finest details. It suffices to recall the hegemonic discourses (and accordingly practical imposition) of legitimate monarchies during the era of the Congress of Vienna; the consideration of empires as anomalies, and the subsequent imposition of the nation-states formation as the normative template; the present straitjacket free-market democracies advocated (without alternative room for choice) by the IMF, the World Bank, and the leading economic powers. The more difficult and serious problem to address is whether by emphasizing the constraints on the agency of local players, this does not alleviate the responsibility for their actions. I will come back to this problem.

Closely linked to the first characteristic of the Balkan space are two others advanced by Sundhaussen: nations and nation-building, and the Balkans as the object of the great powers. I have no quarrel with the last characteristic. In fact, it makes, although not explicitly, the point I had stressed above and, at the same time, emphasizes the psychological effects of creating a victim mentality among politicians and intellectuals. As for the analysis of the Balkan nation-building as having as its goal not a new order but the restoration of the pre-Ottoman old order, I find this not grounded in any careful reading of the empirical material. The dominant vision of the Greek national movement was staunchly republican and democratic; such was the message of the Bulgarian national movement in the 1860s and 1870s, and of the Romanian unification movement. Likewise, the Turkish national republican movement, while not flirting too much with democracy, was strongly committed to modernization. Sundhaussen is extrapolating the example of the Serbian revolt of 1804, and generalizing it for the whole peninsula. My bigger problem with this section, however, stems from the mechanical bifurcation of the European space into specialized production areas: a West European one, characterized in terms of producing modern principles (like self-determination) and the Balkan one which, in contrast, is characterized by its obsession in producing historical myths. Not only is this a reductionist dichotomy which fails to account for the incredible West European investment in and production of foundation myths, studies of ethnogenesis, historical literary fakes, etc., but it forgets that the compulsive attempts at historical legitimation by the new Balkan states were a response precisely to

West European obsessions with the rights (or lack thereof) of "historic" and "non-historic" peoples. Furthermore, by using the phrase "principles taken over from Western Europe", Sundhaussen evidently shares in the widely spread conventional assumption that ideas like Enlightenment, national self-determination, individual liberties etc. were/are organic to the West whereas in the East they are transplanted on alien soil. These botanical metaphors tend to overlook the gradual and uneven process by which these ideas took hold also in the West. After all, as Eugene Weber has shown brilliantly, peasants were turned not only into Greeks, Serbs, or Bulgarians but also into Frenchmen[19].

Nowhere is this dichotomy more pronounced than in the treatment of the Byzantine-Orthodox legacy. This is a problem which I had initially intended to address in my book, and the more I read about it, the more I came out convinced that it merited a separate study dealing with "byzantinism"[20]. The attempt to encapsulate the essence of Byzantine civilization was a nineteenth century effort, and as any effort to seek the essence of a millenial civilization, it is problematic, to say the least. "Caesaropapism", a notion coined in the eighteenth century by a German Protestant professor at the University of Halle in an anti-papal as well as anti-Byzantine polemic, was elevated in the nineteenth century to a theoretical concept powerful enough to explain the diver-

---

[19] When a Frenchman is socialized to Voltaire, he has to *learn* him anew, not in his blood. What makes this socialization process different for a Romanian or a Greek? Some time ago, at a concert at which a black conductor was conducting a Mahler symphony, I heard the comment of a person from the Balkans who found it somehow abnormal for a black man to interpret what he thought of as essentially European music. He was indulgent enough and had no objection to the qualifications of the musician (after all, this particular individual had been westernized) but the scene seemed too eclectic to him, it somehow offended his sense of aesthetic purity. This would be normally defined as racism. It would never occur to him that to some West Europeans, Balkanites listening to the music of Mahler or espousing "Western ideas" (like liberalism, individualism, democracy, etc.) probably present a similar paradox (with the indulgent exception, of course, of particular individuals who have been westernized). It would be indeed surprising to see a peasant with a "kalpak" at a Mahler concert. "Lederhosen" and "Dirndl" would probably be accommodated as organic attire.

[20] Several scholars are beginning to work on different aspects of this problem. For the following argumentation I am indebted to the unpublished paper of Dimiter G. Angelov, The Making of Byzantinism, presented at the Sokrates Kokkalis Student Workshop on "New Approaches to Southeast Europe" at the Minda de Gunzburg Center for European Studies, Harvard University, 12–13 February 1999.

gence of East and West. Byzantinists have published convincing objections widely accepted among medievalists, but stereotypes about Caesaropapism, Byzantine autocracy, stagnant social relations and the like, continue to permeate the wider scholarship and general textbooks, not to speak of the popular genres[21]. Sundhaussen's brief analysis replicates this trend. While it is impossible to go into any further detail, an approach which reduces a millennial very diverse and dynamic historical period, and another half millennium of a legacy to a model (the Byzantine model with its neo-Platonic world view as against the western model with its Aristotelian tradition) strikes one as exceedingly mechanistic. I also wonder what heuristic purposes this characteristic serves in analyzing today's secularized societies some of which are to a large extent unabashedly irreligious.

This brings us to the realm of mentality and myths. Again, the overall framework is perfectly acceptable: mentality is a very controversial category; there is no consensus about Balkan mentality; if at all, the category should be applied to discrete periods and groups. If that is the case, why elevate the notion as a particular characteristic? Evidently, the author believes, after all, in a distinct Balkan mentality; only, it is described as the particular propensity for myths. These myths include the "golden" pre-Ottoman period, the myth of the Turkish yoke, the myth of the pure and organic nation, the myth of national rebirth, the Kosovo-myth, the "haiduk"-myth and the victimization myths. It is very difficult, in the mind of this reader, to distinguish these myths structurally from the "golden" myth of antiquity, the myth of the Dark Ages, the myth (and practice) of the Nüremberg laws of the 1930s and "ius sanguinis", the myth of Rome (as in Italian national ideology, not in Russian, with the myth of the Roman Republic, and the Papacy), the myth of the battle of Poitiers (both the one in the eighth, and the one in the fourteenth century), the myth of the "Walküren", and the myth of a fortress besieged by enemies (not as in

[21] Deno John GEANAKOPLOS, Church and State in the Byzantine Empire: A Reconsideration of the Problem of Caesaropapism, in: Deno John GEANAKOPLOS, Byzantine East and Latin West: Two Worlds of Christendom in Middle Ages and Renaissance, Oxford 1966, 55–83. Deno John GEANAKOPLOS, Constantinople and the West. Essays on the Late Byzantine (Paleologan) and Italian Renaissances and the Byzantine and Roman Churches, Madison 1989; C. TSIRPANLIS, Byzantine Parliaments and Representative Assemblies from 1081 to 1351, in: Byzantion 43 (1973) 432–481.

Masada but as in the German military doctrine in World War I). And again, the point about the excessive role of myths in the Balkans in general is made based on the example of the extraordinary situation in Yugoslavia in the past decade (a country disintegrating and caught up in a civil war).

The brief treatment of the Ottoman heritage consists of a curious combination of an encyclopedia-entry type survey of the half-millennium long Ottoman rule, with an equally long exposition of the survival of archaic forms in the unique "Balkan family household". The very structure of the analysis of this feature leaves the impression that the latter is the chief and most significant legacy of the Ottoman period and of the Balkan space as a whole, despite the proviso (in brackets) that these forms were limited to North Albania, Montenegro and parts of Hercegovina during the nineteenth and part of the twentieth centuries. If these forms were neither geographically nor statistically predominant even in the nineteenth century, let alone in the present, why are they the only ones given any attention in this general characteristic of the Balkan space? Obviously, because they are supposed to underlie the explanation of a distinct Balkan way of life with its patrilinearity, patrilocality, and its propensity for and cultivation of a heroic model, a veritable "Walhalla der Krieger und Hirten"[22]. I have had ample room to expand on that in my previous work on historical demography[23].

Closely linked to the assessment of the Ottoman legacy is the final characteristic of the Balkan space: its social and economic "backwardness" in the modern period. On the one hand, the author attributes a deviating development of the Balkans to the Byzantine-Orthodox and Ottoman legacy which, according to him, further isolated the region

[22] The quote stems from the book of Janko JANEV, Der Mythos auf dem Balkan, Berlin 1936. It is cited in Stefan TROEBST, Getrübte Wahrnehmung: Das deutsche Bulgarien-Bild vom Kaiserreich bis heute, in: Südosteuropa-Mitteilungen 39/4 (1999) 343–350, ibid. 346, who adds that the book was distributed in a large number of copies by the NSDAP.

[23] Maria TODOROVA, Balkan Family Structure and the European Pattern: Demographic Developments in Ottoman Bulgaria, Washington D.C. 1993. See also Maria TODOROVA, Slavafest und Zadruga, in: Historische Anthropologie. Kultur–Gesellschaft–Alltag 1 (1993) 39–45 and Zum erkenntnishistorischen Wert von Familienmodellen. Der Balkan und die "europäische Familie", in: Josef EHMER – Tamara K. HAREVEN – Richard WALL (eds.), Historische Familienforschung. Ergebnisse und Kontroversen, Frankfurt 1997, 283–300.

from Western Europe. On the other hand, but in contradiction to his previous statement, he rightly expresses his scepticism that the Ottoman period should bear the exclusive or primary blame for the socio-economic stagnation and regression of the region. There is no dispute about the fact that in the past couple of centuries the Balkans have been absorbed in an arduous catching-up game with the West but what is unclear is what makes this a specially significant Balkan feature, different (and in fact weaker because of its semi-peripheral status) from the similar endeavor of all peripheral regions vis-à-vis the capitalist core?

But, of course, Holm Sundhaussen is perfectly aware of these questions when he notes that many of these characteristics are not specific only to the Balkans; what makes up the Balkan specificity is the cluster of characteristics that defines its unmistakable profile. I am in total agreement with him that historical regions are not eternal but the product of long historical waves and their perception. But that is precisely where we part. For him, the byzantine and the western models seem to be emanations of such historical waves rather than perceptual classificatory constructs following the mental map of a bifurcated civilization. With the risk of sounding trite, let me clarify. I do not deny that we can make successful (though, by definition, differing) efforts to reconstruct and explicate really existing historical waves. What I am saying is that our conceptual apparatus with which we effectuate the process of reconstruction and explication (for example, the category model) is deeply embedded in the forms of thought available within our own cultures. Sundhaussen may disagree with this application of the concept of cultural determination (which has a long pedigree in Western philosophical tradition from Herder to Wittgenstein and Rorty, Marxism included) but since he is applying it to the object of his scrutiny, he has to agree that it be applied likewise to his gaze.

Toward the end of his article, Holm Sundhaussen comments on my call that "[it] would do much better if the Yugoslav, not Balkan, crisis ceased to be explained in terms of Balkan ghosts, ancient Balkan enmities, primordial Balkan cultural patterns and proverbial Balkan turmoil, and instead was approached with the same rational criteria that the West reserves for itself: issues of self-determination versus inviolable status quo, citizenship and minority rights, problems of ethnic and religious autonomy, the prospects and limits of secession, the balance between big and small nations and states, the role of international institutions"[24]. He finds that this betrays wishful thinking ("Wunschdenken") on my part because, according to him, it implies that not only the outside observers but also the Balkan players can act in a rational way, based on negotiation and compromise. Against this, there is of course the extreme behavior of the belligerent parties, and Sundhaussen concludes that: "[t]he desire to remove the adversary from a given territory, and destroy everything that would remind of his former presence, to cleanse not only the present but also the past, and to alter history, is difficult to conform to Todorova's criteria. Disastrous mixtures of rationality and emotion, of reason and passion exist also in other parts of Europe. But in the Balkan space many factors come together [...] and in their combination they create an inextricable knot"[25].

I find this a rather extraordinary definition of rationality. Or, rather, I would agree with it but only if we postulate that humanity is "ipso facto" irrational. War (and its euphemistic "Doppelgänger", defense), which has been a constant accompaniment of humanity, has been for the greatest part of human history the chief employer, and even today gets the biggest chunk of the budgets of modern states. There is even the notion of "just war" advanced by Augustinus of Hippo (incidentally, not an Orthodox saint)[26]. Ethnic cleansing has been practised by human kind since the dawn of civilization. Killing all enemy men, and enslaving the women and children has been a staple act from the times of the ancient Greeks, the "cradle of Western civilization", until the present. Indiscriminate mass killings of everyone (disregarding age or gender) is mostly (though not exclusively) a modern phenomenon, practiced to the greatest extent by the West. I really am curious to know from what point of view the dropping of the atomic bombs over

---

24 Todorova, Imagining the Balkans 186.

25 Sundhaussen, Europa balcanica 652.

26 St. Augustine's doctrine of just war developed in "The City of God" was used by Pope Urban II in his address to the First Crusade in 1097 to justify a war by one type of Christians against another (the Orthodox), and served as a justification of violence during all Crusades, both against Muslims and against Orthodox Christians. Conversely, the Byzantine empire, where warfare remained the prerogative of the emperor not the Church, did not develop an ideology of Holy War. See Angeliki Laiou, On Just War in Byzantium, in: John S. Langdon – Christos P. Ioannides – Stephen W. Reinert – Jelizaveta S. Allen (eds.), To Hellenikon: Studies in Honor of Speros Vryonis, Jr., vol.1, New Rochelle 1993, 153–177.

Hiroshima and Nagasaki, or the siege of Leningrad is more rational than the bombing of Sarajevo? Or, why the killing of 3 million Vietnamese is less reprehensible than the 200.000 victims of the Bosnian war? In both cases there are, of course, the attempts to rationalize, and thus legitimize, the acts. One may not accept the logic of this rationality, but this is how the acts are advanced. Or, to go just a little further back in history, why is it that we can explain Hitler's phenomenon, while at the same time condemning it, as the hijacking of a whole society in a severe social and economic turmoil by an extreme ideology and praxis? Why is it impossible to do that for the Milošević regime and, instead, introduce irrationality as a "Merkmal" of the region? Or, is it that tragedy can be explained in rational terms, whereas, when history repeats itself as farce, it becomes irrational?

I am asking this not in order to lead to the obvious conclusion about comparative barbarity and that there is a double standard judging events in the West and in the Balkans. This is taken for granted. My conclusion is that the categories of rationality and irrationality are not implicit in the object of study. They are in the eye of the beholder; they are implicit in his mental map. I totally agree with Holm Sundhaussen's admonition that "not all negative pictures of the Balkans are false simply because they are negative". Of course not. I would go even a step further (and have actually done so). Not only are stereotypes (whether positive or negative) not necessarily wrong; most often, they build upon true and observable characteristics. It is not the contents of these characteristics that is being questioned by me but their status and function as stereotypes, i.e. the excessive and fixed generalizations made on the basis of individual or group characteristics (albeit real), and the subsequent instrumentalization of these stereotypes for individual or group actions. Stereotypes hold the complex and ever changing reality in a straigtjacket (with all the medical and punitive repercussions suggested by the use of this analogy). In a word, I am not questioning the phonetics, but the syntax.

At the very end of his article, Holm Sundhaussen gives the example of the Serbian president, writer, and scholar Vladan Djordjević who, in a 1913 piece, wrote the most explicit racist abuse against the Albanians. Sundhaussen made the obvious link with the racist anti-Albanian insults in the 1980s and 1990s Serbia under president Milošević. This is a diachronic approach illustrating the continuity of Serbia's discourse. It is his choice of a mental map. It is a legitimate choice. But it is not the only option. For myself, I prefer to extend the space of my analysis over the intellectual map of Europe at the time. In the discrete chronological period of the latter half of the nineteenth century and the beginning of the twentieth, Vladan Djordjević can be seen in the company of Gobineau, Houston Chamberlain, Wagner, Hitler, and the like, i.e. in the common space of European racism[27]. This does not make Djordjević less disgusting for his views. What it does do, however, is include the Balkans in a common European or global space, and in the proper comparative perspective, rather than ghettoize them in a diachronic spacial continuity[28]. I am not saying that my mental map is preferable because it is the more correct or more truthful one. All I insist on is that political actions built upon my mental map differ fundamentally from the ones built upon the other. And the actions toward the Balkans in the past decade have not been based upon my mental map. I therefore think that it does present a practical alternative, and I am holding to it. At the same time, my mental map is not the product of utilitarian thinking, i.e. a retrospective configuration based on possible consequences, but a genuine effort at an adequate intellectual reconstruction of perceived reality (all, of course, within the constraints of my own intellectual socialization and personal limitations).

This brings me back to the question I raised earlier about the political repercussions of my analysis. Isn't it true that, even as I condemn the excesses of Balkan politicians, by the very fact that I choose in my narrative to represent them in a comparative perspective, I implicitly take off the uniqueness of their activities and unintentionally relativize their evil? I am very much aware that the seemingly innocuous choices of representation are fraught with meaning. I also know that whatever one's admonitions, no one is a master of one's text. So, is it possible that my message can be misused by nationalists and/or anti-Westerners in the Balkans? Theoretically, this cannot be excluded. All I can say is that, three years after the publication of the

[27] Among the plentiful literature on this problem, see the recent work of Uli LINKE, Blood and Nation: The European Aesthetics of Race, Philadelphia 1999.

[28] I want to stress that when employing the notion of a "common European space" I am in no way essentializing Europe, nor is this methodological assertion to be politically translated into the aspiration to be included in the "common European house" (Gorbachev). It simply reflects the physical fact that Europe (in a very elastic understanding) is the natural geographic and historical background against which developments in one of its sub-regions can be projected.

book, and its translation in almost all the languages of the peninsula, this has not happened. As a preliminary explanation I would venture that the argument is too complex and nuanced to meet the crave for clear-cut, simple and recipe-like verdicts. And, after all, the book was not addressed to a nationalist readership. It was addressed firstly to a Western audience, and secondly, to those intellectuals in the Balkans who have internalized as just both the discourse and the stereotypes created in the West. The leitmotiv "We ourselves, and not the outside, are to blame" has the stated noble aspiration to mobilize efforts and fight all these negative characteristics that are supposed to be Balkan, as well as to overcome the manipulation of a victim complex described so eloquently by Sundhaussen. In practice, it most often leads to passive abdication. In very many cases, it is merely a quasi-liberal flirtation with the West, destined to demonstrate the alienation of these intellectuals from their Balkan background and their spiritual affinity with the other (Western) civilization. It thus replicates both the discourse of "balkanism" and the belief in separate civilizational models.

I have been very open about my political agenda: I resent the ghettoization of the Balkans. All I can do within my capacity is expose the legitimizing intellectual underpinnings of this ghettoization[29]. As I have argued, the latter can take the form of crude "balkanism" which is fairly easy to expose. It can also take the form of an "objective" scholarly description and analysis. At the risk of sounding trivial, let me remind that scholarly descriptions can never be ideologically or cognitively neutral: "that to 'describe' is to specify a locus of meaning, to construct an object of knowledge, and to produce a knowledge that will be bound by the act of descriptive construction"[30]. As any text (mine inclusive), Sundhaussen's is bound to smuggle his own assumptions and blind-spots. And his narrative is equally bound to produce political consequences. As much as I have been looking, I cannot find in

---

[29] I harbor no illusions that such exposure will change politics overnight. I also do not think that the ban on Nazi propaganda and the repugnance against anti-Semitism immediately eliminates Nazi or anti-Semitic groups or views. However, I do believe that it narrows the breeding ground of such ideas and consequently diminishes their socializing power. All I would like to achieve is raise the consciousness which may bring about a similar discerning attitude toward the Balkans.

[30] Aijaz Ahmad, In Theory. Classes, Nations, Literatures, London-New York 1992, 99.

his prose evidence of a similar awareness or sensitivity to the possible repercussions of his ideas.

When, during the NATO bombing in 1999, the refugees began pouring into Albania and Macedonia, Emma Bonino, EU Commissioner on Humanitarian Aid, suggested that Romania and Bulgaria should take the bulk of the refugees because this was a regional, i.e. their problem. This was a division of labor in good faith: the rich bomb, the poor feed[31]. In November 1999, at a Columbia University conference on Kosovo, Ambassador Hans Schumacher, German representative at the United Nations declared that he was uncomfortable with Kosovo being referred to as a NATO protectorate. He suggested the term "democratic guardianship". To my knowledge, nobody called Germany's occupation after World War II a "democratic guardianship", and not even a "protectorate". It was properly called what it was: four occupied zones by the four occupying powers (not guardians).

Finally, I would like to discuss a tendency which has become fashionable today. Namely, the curious kind of nominalism which creates the illusion that by changing the name of the space from Balkan into something allegedly more neutral, like Southeastern Europe, the pitfall of "balkanism" could be avoided. The word "Balkan" is not ideological "per se". As a name, it couldn't be more neutral or benign, meaning simply "mountain". It is the reality, or perceptions of reality that invest a name with a meaning, whether positive or negative. It is true that "Balkan" as a signifier has become a pejorative but there is no reason to believe that by removing it, the signified will emancipate itself from the negative stereotypes. Rather, it would create a situation reminiscent of racism without the word "Negro". The proposed substitute, the syntagma "Southeastern Europe" is far from being non-ideological, despite its seemingly objectivist geographical sounding. Quite to the contrary, as I demonstrated, it has had its own unsavory history when in the 1930s and 1940s the Nazis used it in the sense of the "naturally determined economic and political completion" to the Third Reich in the southeast: "Wirtschaftsraum Grossdeutschland-Südost".

[31] I would like to acknowledge Misha Glenny who kindly shared this information with me.

Let us even assume that the Nazi use of the term has been forgotten. Indeed, some scholars and politicians (both in the West and in the Balkans themselves) think of Southeastern Europe as a neutral term, and prefer to be marked out with this name. But marking out, even with the most innocent name, is not an innocent act. Complex notions (like region, nation, race, gender, etc.) are socially constructed systems of marked and unmarked categories, to borrow some terminology from linguistics[32]. The complex notion of Europe comprises both marked and unmarked categories. "Eastern Europe" is a "marked" category. It is being taught at Western European and American universities as a subfield of European history. "Central European" or rather "East Central European", and "Southeast European" history and literatures occasionally emerge as marked subcategories within this subfield. The rest of Europe is not represented by the categories "Northeastern Europe" or "Southwestern Europe" or "West Central Europe", not even often by "Western Europe", but simply by "Europe". These are, then, "unmarked" categories. What happens is that the marked categories become marked as different while the unmarked categories retain their power as the standard against which the rest have to position themselves. And it is the unmarked categories which actually dominate and are discretely at the center of the general notion.

In conclusion, I am not advocating "total history" which would subordinate everything to a series of overarching and common principles. That is to say, I am not preaching a Hegelian "aufheben" of the Balkans in the common flow of European modernity where contrast, plurality and difference are only moments in a movement towards reconciliation, unity and harmony. Methodologically, my ideal would be to carve a middle road between the artificially imposed coherence of historical teleology, and the (equally artificially) postulated incompatibility and irreducibility of civilizational models. That is, while coming out of the hypothesis of the basic unity of the human race, something that allows to flesh out commonalities, and avoid the pitfalls of complete disjuncture, fragmentation or relativism, we should be conducting more geographically and historically specific studies which would stress the diversity of Balkan structures, trends and events not only

---

[32] As developed by Nikolaj Sergejevič TRUBETZKOY, Grundzüge der Phonologie, Göttingen 1967. For a comment on the role of the "marked-unmarked" opposition in culture, see Zygmunt BAUMAN, Culture As Praxis, London-Thousand Oaks-New Delhi 1999, 80f.

vis-à-vis the rest of Europe but also within the intra-Balkan space itself. After all, the Balkans is a more unified concept in the mind of outside observers. In addition, this diversity should not be posited against a homogeneous, stable (West) European model, overlooking the multifariousness of this part of Europe, too[33]. In a word, my plea is to trivialize the Balkans, and thus normalize them.

---

[33] For a very interesting take on how regional geography should be practiced (with suggestive insights for history), see Nigel THRIFT, Taking Aim at the Heart of the Region, in: Gregory – Martin – Smith, Human Geography 200–231.

Dan Diner

GESCHICHTE DER JUDEN – PARADIGMA EINER EUROPÄISCHEN HISTORIE

Jüdische Geschichte der Neuen und Neuesten Zeit kommt mit der Historie Europas gleichsam zur Deckung. Dies herauszustellen mag auf den ersten Blick konstruiert anmuten – den europäisierenden Vorgaben der Gegenwart ergeben. Bei näherer Betrachtung wird jedoch eine eindringliche Affinität offenkundig: Aus dem vermeintlich engen Blickwinkel jüdischer Geschichte heraus erschließt sich eine umfassende europäische Perspektive; keine wohlmeinende Addition verschiedener und vornehmlich national verfaßter Geschichten, sondern eine vom Gegenstand her begründete integrierte Geschichte Europas[1].

Die der jüdischen Geschichte – oder genauer sowie der Realität einer Vielfalt von Judenheiten entsprechend: der Geschichte von Juden – inhärente europäische Perspektive fügt sich aus mancherlei signifikanten Komponenten zusammen. In erster Linie ist sie dem Umstand einer kulturgeographisch weiträumig angelegten wie transterritorial und transnational verfaßten protomodernen Verbundenheit der Juden untereinander zuzuschreiben[2]. Solch transnational und transterritorial gefügte, vornehmlich religiös-textuell mediatisierte Verbundenheit von Juden untereinander kontrastiert die Umstände ihrer Lebenswelten vor dem Hintergrund einer doch wesentlich statisch gehaltenen Umwelt[3]. Trotz der Forderungen nach Anpassung und Angleichung, wie sie in der hereinbrechenden Moderne den Juden abverlangt wurde, vermochten sie ihre über Zeiten und Räume gewachsenen textuell-religiösen und vergleichsweise doch institutionsfreien Verbundenhei-

---

[1] Friedrich Battenberg, Das Europäische Zeitalter der Juden, Darmstadt 1990.

[2] Jonathan I. Israel, European Jewry in the Age of Mercantilism 1550–1720, Oxford 1989.

[3] Moses A. Shulvass, From East to West: The Westward Migration of Jews from Eastern Europe during the Seventeenth and Eighteenth Centuries, Detroit 1971.

ten zu wahren[4] – und dies durchaus im Unterschied zu anderen vormals transterritorial und weitgehend mobil gehaltenen spätmittelalterlich/frühneuzeitlichen „nationes“[5]. So mag es nicht weiter verwundern, wenn sich angesichts der Geltung vormoderner Traditionsbestände und mittels Wirkung von Einkerbungen der „longue durée“ ein von Textualität, Urbanität, Mobilität und Transterritorialität durchwirkter Habitus der Juden einstellte, der ebenso den Dispositionen der Postmoderne entspricht, wie er sich von den durch Homogenisierungsschübe im 19. und 20. Jahrhundert ethnisch sich verfestigenden und territorial verhärtenden Strukturen etatistisch verfaßter Bevölkerungen unterscheidet[6].

Die proto- wie postmodernen Lebensformen gleichermaßen entsprechen wollenden mentalen Einkerbungen kommen im großen und ganzen den politischen Konstruktionen solcher Gemeinwesen nahe, die einen hohen Anteil an übernationalen, universalen wie kosmopolitischen Attributen aufzuweisen haben. In der Vergangenheit handelt es sich wesentlich um Gemeinwesen „imperialen“ Charakters – jene dynastisch legitimierten, multiethnisch wie multireligiös komponierten Vielvölkerreiche, wie die der Habsburger, der Romanows und der Osmanen[7]. Der den Gemeinwesen der Reiche eigene und gerade den Lebensformen der Juden als einem spezifisch transterritorialen Bevölkerungsstil entsprechende „imperiale“ Charakter scheint sich seiner Anlage nach dem anzunähern, was heute vom methodischen Zugriff her als integrierte Perspektive auf die europäische Geschichte verstanden

---

[4] Louis Finkelstein, Jewish Self-Government in the Middle Ages, New York 1924; Salo W. Baron, A Social and Religious History of the Jews, 2. ed., rev. and enl., vol. 4, New York 1957.

[5] Jacob Katz, Tradition and Crisis: Jewish Society at the End of the Middle Ages, New York 1961; James Parkes, The Jew in the Medieval Community: A Study of his Political and Economic Situation, London 1938, repr. New York 1976.

[6] Michael Mann, The Sources of Social Power, vol. 2: The Rise of Classes and Nation-States, 1760–1914, Cambridge 1993.

[7] William O. McCagg, A History of Habsburg Jews 1670–1918, Bloomington 1998; Eli Lederhendler, The Road to Modern Jewish Politics: Political Tradition and Political Reconstruction in the Jewish Community of Tsarist Russia, New York 1989; John Doyle Klier, Russia Gathers Her Jews: The Origins of the "Jewish Question" in Russia, 1772–1825, DeKalb, Illinois 1986; Bernard Lewis, The Jews of Islam, 2. ed., Princeton 1987; Esther Benbassa – Aron Rodrigue, Sephardi Jewry. A History of the Judeo-Spanish Community, 14th – 20th Centuries, Berkeley 2000.

werden könnte. Der Geschichte der Juden als einer durch die Merkmale von Transterritorialität und Transnationalität in hohem Maße geprägten Bevölkerung käme für diese angestrebte integrierte europäische Historie eine ausgesprochen epistemische Bedeutung zu – und dies vornehmlich dann, wenn die Geschichte Europas eben nicht, wie zur Neubegründung der Geschichtsschreibung im ersten Drittel des 19. Jahrhunderts wesentlich, auf Basis sich gegenläufig etablierender nationaler staatlicher Gemeinwesen gedeutet würde, sondern sich eher auf vormoderne und europäisch gehaltene Gemeinsamkeiten beriefe.

Die Bedeutung der Geschichte der Juden als erkenntnisleitende Warte einer integrierten europäischen Historie schlägt sich demnach wie folgt nieder: Die dem europäischen Einigungsprozeß der Gegenwart angemessene historiographische Rücknahme traditionell vorherrschender nationalstaatlicher Paradigmata im Sinne einer gesamteuropäisch gehaltenen Geschichtsschreibung kommt den in vormodernen „imperialen" Vergangenheiten inhärenten übergreifenden Zusammenhängen entgegen, ohne mit diesen freilich identisch zu sein. Vor allem unter den als postmodern charakterisierten Bedingungen und beschleunigt durch zunehmend sich globalisierende Lebenswelten wird von einer Verknüpfung zwar weiterhin geltender, wenn auch schwindender nationaler Traditionen im Rahmen sich ausbreitender transversaler kosmopolitischer Kulturen ausgegangen. Das einer solchen Perspektive angemessene Paradigma einer vormals geltenden vielfältigen Einheit jüdischer Lebenswelten, erwachsen aus Kontexten sich im Übergang von der Vormoderne in die Moderne befindlicher übernational verfaßter imperialer Gemeinwesen, erwiese sich demnach als ein überaus angemessenes historiographisches Paradigma[8].

Dem sozialen und mentalen Gewebe der jüdischen Lebenswelten kommt angesichts der tektonischen Verschiebungen europäischer Geschichte in der Moderne seismographische Bedeutung zu[9]. Dies gilt für die Folgen der für das 19. Jahrhundert signifikanten sukzessiven Aushöhlung der europäischen und halbeuropäischen Imperien durch die an

---

[8] Robert A. KANN, Das Nationalitätenproblem der Habsburgermonarchie. Geschichte und Ideengehalt der nationalen Bestrebungen vom Vormärz bis zur Auflösung des Reiches im Jahre 1918, 2 Bde. (Veröffentlichungen der Arbeitsgemeinschaft Ost 4 und 5) 2. erweiterte Aufl., Graz-Köln 1964.

[9] Stefi JERSCH-WENZEL, Die Lage von Minderheiten als Indiz für den Stand der Emanzipation einer Gesellschaft, in: Hans-Ulrich WEHLER (Hg.), Sozialgeschichte heute, Göttingen 1974, 365–287.

der ostmitteleuropäischen sowie südosteuropäischen Peripherie des Kontinents spätestens seit dem Vormärz wirksam werdenden demokratischen wie national gehaltenen Bestrebungen. Für die Judenheiten in Europa haftet solchen Bestrebungen durchaus Zwiespältiges an[10]. Schließlich zielten die modern gehaltenen Verwandlungen vormoderner und heterogen verfaßter Privilegienordnungen mittels der Prinzipien von Gleichheit und Nationalität auf institutionelle und/oder ethnische Homogenisierung. Solche Homogenisierungen richteten sich gleichsam notwendig gegen Differenz und Vielfalt bzw. gegen deren jeweilige Träger.

Die historische Tendenz nationaler wie demokratischer Traditionsbildung durchzieht das gesamte 19. Jahrhundert, um politisch mit dem Zerfall der Vielvölkerreiche und im Gefolge der europäischen „Urkatastrophe", dem Ersten Weltkrieg, grosso modo in ethnisch sich zunehmend verfestigende Nationalstaaten einzumünden. Diese nominell nationalen, faktisch aber multinational komponierten Gemeinwesen erwiesen sich in den 20er und 30er Jahren des 20. Jahrhunderts für die vornehmlich in imperial verfaßten politischen Zusammenhängen beheimatet gewesenen jüdischen Bevölkerungen zunehmend als Quelle von Drangsal. Zum Leidwesen der jüdischen Bevölkerungen in den neu etablierten bzw. erweiterten nominellen Nationalstaaten Mittel- und Ostmitteleuropas verformten sich diese Gemeinwesen in der krisengeschüttelten Zwischenkriegszeit äußerer und innerer Unbilden wegen autoritär bzw. totalitär[11]. Die von 1918 ausgehende, nationalstaatliche Segmentierung vormals imperial verfaßter ökonomischer Zusammenhänge politisierte die in den ehemals multinational komponierten Reichsgebilden angelegte regionale und ethnisch eingefärbte Arbeitsteilung – eine Entwicklung, die die ohnehin notorisch krasse Dissonanz von Stadt und Land weiter verschärfte. Davon ausgehende Spannungen wirkten in die Sphäre politischer Institutionen hinein, wo gerade erlangte und verfassungsmäßig kanonisierte Freiheiten unterminiert wurden. Für die in den neuen, erweiterten oder restituierten politischen Gemeinwesen Ostmitteleuropas beheimateten jüdischen Bevölkerungen, aber nicht nur für diese, zog die schwärende Agrarkrise und

---

[10] Werner E. MOSSE – Arnold PAUCKER – Reinhard RÜRUP (Hgg.), Revolution and Evolution: 1848 in German-Jewish History, Tübingen 1981.

[11] Anthony POLONSKY, The Little Dictators. The History of Eastern Europe since 1918, London-Boston 1975.

die von ihr ausgehenden politischen Verwerfungen unter anderem eine stetige Unterminierung des auf der Pariser Friedenskonferenz stipulierten Minderheitenschutzes nach sich[12].

Anhand einer dergestalt europäisch kontextuierten Geschichte der Juden lassen sich mit der Ausbildung von nationalen Bewegungen und Nationalstaaten im Europa des 19. und 20. Jahrhunderts verbundene Katarakte ebenso augenfällig abbilden, wie sich an den nach dem Ersten Weltkrieg national zersplitterten Geschichten der verschiedenen Judenheiten Europas die Erkennungszeichen von Zerstörung und Selbstzerstörung des Kontinents in der ersten Hälfte des jüngst vergangenen Säkulums höchst angemessen dechiffrieren lassen. Obwohl nicht Gegenstand einer auf historische Rekonstruktion vergangener Lebenswelten gerichteten Perspektive, soll doch Folgendes gesagt werden: Auch ein sich gegenwärtig bildendes gemeinsames europäisches Selbstverständnis wird nicht zuletzt von dem Verhängnis einer zwar jeweils national verschieden erlebten, in ihrer Wirkung aber doch übereinstimmend bewerteten Geschichte deutsch-nationalsozialistischer Herrschaft und Besatzung im Zweiten Weltkrieg beeinflußt, in dessen Zentrum inzwischen – und ganz im Unterschied zur Wahrnehmung in den ersten Nachkriegsjahrzehnten – ein Gesamteuropa betreffendes Zentralereignis steht: der Holocaust. So mag die Geschichte der Juden Europas nicht in jeder Hinsicht und uneingeschränkt europäisch ubiquitär sein; von der ihr eigenen übernationalen bzw. transterritorialen Anlage her legt sie indes eine Perspektive vor, die jedenfalls mehr als andere genuin europäisch ist.

Für eine europäisch angelegte Agenda der Geschichte der Juden vom ausgehenden 18. Jahrhundert an bis zur Katastrophe und ihrer Nachgeschichte erscheinen nachstehende Fragenkomplexe als grundlegend:

– *Erstens*, der Fragenkomplex einer Verwandlung des vormodernen und mithin alle Lebensbereiche umfassenden religiösen jüdischen Selbstverständnisses in internalisierbare Konfession sowie die jeweilige nationalstaatliche Staatsbürgerlichkeit im Westen einerseits und andererseits einer kollektiven Säkularisierung der Juden als ethnisch verstandener Nationalität im europäischen Osten. Bei dieser Verwandlung im Zeichen von Säkularisierung handelt es sich um Formen einer innerjüdischen „Konversion" von Emblemen der Zugehörigkeit;

[12] Czesław Łuczak, Die Wirtschaftskrise Polens 1929–1935 (Institut für Europäische Geschichte Mainz: Vorträge 77) Wiesbaden 1982.

– *zweitens* die Praxis diplomatischer Einwirkung jüdischer Persönlichkeiten und Organisationen aus den etablierten westlichen Gemeinwesen Europas mit dem Ziel der Gleichstellung ihrer Glaubensbrüder im Osten – ein Aspekt, der die internationale Dimension des Gegenstandes als Exempel früher humanitärer Intervention im 19. und im frühen 20. Jahrhundert herausstellt und dabei einen neuen Zugang zu einer Diplomatiegeschichte erlaubt, die ein politisches Handeln thematisiert, das jenseits der Machtgeschichte von Imperien und Nationalstaaten angesiedelt ist. Dabei wird deutlich, wie die der Vormoderne entsprechenden Formen jüdischer Einflußnahme Wirksamkeiten vornehmlich solange zu entfalten vermögen, solange die Politik der Großen Mächte dem System der Balance gehorcht;

– und *drittens* die weitgehend umfassende Geltung eines migrationsgeschichtlichen Zugriffs, der die Wanderungsbewegung von Juden aus den imperialen Kontexten des Ostens nach dem Westen Europas und nach Übersee erschließt und dabei die Frage des jüdischen Selbstverständnisses mit der Institution einer doch wesentlich nationalen Staatsangehörigkeit in Beziehung setzt. Als Folge des Holocaust wird den Juden in einem gewissen Sinne erstmalig ein rechtlich relevanter Status als Kollektivität zuerkannt, eine Subjektwerdung der Juden, die nicht zuletzt von der Restitution erbenlosen jüdischen Eigentums ausgeht.

Die Juden betreffenden rechtlichen Statusfragen sind den „inneren" Verwandlungen von Zugehörigkeit zwar nicht unmittelbar komplementär, stehen mit ihnen jedoch in engem Zusammenhang. Bei der Veränderung von Merkmalen der Zugehörigkeit handelt es sich anthropologisch gesprochen um so etwas wie eine innerjüdische „Konversion" – um eine säkularisierende Transformation von Emblemen der Zugehörigkeit bei einer dabei mitunter unterschiedlich erfolgenden Graduierung von Elementen der Sakralität.

Für die Emanzipationsperiode im Übergang vom 18. zum 19. Jahrhundert wie für die Zeit danach ist die Verwandlung des jüdischen Selbstverständnisses von einer alle Lebensbereiche umfassenden ganzheitlichen Religion in eine dem westlichen Emanzipationsweg angemessene Aufspaltung privatisierbarer Konfession und staatsbürgerlicher Zugehörigkeit zu den jeweiligen nationalen oder sich nationalisierenden Gemeinwesen kennzeichnend. Diese Aufspaltung innerer Sphären erfolgt in einer gewissen Ungleichzeitigkeit in den fortgeschrittenen Gemeinwesen des westlichen Westens wie im mitteleuropäisch-deutschsprachigen und magyarischen Bereich. Eine sich dabei ausbildende Konfessionalisierung der jüdischen Religion bedeutet unter anderem die Einleitung eines Trends zur sukzessiven Zurückdrängung der hebräischen Sprache in Kultus und Liturgie. Gerade an den jeweiligen Verwandlungen der heiligen Schrift bzw. den ihr angemessenen Schriftzeichen lassen sich die Stufen fortschreitender Säkularisierung und die sie begleitenden innerjüdischen Konversionen ablesen. Im Westen und in Mitteleuropa verwandelt sich das Judentum zunehmend in eine reine Religion – gleichsam in universellem Geist. Dieses Phänomen ist anhand der Ausbildung von Reformjudentum wie Neo-Orthodoxie zu beobachten[13].

Im Unterschied zu der mit Internalisierungen verbundenen Konversion von Religion in Konfession und begleitet von einer zunehmenden Teilnahme und Teilhabe der Juden am Staatsleben der jeweiligen Nationen, erfolgt im Osten ein analoger Prozeß, der eher der Externalisierung von Emblemen der Zugehörigkeit dient. Es handelt sich hierbei um die Ausgestaltung von Attributen, mittels derer sich die Juden in einem ethnischen Sinne als Volk bzw. als Nationalität verstehen. Im Sinne historischer Metaphorik und symbolischer Lokalisierung werden in „Odessa" die Schübe der von „Berlin" ausgehenden jüdischen Aufklärung und der von „Paris" angeregten individuellen Emanzipation in zeitlicher Verschiebung von einer sich in säkularer Absicht vornehmlich der hebräischen Sprache und Kultur bedienenden intellektuellen Bewegung aufgefangen und im Sinne einer Wahrung der Juden als protonationales Kollektiv gewendet[14]. Die von einer solchen Wendung ausgehende kulturelle hebräische Renaissance vermag mittels Abwehr der als entfremdend erachteten westlichen Individualisierung bei Wah-

[13] Alan S. Zuckerman, The Transformation of the Jews, Chicago 1984; Robert Liberles, Religious Conflict in Social Context: The Resurgence of Orthodox Judaism in Frankfurt am Main, 1838–1877, Westport 1985; David Ellenson, Rabbi Esriel Hildesheimer and the Creation of a Modern Jewish Orthodoxy, Tuscaloosa 1990.

[14] Steven J. Zipperstein, The Jews of Odessa: A Cultural History, 1794–1881, Stanford 1985; Alexander Orbach, New Voices of Russian Jewry: A Study of the Russian Jewish Press of Odessa in the Era of the Great Reforms, 1860–1871, Leiden 1980; Jonathan Frankel, Prophecy and Politics: Socialism, Nationalism, and the Russian Jews, 1862–1917, Cambridge 1981; Jean-Marc Chouraqui, La Révolution française et l'émancipation des Juifs de France, Paris 1989; Arthur Hertzberg, The French Enlightenment and the Jews, New York 1968; Selma Stern, Der preußische Staat und die Juden (Schriftenreihe wissenschaftlicher Abhandlungen des Leo Baeck-Instituts 7, 8, 24, 32) 4 Teile, Tübingen 1962–1975.

rung der kollektiven Form auch und gerade in säkularer Gestalt – d.h. dem modernen Verständnis von den Juden als Volk – die zunehmend weichenden sakralen Anteile paradoxerweise bei weitem besser erhalten als die in westlicher Form erfolgende Konfessionalisierung des Judentums, wie etwa die allein religiösen Inhalten verpflichtete Reform- oder Neo-Orthodoxie[15].

Der sich auftuende Hiatus zwischen einem westlichen Selbstverständnis in der konfessionellen Zugehörigkeit als Internalisierung des Religiösen und einer Externalisierung als östliche Form einer Konversion von Religion in Nation – zum einen Geist, zum anderen Volk – ist nicht allein ein Phänomen von in säkularer Transformation sich befindlichen jüdischen Lebenswelten, wiewohl an ihnen die Differenz zwischen westlicher und östlicher Form besonders anschaulich wird[16]. Dabei vermochten Juden bei aller kulturellen und liturgischen Differenz untereinander und über die Grenzen nationalstaatlicher wie imperialer Gemeinwesen hinweg Zusammengehörigkeit dort zu wahren, wo christliche Bevölkerungen im ausgehenden 18. wie durch das 19. Jahrhundert hindurch sowohl des Prozesses von Territorialisierung als auch der Nationalisierung ihres Selbstverständnisses wegen vor allem im Osten und Südosten des Kontinents gehalten waren, die Ausbildung voneinander sich abgrenzenden ethnophilen, autokephalen und anderweitig national verfaßten Kirchen entlang der Etablierung von Nationalstaaten einzuleiten. Überhaupt scheinen sich die aus Religion bzw. kirchlichen Traditionsbeständen herausschälenden und ethnisch überformenden Nationalitäten im Osten und Südosten Europas als komparatistische Referenz zum Verständnis eines modernen, sich nationalisierenden und ethnifizierenden jüdischen Selbstverständnisses zu eignen[17].

Insgesamt reflektiert das Spannungsverhältnis zwischen westlichen Vorgaben folgender Emanzipation der Juden als Staatsbürger sowie als Angehörige einer privatisierten Konfession einerseits und den die Formen kollektiven Selbstverständnisses säkular bewahrenden öst-

---

[15] Michael A. Meyer, Responses to Modernity: A History of the Reform Movement in Judaism, New York 1988.

[16] Steven J. Zipperstein, Elusive Prophet: Ahad Ha'am and the Origins of Zionism, Berkeley 1993.

[17] Emanuel Turczynski, Konfession und Nation. Zur Frühgeschichte der serbischen und rumänischen Nationsbildung (Geschichte und Gesellschaft 11) Düsseldorf 1976.

lichen Judenheiten andererseits einen für die gesamteuropäische Entwicklung signifikanten Unterschied: im Westen institutionell verfaßte Formen der Zugehörigkeit und damit ein hohes Maß an gesicherter Individualität – im Osten ein eher essentialistisches Verständnis vom eigenen Kollektiv als Volksgruppe; bzw. im Westen ein eher gegenwarts- und institutionenbezogenes Verständnis von der Bevölkerung als „demos“ – im Osten eine stärker auf die Vergangenheit ausgerichtete Vorstellung vom Volk als „ethnos“. Die Differenz zwischen den Juden im Westen Europas und denen im Osten des Kontinents entspricht wesentlich der auch sonsthin kulturgeographisch geltenden Unterscheidung[18].

Die Aufspaltung und Transformation religiöser Zugehörigkeiten in konfessionelle und damit internalisierbare Anteile einerseits sowie der Staatsbürgerlichkeit als Ausdruck von Teilnahme und Teilhabe am politischen Gemeinwesen andererseits stellt sich gemeinhin und zu Beginn des „bürgerlichen“ Zeitalters anhand der Juden Europas als Frage der Emanzipation bzw. der Gleichstellung dar. Es handelt sich um jene notorische „Judenfrage“, die im Diskurs des christlichen Staates bekanntermaßen theologisch überformt war bzw. der vorausgehenden religiösen Form analog gleichsam politisch säkular konvertierte[19].

Jenseits der philosophisch und staatsrechtlich gehaltenen Kontroversen zogen die Behinderungen einer vollen Emanzipation der Juden von Staats wegen ihrerseits praktisches Handeln nach sich. Hier ist vom von außen geleiteten politischen jüdischen Einwirken jenen Gemeinwesen gegenüber die Rede, die sich einer Gleichbehandlung von Juden entweder zum Teil oder gar zur Gänze verschlossen – eine Lage, die in Rußland bis zur Februarrevolution 1917 chronisch war und in Rumänien seit dem Ende des Krimkrieges 1856 bzw. seit 1866 die Judenheiten des Westens in Atem hielt[20].

Um die Emanzipation der Juden vornehmlich im östlichen Europa zu erwirken, waren im Westen – anfänglich in England und Frankreich sowie der Habsburgermonarchie, zunehmend seit seiner Etablierung

---

[18] Frances MALINO – David SORKIN (Hgg.), From East and West: Jews in a Changing Europe 1750–1870, Oxford 1990.

[19] Shlomo AVINERI, Marx and Jewish Emancipation, in: Journal of the History of Ideas 25 (1964) 445–450.

[20] Heinz-Dietrich LÖWE, Antisemitismus und reaktionäre Utopie: Russischer Konservativismus im Kampf gegen den Wandel von Staat und Gesellschaft 1890–1917, Hamburg 1978.

auch im Deutschen Reich – jenseits des jüdischen „kahals" zu öffentlichem Einfluß gelangte jüdische Persönlichkeiten tätig geworden, später im Westen eigens zur Realisierung jüdischer Anliegen anderenorts begründete Organisationen[21]. Ein solches, aus der vormodernen Tradition der „shtadlanuth", der sogenannten Fürsprache, erwachsendes protodiplomatisches Einwirken auf Herrscher und Regierungen verband sich etwa von der Mitte des 19. Jahrhunderts an mit dem seit 1815 aufs neue sich bewährenden Vorhaben der Großen Mächte, nicht zuletzt der Erhaltung des Gleichgewichts untereinander und damit des europäischen Friedens wegen neuen und auf ethnisch-religiöser Grundlage sich etablierenden Staaten so etwas wie Vorformen staatsbürgerlicher Gleichbehandlung, später auch kollektiven Minderheitenschutz, aufzuerlegen[22]. Solche als Vorformen humanitärer Intervention interpretierbare Maßnahmen faktischen Minderheitenschutzes vermochten nur so lange Wirkung zu zeitigen, wie eine einträchtige Kooperation der Großen Mächte auf der Grundlage des Prinzips des Gleichgewichts wirksam war[23]. Als sich in den 1870er Jahren eine Struktur dualistischer Bündnisse abzeichnete, verlor der faktische Minderheitenschutz als humanitäre Intervention seine machtpolitisch begründete, quasi-institutionelle „internationalistische" Abstützung[24]. Darüber hinaus suchten die zunehmend durch Gleichbehandlung jeweils national sich verwandelnden Judenheiten ihren jeweiligen Gemeinwesen in Treue zu entsprechen.

Der Verfall des Konzerts der Mächte jedenfalls entzog einer universell angelegten jüdischen Einvernehmlichkeit als praktischer politischer Solidarität der Judenheiten untereinander seine äußere Stütze[25]. Die Tendenz zu metastasierenden Nationalstaaten nach dem Ersten Weltkrieg verschärfte die bereits zuvor fühlbar gewordene europäische

[21] Myrtle FRANKLIN – Michael BOR, Sir Moses Montefiore 1784–1885, London 1984.

[22] René ALBRECHT-CARRIÉ, A Diplomatic History of Europe since the Congress of Vienna, London 1958.

[23] Winfried BAUMGART, Europäisches Konzert und nationale Bewegung. Internationale Beziehungen 1830–1878 (Handbuch der Geschichte der internationalen Beziehungen 6) Paderborn-Wien 1999.

[24] William L. LANGER, European Alliances and Alignments 1871–1890, New York 1964.

[25] Paul W. SCHROEDER, Austria, Great Britain, and the Crimean War. The Destruction of the European Concert, New York 1972.

Krise jüdischer Politik und machte abermals die Abhängigkeit der transterritorialen und übernationalen Existenz der Juden von einem offenen und funktionierenden internationalen politischen System deutlich – ein System, das sich nicht nur souveräner Staaten annimmt, sondern auch der Minderheiten und dies jenseits aller Souveränität.

Auflagen zu einem faktischen Minderheitenschutz hatte Griechenland bereits im Jahre 1830 hinzunehmen – dem Jahr der Gründung des hellenischen Gemeinwesens bzw. seiner internationalen Anerkennung. Dies umso mehr, als es sich bei dieser neuen Entität eigentlich und zum ersten Mal in der neueren Geschichte um die Etablierung eines „ethnisch" konstituierten Nationalstaates handelte. Nicht ohne Grund wurde Griechenland von den Großen Mächten der Schutz der nicht griechisch-orthodoxen Bevölkerung auferlegt[26].

Eine solche Politik staatsrechtlicher Intervention der Großen Mächte in vermeintlich innere Angelegenheiten neubegründeter Staaten erreichte mit den Beschlüssen des Berliner Kongresses 1878 ihren vorläufigen Höhepunkt – damals, als die Mächte Rumänien ebenso wie anderen Balkanstaaten die internationale Anerkennung ihrer Unabhängigkeit unter der Voraussetzung gewährten, dem Staatsvolk bzw. den der herrschenden Religion nicht zugehörigen Bevölkerungen, vor allem der nicht unbeträchtlichen Zahl rumänischer Juden, volle Rechte zuzugestehen[27]. Jahrzehntelang ignorierten die rumänischen Behörden die in Artikel 44 der Kongreßakte niedergelegten Auflagen, was die Juden der vereinigten Donaufürstentümer fortan als ein notorisches Exempel international beklagter ungleicher und diskriminierender Maßnahmen eines Nationalstaates gegenüber Teilen seiner Bevölkerung, die der ethnisch-religiösen Definition des Gemeinwesens nicht entsprechen wollten, in den Fokus des Interesses hob[28]. Darüber hinaus vermag das rumänische Beispiel aufzuzeigen, wie durch ihr gesellschaftliches Gewicht als Notabeln ausgewiesene jüdische Persönlichkeiten allein oder im Verbund mit jüdischen Hilfsorganisationen im aufgeklärten Westen

---

[26] Ernő Flachbarth, System des internationalen Minderheitenrechtes. Geschichte des Minderheitenschutzes. Positives materielles Minderheitenrecht (Veröffentlichungen des Instituts für Minderheitenrecht an der Budapester Kgl. Ungar. Péter Pázmány-Universität 1) Budapest 1937.

[27] Imanuel Geiss, Die jüdische Frage auf dem Berliner Kongreß 1878, in: Jahrbuch des Instituts für Deutsche Geschichte 10 (1981) 413–422.

[28] Josef Meisel, Die Durchführung des Artikels 44 des Berliner Vertrages in Rumänien und die europäische Diplomatie, Berlin 1925.

auf ihre jeweiligen Regierungen im Sinne eines Eingreifens zugunsten unterdrückter Glaubensbrüder in den eher autokratisch regierten Gemeinwesen des Ostens einzuwirken in der Lage waren[29].

Fortwährende Verweigerung staatsbürgerlicher Rechte bzw. voller Gleichbehandlung führt bei ständig und auf Dauer diskriminierten Volksgruppen gemeinhin zu zunehmender Emigrationsbereitschaft. Es verwundert daher nicht, wenn die anhaltende Schlechterstellung der Juden in Rumänien in den 1880er Jahren einen stetigen und zur Jahrhundertwende hin anschwellenden Strom der Auswanderung nach sich zog – vornehmlich und vorzugsweise in die Vereinigten Staaten[30]. Um 1900 rangierte Rumänien in Sachen jüdischer Auswanderung noch vor dem Rußländischen Reich, dessen notorische Reformblockade vornehmlich nach dem Attentat auf Alexander II. Wellen jüdischer Emigranten nach Amerika trieb[31]. Dem recht auffälligen Umstand, daß die Erste Aliya, die erste zionistisch motivierte Einwanderung nach Palästina, sich nicht unerheblich aus rumänischen Juden zusammensetzte, wurde hingegen wenig Beachtung geschenkt.

Der Weg in die Emigration wird eingeschlagen, wenn die Bemühungen um Gleichberechtigung sich als müßig erweisen. Die Vertreter der Judenheiten im europäischen Westen, vornehmlich im gerade etablierten Deutschen Reich, hielten sich jedenfalls zurück, ihren Glaubensbrüdern im Osten die Auswanderung zu empfehlen[32]. Schließlich war ihre eigene vollgültige Gleichstellung erst unlängst erfolgt. Das Ansinnen, die sogenannten jüdischen Fragen mittels Emigration zu lösen, gab unter den inzwischen zu voller Gleichbehandlung gelangten Judenheiten zu der nicht unberechtigten Befürchtung Anlaß, die für andernorts empfohlenen Vorschläge zur Abwanderung könnten sich negativ auf die gerade erst erfolgreich vollzogene eigene Integration auswirken[33].

---

[29] Carol IANCU, Les juifs en Roumanie 1866–1919. De l'exclusion à l'émancipation (Etudes historiques 4) Aix-en-Provence 1978.

[30] Sheldon Morris NEURINGER, American Jewry and United States Immigration Policy 1881–1953, New York 1980; Beate WELTER, Die Judenpolitik der rumänischen Regierung 1866–1888, Frankfurt a.M. 1989.

[31] John Doyle KLIER, Imperial Russia's Jewish Question 1855–1881 (Cambridge Russian, Soviet and post-Soviet studies 96) Cambridge 1995.

[32] Fritz STERN, Gold und Eisen. Bismarck und sein Bankier Bleichröder, Reinbek b. Hamburg 1988, 490ff.

[33] Nahum M. GELBER, The Intervention of German Jews at the Berlin Congress 1878, in: Publications of the Leo Baeck Institute: Year Book 5 (1960) 221–248.

Empfehlungen in den 1870er Jahren etwa, die Not der rumänischen Juden mittels Emigration zu lindern, stießen jedenfalls auf den prinzipiellen Widerstand westeuropäischer Judenheiten. Umso eher waren sie gewillt, den Weg der Fürsprache und der diplomatischen Intervention zu gehen. So wirkten um die Jahrhundertwende in den Vereinigten Staaten beheimatete jüdische Organisationen auf die US-Administration ein, zur Durchsetzung einer Gleichbehandlung der Juden in Rußland den in den 1830er Jahren mit St. Petersburg auf der Grundlage der Meistbegünstigung geschlossenen Handelsvertrag auszusetzen[34]. Überhaupt erwies sich die der sogenannten und vornehmlich den Judenheiten des Rußländischen Reiches und Rumäniens entstammende „Second Immigration" sowie die aus ihr hervorgegangenen Repräsentanten in Amerika als besonders standfeste Interessensvertreter der in Europa ihrer Rechte harrenden Judenheiten.

Das Einwirken ethnischer Minderheiten in den Vereinigten Staaten auf die US-Administration zugunsten der ihre Rechte einklagenden oder Unabhängigkeit anstrebenden Stammbevölkerungen in Europa war nicht allein auf die Juden beschränkt. Ähnliche Aktivitäten entwickelten etwa Iren und Polen in Amerika, um nur die wichtigsten „Minderheiten" zu nennen. Die in den vierzehn Punkten Wilsons verkündete Forderung nach einem souveränen Polen – übrigens dem einzigen Volk in Europa, dem seitens Amerikas bereits während des Krieges die Unabhängigkeit zugesichert wurde – war nicht zuletzt auch auf die Einwirkung der an den Großen Seen zahlreich ansässig gewordenen polnischen Einwanderer zurückzuführen.

Vor diesem Hintergrund nimmt es nicht wunder, daß sich gerade Vertreter amerikanisch-jüdischer Organisationen auf der Pariser Friedenskonferenz 1919 für die Etablierung eines vertraglich stipulierten Minderheitenschutzes einsetzten. Schließlich galten die Juden als nicht-territoriale Bevölkerung par exellence, die es mittels internationalen Rechts als Form humanitärer Intervention zu sichern galt. Eine Verallgemeinerung von über bloße individuelle Sicherung hinausgehenden Gruppenrechten, wie sie den Konstitutionen der aus der Verfallsmasse der imperialen Vielvölkerreiche hervorgegangenen neuen und erweiterten Staaten Mittel- und Ostmitteleuropas eingeschrieben

---

[34] Cyrus Adler – Aaron M. Margalith, With Firmness in the Right: American Diplomacy Action Affecting Jews, 1840–1945, New York 1946; Gary Best, To Free a People: American Jewish Leaders and the Jewish Problem in Eastern Europe, 1890–1914, London 1982.

worden war, sollte seitens der jüdischen Organisationen nicht auf die Juden beschränkt bleiben[35]. Zwar war Woodrow Wilson mit der jüdischen Frage in Rumänien als ständigem Beispiel der Ungleichbehandlung im 19. Jahrhundert vertraut gewesen, doch dürfte wie bei vielen der in Paris angestandenen Fragen eher das deutsche Problem bzw. die sich durch die neuen Grenzziehungen mit einem Mal außerhalb Deutschlands befindlichen Deutschen den Ausschlag für den Minderheitenschutz gegeben haben als der weitgehend als paradigmatisch geltende und entsprechend Aufsehen erregende jüdische Fall.

Trotz aller Verallgemeinerung des Streitgegenstandes – des Minderheitenschutzes – wurden die jüdischen Organisationen schon allein ihrer sprichwörtlichen Internationalität wegen als alleinige Urheber jener Einschränkungen von Souveränität angesehen. Vor allem in Polen und Rumänien regte sich massiver, gegen die jüdischen Belange gerichteter Einspruch. Dabei waren die jüdischen Organisationen aus England, Frankreich und den Vereinigten Staaten in Paris in der Frage des Minderheitenschutzes ihrerseits gespalten und zwar genau jener Linie entlang, die die Emanzipationsgrenze im 19. Jahrhundert zwischen West und Ost markierte. Während nämlich die Vertreter der britischen und französischen Juden allein die individuellen Rechte ihrer Glaubensbrüder als Staatsbürger der jeweiligen Gemeinwesen zu schützen gedachten, sprachen sich die häufig aus Osteuropa stammenden Repräsentanten des amerikanischen Judentums zusätzlich für eine Gewährung von Gruppenrechten aus. So verlängerte sich die gegenläufige jüdische Emanzipationserfahrung in die Arena der internationalen Politik hinein: Konfession und Bürgerrechte hier, Nationalität und Gruppenrechte dort[36].

Auch auf die Zustände innerhalb der neuen und erweiterten Staaten Ostmitteleuropas wirkte sich der Dualismus von zwar zugestandenen individuellen Rechten einerseits und vornehmlich eingeschränkten Gruppenrechten andererseits aus. Im Polen der Zwischenkriegszeit suchte die sich vornehmlich als Nationalität verstehende jüdische Bevölkerung im polnischen Parlament – dem Sejm – die politische Zu-

---

[35] Erwin VIEFHAUS, Die Minderheitenfrage und die Entstehung der Minderheitenschutzverträge auf der Pariser Friedenskonferenz 1919. Eine Studie zur Geschichte des Nationalitätenproblems im 19. und 20. Jahrhundert (Marburger Ostforschungen 11) Würzburg 1960.

[36] Oscar I. JANOWSKY, The Jews and Minority Rights 1898–1919, New York 1966.

sammenarbeit mit anderen ethnisch nicht-polnischen Volksgruppen wie Ukrainern, Weißrussen, Deutschen und Litauern in einem sogenannten „Block der Nationalitäten“[37]. Die Unterstützung, die Gabriel Narutowicz (1865–1922) bei der Wahl zum polnischen Präsidenten durch die Minderheiten erfuhr, kostete diesen das Leben. Im Dezember 1922 fiel er einem nationalistisch gesonnenen Attentäter zum Opfer[38].

Als historischer, weil verstreuter Minderheit kam den Juden Ostmitteleuropas in der Zwischenkriegszeit hinsichtlich der Frage von Gruppenrechten eine paradigmatische Rolle zu[39]. Andere Bevölkerungen waren vornehmlich erst aufgrund von Grenzziehungen in die Lage von Minderheiten gedrängt worden. Dies gilt vor allem für Magyaren, für Deutsche, aber auch für Ukrainer und Weißrussen. Die Juden hingegen konnten zur Abwehr von nationalstaatlichen Bestrebungen zur Homogenisierung des Gemeinwesens weder auf kompakte Siedlungsbereiche innerhalb der jeweiligen Staaten vertrauen noch auf Grenzrevisionen hoffen. Und während manch andere nationale Minderheiten jenseits der Grenze sich gar als Staatsvolk wähnten, blieb den Juden allein der Einsatz von Rechtsmitteln oder die Mobilisierung der öffentlichen Meinung. Der Appell an die internationale Öffentlichkeit wiederum machte sie besonders sichtbar und trug ihnen in Polen die Schmähung einer „vierten Teilungsmacht“ ein.

Institutionell bemühten sich die Juden jedenfalls um Unterstützung des beim Völkerbund in Genf ansässigen sogenannten „Kongresses der Nationalitäten“. Diese Einrichtung suchte kollektiv, also gemeinsam und von der jeweiligen nationalen Zugehörigkeit unabhängig, Verletzungen von Minderheitenrechten in den verschiedenen, zum Schutz außerhalb der Titularnation stehender Volksgruppen verpflichteten Staaten einzuklagen. Unter der Führung ihres herausragenden Sprechers in der Zwischenkriegszeit, dem jüdisch-national und säkular eingestellten Leo Motzkin (1867–1933), suchten die Juden zudem auf der Grundlage einer angestrebten international anerkannten Nationalität sogar die Idee von einer universellen Staatsbürgerschaft zu ventilieren. Beim Genfer Kongreß jedenfalls kooperierten sie vor allem mit

---

[37] Ezra MENDELSOHN, The Jews of East Central Europe between the Wars, Bloomington 1983.

[38] Paweł KORZEC, Polen und der Minderheitenschutzvertrag (1919–1934), in: Jahrbücher für Geschichte Osteuropas, N.F., 22 (1974) 515–555.

[39] Kurt STILLSCHWEIG, Die Juden Osteuropas in den Minderheitenverträgen, Berlin 1936.

den deutschen Minderheitenvertretern. Die Nähe zwischen beiden Volksgruppen ergab sich aus der ihnen gemeinsamen urbanen Struktur und den für sie signifikanten Streusiedlungen in Ostmitteleuropa. Dieses Bündnis dauerte an, bis Hitler diese Gemeinsamkeit 1933 zerbrach.

Die allenthalben um sich greifenden Tendenzen nationaler Homogenisierung in den neuen und erweiterten Staaten, verbunden mit einer schwärenden Agrarkrise und von Regierungsseite vorgenommenen verdeckten ökonomischen Maßnahmen zugunsten der jeweiligen Titularnationen, führten zu einer dramatischen Verschärfung der Lebensbedingungen der Juden Ostmitteleuropas in der Zwischenkriegszeit[40]. Mit der Einschränkung der Einwanderung in die Vereinigten Staaten von den 20er Jahren an wurde die Krise der Juden Europas geradezu endemisch[41]. Die nationalstaatliche und sich obendrein ethnifizierende Konstruktion der verschiedenen Gemeinwesen erwies sich zunehmend als katastrophal. Auch die Auswanderung bzw. die Bedingungen der Einwanderung in die Vereinigten Staaten als dem bedeutendsten traditionellen Emigrationsland fußte auf einem nationalstaatlichen Paradigma insofern, als sich die Kontingentierungen und Quotierungen der Einwanderer nach Amerika auf der Grundlage bloßer Staatsangehörigkeit und nicht etwa auf Religion oder ethnischer Herkunft gründeten[42]. Juden konnten demzufolge nicht als Juden um die Einwanderung in die Vereinigten Staaten ansuchen, sondern allein ihrer Staatsangehörigkeit nach als Polen, als Rumänen, als Deutsche oder als Österreicher – und dies obgleich ihr Auswanderungsbegehren gerade ihrer Herkunft als Juden und der damit verbundenen Drangsal wegen erfolgte[43].

Die westliche und damit auch die amerikanische Tradition, Menschen nicht ihrer ethnisch-religiösen Zugehörigkeit, sondern allein ihrer „nationality“, ihrer Staatsbürgerschaft nach zu bestimmen, sollte im Jahre 1938 und angesichts der immer dringlicher werdenden jüdischen Auswanderung aus Deutschland und Österreich dazu führen, daß auf

[40] Ezra Mendelsohn, Jewish Politics in Interwar Poland: An Overview, in: Yisrael Gutman (Hg.), The Jews of Poland between two World Wars (Tauber Institute series 10) Hanover, New England 1989, 9–19.

[41] Richard Breitman – Alan M. Kraut, American Refugee Policy and European Jewry, 1933–1945, Bloomington 1987.

[42] David Wyman, Paper Walls: America and the Refugee Crisis, 1938–1941, New York 1984; Henry L. Feingold, The Politics of Rescue: The Roosevelt Administration and the Holocaust, 1938–1945, New York 1980.

[43] Ronald Sanders, Shores of Refuge: A Hundred Years of Jewish Emigration, New York 1988.

der vom amerikanischen Präsidenten Roosevelt ausgerichteten Flüchtlingskonferenz von Evian (6.–15. Juli 1938) offiziell nicht von Juden, sondern allein von „Political Refugees from Germany and Austria“ die Rede war. Diese Terminologie sollte unter anderem verhindern helfen, daß im Falle einer von Gemeinwesen der westlichen Hemisphäre ausgehenden Bereitschaft, Juden aufzunehmen, diese Bereitwilligkeit Staaten wie Polen und Rumänien in ihrer ohnehin Juden wenig gewogenen Politik womöglich dazu anhalten könnte, sich mittels Ausübung verstärkten Druckes auf die jüdische Minderheit einer beträchtlichen Zahl ihrer Juden zu entledigen[44]. Die von den Vereinigten Staaten ausgerichtete Flüchtlingskonferenz von Evian steht jedenfalls – und dies von ihrem Fehlschlagen abgesehen – für ein letztes und dramatisches Zeichen des Scheiterns der großen und auf lange Dauer angelegten europäischen Transformationen von übernational verfaßten Imperien zu nationalstaatlich konstituierten Gemeinwesen[45].

Für solche, katastrophale Dimensionen annehmende Verwandlungen von multinationalen Imperien in Homogenität anstrebende Nationalstaaten und die dadurch ausgelösten Flüchtlingsströme dient das Schicksal der Juden als Indikator. Ihr Los zeigt an, wie eine nichtterritorial verfaßte Bevölkerung wie die jüdische zum herausragenden Opfer eines allseits vor sich gehenden Vorgangs ethnischer Homogenisierung bei blockierter Einwanderung wird – und all dies ganz diesseits einer die ohnehin dramatischen Umstände qualitativ verschärfenden Judenfeindschaft. Der Bogen einer solchen Unheilsgeschichte spannt sich von der Emanzipation der Juden als Staatsbürger bei gleichzeitig eingeforderter Preisgabe von in den Corpus der Nationalstaatlichkeit nicht integrierbaren Anteilen von Zugehörigkeit – und dies vom ausgehenden 18. Jahrhundert an wie durch das 19. hindurch – über die Einforderung voller Gleichstellung im Rußländischen Reich und ersten ethnisch überformten Nationalstaaten im Osten um die Jahrhundertwende sowie dem Minderheitenschutz des Pariser Friedens von 1919 bis zur Preisgabe der Juden als administrativ und gewaltsam entwurzelten Flüchtlingen im Jahre 1938[46].

---

[44] Michael Mashberg, American Diplomacy and the Jewish Refugees, in: Yivo Annual of Jewish Social Science 15 (1974) 339–365.

[45] Sir John Hope Simpson, The Refugee Problem: Report of a Survey, Oxford 1939.

[46] Michael R. Marrus, The Unwanted: European Refugees in the Twentieth Century, New York 1985.

Was alsbald von Deutschland ausgehend in Europa vor sich ging, steht außerhalb einer historisch sinnvoll konstruierbaren Kontinuitätsabfolge. Angesichts eines derart extremen Bruchs wie der Vernichtung verlieren die vom 19. Jahrhundert ausgehenden Fragen über Selbstverständnis, Staatsbürgerschaft und Migration an Bedeutung. Ihr vormaliges Gewicht kommt ihnen wieder mit dem Jahre 1945 zu, als jüdische Überlebende sich anschickten, den Friedhof Europa hinter sich zu lassen, um sich vornehmlich aus der amerikanischen Besatzungszone in Deutschland und Österreich entweder in die Vereinigten Staaten oder nach Palästina zu begeben. Dabei stellte sich wieder jenes historisch durchgängige Problem formalisierter Zugehörigkeit ein, da die amerikanischen und britischen Besatzungsbehörden für die Überlebenden der nationalsozialistischen Todeslager wie für heimatlos gewordene und auf deutschem und österreichischem Boden gestrandete Menschen aus dem zunehmend kommunistisch werdenden Osten sogenannte Displaced Persons-Lager einrichteten, in denen sie ihres weiteren Schicksals harrten. Westlichem Usus nach waren die Lager anfänglich allein auf der Grundlage der Staatsangehörigkeit errichtet worden. So konnte es geschehen, daß jüdische Überlebende mit ehemals kollaborierenden Litauern oder Ukrainern gemeinsame Unterkünfte zu teilen hatten. Dieser untragbare Zustand wurde von einer durch Präsident Truman eingerichteten Kommission überprüft, die in ihren als „Harrison-Report“ bekannt gewordenen Empfehlungen die Etablierung von allein für Juden eingerichteten Lagern empfahl[47]. Damit wurden die Juden faktisch als eigenständige Volksgruppe behandelt – und dies entgegen der westlichen Tradition von Staatsangehörigkeit, von „nationality“.

Die Tendenz, den Juden nach und wegen des Holocausts zunehmend auch eine rechtlich relevante kollektive Anerkennung zuzugestehen, wurde bereits in der Kriegszeit offenkundig, als Vertreter jüdischer Interessensverbände begannen, sich mit Fragen der Restitution jüdischen Eigentums zu befassen. So hatte Nahum Goldmann (1895–1982) schon 1943 die Frage nach dem Schicksal jenes Eigentums aufgeworfen, das nach den inzwischen unübersehbar gewordenen Vorgängen in Europa aller Wahrscheinlichkeit nach ohne Erben bleiben würde[48].

---

[47] Leonard DINNERSTEIN, America and the Survivors of the Holocaust, New York 1982; Judah NADICH, Eisenhower and the Jews, New York 1953.

[48] Shlomo SHAFIR, Ambiguous Relations. The American Jewish Community and Germany since 1945, Detroit 1999, 29f.

Das des Genozids wegen erbenlos bleibende Eigentum könne jedoch nicht herrenlos bleiben. Der Anspruch auf erbenlos gewordenes Eigentum wiederum konnte nur mittels eines kollektiven Konstrukts realisiert werden – eines rechtlich relevanten Konstrukts vom „jüdischen Volk". Um hierfür angemessene handlungsfähige Institutionen zu schaffen, wurde die „Claims Conference Against Germany" etabliert[49]. Ihr oblag es in Verbindung mit Bevollmächtigten des gerade gegründeten Staates Israel, als kontrahierungsfähige Instanz mit der kurz zuvor entstandenen Bundesrepublik Deutschland als Rechtsnachfolgerin des Deutschen Reiches in Verhandlungen zu treten. Ergebnis dieser Verhandlungen zwischen Vertretern des „jüdischen Volkes" und der Bonner Regierung war das Luxemburger Abkommen vom 10. September 1952, das vornehmlich der Integration von jüdischen Neueinwanderern in Israel dienen sollte[50].

So kam das eine zum anderen: Während die aufgrund des Harrison-Berichts 1945 möglich gewordene nationale Kollektivierung der Juden als einem politischen Protosubjekt und ihre Zusammenführung in eigens für sie eingerichtete Lager vornehmlich in der amerikanischen Besatzungszone in Deutschland und Österreich zionistischen Einrichtungen als Hebel der jüdischen Staatsgründung insofern dienten, als nunmehr das Schicksal der Heimatlosen mit der Palästinafrage verbunden wurde, erleichterten das Luxemburger Abkommen und die ihm vorausgegangene Anerkennung von nunmehr als kollektiv ausgewiesenen jüdischen Ansprüchen auf erbenloses Eigentum die Integration jüdischer Heimatloser in Israel. So schloß sich der Kreis der Geschichte der Juden in Europa als europäischer Geschichte – von einer ethnischen Verwandlung des Selbstverständnisses aus einer umfassenden Religion heraus bis in eine nationale Territorialisierung hinein; dies zur Begründung eines Gemeinwesens, das nicht in Europa, aber doch von Europa ist – was wiederum zu einer anderen Geschichte überleiten würde.

---

[49] Ronald W. Zweig, German Reparations and the Jewish World: A History of the Claims Conference, Boulder 1987.

[50] Nehemiah Robinson, Indemnification and Reparations: Jewish Aspects, New York 1944.

Włodzimierz Borodziej

DER STANDORT DES HISTORIKERS UND DIE HERAUSFORDERUNG DER EUROPÄISCHEN GESCHICHTE

Im Oktober 1991 fanden die ersten freien Wahlen in Polen statt. Aus diesem Anlaß beschloß eine einflußreiche europäische Institution, eine Beobachtergruppe zu entsenden, die feststellen sollte, wie weit es nun die Polen wirklich mit der Demokratie gebracht hätten. An die Spitze dieser Mission wurde Lord F. delegiert, der zwar in seinem Land als Politiker keine große Karriere gemacht hatte, innerhalb der Mauern der Organisation jedoch als ein ausgesprochen penibler und machtbewußter Akteur galt. In dem ersten Gespräch, das Lord F. mit einem jungen Parlamentsbediensteten aus Warschau führte, wurde er seinem Ruf voll gerecht: Er brauche gute Hotels, Tonnen an Informationen, Fahrzeuge, einen Besuch beim Staatspräsidenten; schließlich liege es im Interesse Polens, daß er und seine Truppe zufrieden nach Europa zurückkämen. Er bekam alles. Den Parlamentspräsidenten redete er während seines Antrittsbesuches in Grund und Boden. Es fiel ihm nicht weiter auf, daß der speaker, ein älterer, nobler Intellektueller, nach den ersten fünf Minuten die Hoffnung aufgab, in ein Gespräch zu kommen, und nur noch geduldig auf das Ende der Monologe von Lord F. wartete, zumal er sich in der Muttersprache des Gastes nur langsamer und weniger überzeugend auszudrücken vermochte. Daß Lord F. nur in der Sprache Byrons verkehrte, während der Parlamentspräsident durchaus imstande war, sich auf Französisch, Russisch und Deutsch zu unterhalten, sei hier nur der Ordnung halber erwähnt. Der Empfang beim Staatspräsidenten wurde gedolmetscht. Der ehemalige Elektriker hatte durchaus Sinn für Geschichte und empfing die hochrangige Delegation aus „dem Westen“ mit dem Satz: „Schade, daß sie so spät kommen, aber immerhin gut, daß sie überhaupt mal vorbeischauen.“ Lord F. machte den Eindruck, als ob er die Anspielung auf Jalta nicht gehört hätte, vielleicht hatte er sie auch gar nicht verstanden; zuhören war seine Sache ohnehin nicht.

An den Wahlen vom 27. Oktober 1991 hatte die Mission schließlich nichts auszusetzen. Daß aufgrund des damaligen, streng proportionalen Wahlgesetzes Vertreter von 29 Wahlkomitees in das Parlament einziehen sollten, war ja nicht undemokratisch, und die Radikalen auf beiden Flügeln hatten sich selbst in die Bedeutungslosigkeit hineinagiert. Das letzte Gespräch von Lord F. fand auf dem Warschauer Flughafen statt (Flughafen nur der Funktion nach – es handelte sich um eine chronisch überfüllte Blechbaracke aus den späten 60er Jahren, wie sie selbst in postkommunistischen Staaten nicht mehr oft zu finden war). Der Lord war zufrieden: „Wissen Sie“, sagte er in der gelockerten Atmosphäre des Abflugs zu dem jungen Parlamentsdiener, „eigentlich habe ich mich hier sehr wohl gefühlt. Ich gehöre in meinem Land einer Minorität an, die gerade das katholische Europa mag.“ Nicht überall in Polen habe er viel von Verwandtschaft gespürt, so in Warschau, aber im alten habsburgischen Teil Polens, in Krakau, komme man sich ja wie zu Hause vor.

Ich erzähle diese Episode nicht, um Malcolm Bradburys „Rates of Exchange“[1] und anderen Beschreibungen von europäischen bzw. angelsächsischen Reisen nach Ruritanien Konkurrenz zu machen. Der Besuch von Lord F. dient vielmehr als eine von vielen möglichen Illustrationen für jene Herausforderung durch europäische Geschichte, die ich für mein Hauptthema halte: Es geht um die Spannung zwischen unterschiedlichen Nationalitäten, Sprachen und Sozialisationen, Konfessionen und Generationen, politischen Kulturen, Tagesrhythmen, Trink- und Eßgewohnheiten, Erfahrungen, die mir die schwierigste Bürde zu sein scheinen – und zugleich *das* Thema, um das es bei einer europäischen Geschichte überhaupt geht. Am Rande bemerkt, sollten wir uns auf die hier angesprochene Vielfalt unseres Kontinents, der auf der Landkarte bekanntlich eher an einen überdimensionalen Blinddarm Asiens erinnert, nicht sehr viel einbilden, denn eindrucksvoll ist dieses historisch gewachsene Durcheinander nur im Vergleich mit den relativ homogenen Migrationskontinenten Australien und Amerika. Ein einziges asiatisches Land, nämlich Indien, hat auf einer Fläche, die einem Drittel derjenigen Europas entspricht, mehr Einwohner (rund 800 Millionen gegenüber rund 700 Millionen Europäern), die 800 Sprachen (mit Dialekten etwa 1.700) sprechen. Europa ist alt und entspre-

[1] Malcolm Bradbury, Rates of Exchange, Harmondsworth 1985 [dt. Ausgabe: Berlin 1993].

chend bunt, aber keineswegs das schwierigste Terrain, das man sich als Arbeitsgebiet vorstellen kann.

Aus der Perspektive des Jahres 2000 ordnet sich die Geschichte unseres Kontinents in ein Grundschema, das das heute verbindliche euroatlantische Wertesystem ausdrückt: von der Monarchie über verschiedene Formen von Diktatur, Krieg, Besatzung und Bürgerkrieg in die Demokratie, von der Bestialität des „Age of Extremes“ in eine von Menschen- und Bürgerrechten bestimmte „civic society“. Im großen und ganzen scheinen die von Eric Hobsbawm gebrauchten, aber doch nicht von ihm erfundenen Zäsuren, die man ja schon vor Jahren etwa bei Ernst Nolte finden konnte, omnipräsent: der „europäische Bürgerkrieg“ von 1914 bis 1945[2] sowie das „Goldene Zeitalter“ bis etwa 1975. Hobsbawms umstrittenes Urteil über die Zwischenperiode bis 1989 lassen wir beiseite, um mit 1989 bis 1991 den letzten tiefen Einschnitt zu benennen. Auch hinsichtlich der Bedeutung der letzten Zäsur scheiden sich die Geister links und rechts kaum, obwohl die ersten ursprünglich das bekanntlich unzutreffende „Ende der Geschichte“ durch eine vermeintliche Rückkehr in die „nationalistische Barbarei“ ersetzen wollten, was freilich nur südlich des Rennweg partielle Bestätigung erfahren hat.

Die hier angedeutete Perspektive des Übergangs von der Autorität über die Bestialität in die menschenrechtlich fundierte Demokratie stützt sich auf die, wie Norman Davies sie nennt, „alliierte“ Vision des Alten Kontinents, ergänzt um die eher frankophone „Eurovariante“[3]. Sie impliziert eine ausgesprochen positive Einschätzung von 1789 und 1848, eine radikale Ablehnung von Faschismus und Nationalsozialismus, ein gespaltenes, nicht ganz so negatives Verhältnis zum Kommunismus, ein ungeklärtes zu Ostmittel- und Südosteuropa und Ambivalenz gegenüber Rußland und der Türkei.

Bevor ich nun zu den wichtigsten Punkten von Konsens und Dissens übergehe, eine Bemerkung: Die im Titel benannte Herausforderung liegt natürlich nicht nur in der Vielfalt des Themas, in der Zahl der Sprachen und „Sonderwege“ (wie die vermeintliche deutsche Sonderentwicklung, die in diesem Kontext keine ist), welche ja erst zusammenhängend betrachtet das Gesamteuropäische ergeben – und nur

---

[2] Eric Hobsbawm, The Age of Extremes, London 1994; Ernst Nolte, Der europäische Bürgerkrieg 1917–1945. Nationalsozialismus und Bolschewismus, Stuttgart 1987.

[3] Norman Davies, Europe. A History, Oxford 1996.

dann. Diese Herausforderung liegt bekanntlich in einem zumindest ebenso großen Maß in unserer – meist national, oft auch vom Geburtsjahr geprägten – Voreingenommenheit und Subjektivität, in den subkutanen Vorstellungen von „weit“ und „nahe“, die nicht unbedingt durch die Kenntnis der Landkarte vorgegeben werden (Italien liegt in der Vorstellungswelt der Deutschen näher als Polen, für „den Polen“ dürfte die Ukraine unendlich weit entfernt sein), in unseren Erfahrungen mit der Außenwelt und unserem Verhältnis zu der Spannung zwischen europäischer Geschichte und Nationalgeschichte. Historiker haben erwiesenermaßen viel angerichtet, nicht nur im letzten Jahrhundert. Und es frappiert vermutlich jeden von uns, daß sie es vor 120 oder noch vor 70 Jahren mit derselben inneren und unerschütterlichen Überzeugung getan haben, wie wir heute das vermeintlich (d.h. nach unserem jetzigen Wissensstand) einzig Richtige tun, indem wir auf übernationale Integrationskonzepte als logischen Fluchtpunkt unserer Geschichte hinweisen, im Sinne einer Überwindung der hinter uns liegenden Erfahrungen.

Die folgenden Anmerkungen beziehen sich auf einen begrenzten professionellen und persönlichen Erfahrungshorizont: Es geht um das 20. Jahrhundert, das aus der Perspektive eines ostmittel- bzw. mitteleuropäischen Historikers in telegraphischer Kürze betrachtet wird; ein italienischer oder irischer Fachkollege würde sicherlich andere Schwerpunkte setzen. Aber gerade heute, wo eines der Hauptprobleme europäischer Politik und Publizistik in der Frage zu bestehen scheint, wie man die exkommunistischen, postdiktatorischen, mehrheitlich „kleinen“ Nationen in die Union integriert, mögen diese Anmerkungen als einer unter mehreren denkbaren Wegweisern für die vorhandenen und immer wichtiger scheinenden Probleme dienen.

Beginnen wir mit der Bedeutung von Zäsuren. Nur drei von ihnen scheinen als Meilensteine unumstritten: 1914, 1945 und 1989, das Ende der Alten Welt, die Agonie des Nationalsozialismus und des real existierenden Sozialismus. Die erste ist mehrheitlich negativ besetzt, die beiden anderen positiv. Eine Eindeutigkeit des Urteils ist aber nur im Fall der letzten wirklich als übergreifender Konsens gegeben, denn für die Nachfolgestaaten der Monarchie gilt 1914 als Genesis von 1918, das heißt für die (Wieder)Erlangung der Unabhängigkeit. Im Fall der „kleinen“ Nationen, wie Slowaken, Balten oder Iren, kommt hier das zusätzliche Element der sozialen und politischen Emanzipation hinzu. Erst die Katastrophe der ethnisch fremden Eliten machte den Weg frei für „neue“ Menschen aus bisher unbekannten Nationen, die plötzlich aus der Rolle einer abhängigen Intelligenz, von Priestern oder gar Bauern zu Abgeordneten und Ministern aufstiegen.

Der Zwiespalt in der Beurteilung von 1945 beruht hingegen auf der Tatsache, daß in der Erinnerung der Ostmittel- und Südosteuropäer gerade mit der Niederlage des Nationalsozialismus die Abhängigkeit bzw. Unterwerfung durch die Sowjetunion begann. Daraus ergibt sich nicht zwangsläufig eine mildere Beurteilung des Dritten Reiches, obwohl auch hierfür – indirekt, in Form der Beurteilung der eigenen Kollaboration – etwa in Lettland oder Litauen Beispiele zu finden wären.

Die Auseinandersetzung um die Zäsuren von Versailles als Symbol des Zusammenbruchs der „Alten Welt“ und Jalta/Potsdam als Symbol des Übergangs von der deutschen in die sowjetische Domäne scheint nur auf den ersten Blick zwei unterschiedliche Epochen und zwei unterschiedliche Problemkreise zu meinen. Tatsächlich geht es hier durchgehend um die Frage, was wir unter Europa verstehen – einen exklusiven Klub der Großmächte, die von mehr oder minder abhängigen „Randstaaten“ umgeben sind, oder aber eine Föderation gleichberechtigter Staaten, deren Größe bzw. Kleinheit zumindest theoretisch keinen Einfluß auf deren Souveränität haben.

Bekanntlich gibt es hier zwei Lesarten. Die eine erzählt uns die Geschichte einer atemberaubenden Beschleunigung des Kontinents vor 1914, einer Beschleunigung, an der auch Rußland teilnahm und die das Versprechen eines kommenden Goldenen Jahrhunderts immer wahrscheinlicher zu machen schien. Dieses „neue Tempo“, wie Egon Friedell diese Beschleunigung nannte[4], steigerte sich immer mehr, obwohl im Habsburgerreich zehn (bzw. acht, wenn man Polen und Kroaten wegrechnet) von zwölf Nationen nicht den Status von Staatsnationen hatten und im zentralisierten russischen Kaiserreich die Russen nur 43 % der Bevölkerung stellten. Mit anderen Worten bewies die Hochkonjunktur vor 1914, daß die europäische Variante des „pursuit of happiness“ ohne Berücksichtigung der nationalen Aspirationen der kleineren und mittleren Nationen verfolgt werden könne. „When all was over, Torture and Cannibalism were the only two expedients that the civilized, scientific, Christian States had been able to deny themselves“, beschrieb der britische Kriegsminister Winston S. Churchill in

[4] Egon Friedell, Kulturgeschichte der Neuzeit: Die Krisis der europäischen Seele von der schwarzen Pest bis zum Ersten Weltkrieg, München 1989 [Ungekürzte Sonderausgabe], 1351.

seiner sarkastischen Sprache die darauf folgende Katastrophe[5]. Die Verträge von Versailles hatten mit diesen Sätzen auf den ersten Blick wenig zu tun, aber sie gingen von einer fundamental entgegengesetzten – und damit auf den Sarkasmus Churchills bezogenen – Logik aus, weil sie jenen Nationalismus der Großen und Ehrgeizigen, der den Boom der Vorkriegsjahre in einer bisher beispiellosen Katastrophe hatte enden lassen, durch die Gleichberechtigung der Kleinen zu neutralisieren suchten. Rechnen wir die Neugründungen aus den ersten Jahren unseres Jahrhunderts hinzu (Norwegen 1907, Albanien 1913), stieg der Kreis der saturierten Nationen bis zur Gründung des Freistaates Irland 1921 (den untypischen Fall Ungarns, das de facto zu den größten Verlierern zählte, auf dem Papier aber seine völkerrechtliche Identität wiedergewann, eingeschlossen) von 18 auf 28, wobei in dieser Explosion der Völkerrechtssubjekte weder die Verdoppelung des rumänischen Staatsgebiets noch die sogenannte Vereinigung der Südslawen auftaucht.

Aus der Sicht der Kleinen handelte es sich bei dieser Neuverteilung des europäischen Gleichgewichts, ungeachtet ihrer vor allem wirtschaftlich negativen Folgen, um eine logische Vollendung des 19. Jahrhunderts; aus der Sicht der Großen bestenfalls um eine Herausforderung, im Fall der hier wichtigsten Mächte Deutschland und Rußland um eine Katastrophe, deren Revision sie in den folgenden Jahren ihre ganze Energie widmen sollten.

Das supranationale Verständigungs- und Koordinationssystem, das mit dem Völkerbund entstand, erfüllte die ihm zugedachte Rolle zu keinem Zeitpunkt seiner Existenz. Wie hätte es auch können, fragt man sich, wenn schon der Minderheitenschutzvertrag in den meisten der 15 Staaten, die ihn unterzeichneten bzw. unterzeichnen mußten, Widerstände hervorrief, tangierte er doch unmittelbar die neu- bzw. wiedererlangte Souveränität?[6] Der Mensch, dozierte vor einem Vierteljahrhundert Arnold Toynbee, habe immer eine erstaunliche Invention und Energie im Bereich der Technologie erwiesen; zugleich habe er sich ebenso fruchtlos und unschöpferisch gezeigt in der Politik[7]. Dieser

[5] Zit. nach Paul JOHNSON, A History of the Modern World. From 1917 to the 1980s, London 1984, 14.

[6] Siehe dazu Barbara BAMBERGER-STEMMANN, Funktionen und Anwendungen des Minderheitenschutzes in der Zwischenkriegszeit, phil. Diss. Marburg 1997.

[7] Arnold Toynbee im Gespräch mit Daisaku Ikeda; siehe Richard L. GAGE (Hg.), Arnold Toynbee and Daisaku Ikeda. Choose Life. A dialogue, London 1976.

Widerspruch zwischen den endlosen Horizonten der Wissenschaft und der Stagnation der Ethik, der ja das Hauptmotiv der heute meistgelesenen Literatur, nämlich der science fiction bildet, ist natürlich keine europäische Spezialität; zwischen 1914 und 1945 brachte er aber gerade den Alten Kontinent an den Rand des Abgrunds.

Ich erinnere an das Versagen der Politik in der Zwischenkriegszeit – die Wirtschaft in diesem Zeitraum kommt bekanntlich kaum besser weg, ist aber eher Opfer denn Gestalter – nicht nur deshalb, weil die Staatengründungen nach 1989 eine ähnliche Problematik auf die Tagesordnung der europäischen Politik brachten. Vielmehr beleuchtet die Diskussion um die Pariser Vorortverträge (1919/20), daß eben der nationale Standpunkt eine der wichtigsten Herausforderungen für europäische Geschichte und europäische Historiker bleibt. Ich kenne keinen ungarischen Kollegen, der Versailles für einen vernünftigen Lösungsansatz halten würde, und keinen tschechischen Kollegen, der nicht genau das Gegenteil behaupten würde. Dieser Unterschied zwischen „alten“ und „jungen“ bzw. „kleinen“ ist bekanntlich höchst problematisch, denn während Ungarn zu den imperialen zählt, gehört die mehrfach größere Ukraine zu den „kleinen“. Er zeigt aber deutliche Wirkungen in unserer Profession: Dazu gehört etwa Paul Kennedy, der in seinem „The Rise and Fall of the Great Powers“ die Existenz der polnisch-litauischen Adelsrepublik auch zwischen 1500 und 1650, als sie durchaus zu den Großmächten zählte, überhaupt nicht erwähnt[8]. Noch deutlicher erkennt man aber die prägende Kraft dieser Tradition in der Karriere von Norman Davies' bereits erwähntem „Europe“ oder Dan Diners „universalhistorischer Deutung“[9], die gerade deshalb diskutiert werden, weil sie einen bewußten Bruch mit der imperialen Tradition thematisieren.

Bedingt hat auch die nächste der uns interessierenden Zäsuren mit dem Wettstreit zwischen „alt“ und „jung“ zu tun. In der Katastrophe des Zweiten Weltkriegs versuchen wir verständlicherweise immer wieder das Schrecklichste zu verstehen – die beinahe vollzogene Vernichtung der europäischen Juden, den Rassismus, der einen Großteil der Slawen in Helotenvölker zu verwandeln drohte. Auch dies stellt eine erstrangige Herausforderung für europäische Historiker dar, denn

---

[8] Paul Kennedy, The Rise and Fall of the Great Powers, London 1988.

[9] Dan Diner, Das Jahrhundert verstehen. Eine universalhistorische Deutung, München 1999.

schließlich sind gerade in diesem düstersten Kapitel unserer Geschichte außereuropäische Einflüsse so gut wie nicht vorhanden, ganz im Gegenteil: Das Beispiel der gebildeten jungen Deutschen, die als SS- und SD-Offiziere die planmäßige und pseudowissenschaftlich begründete Vernichtung ganzer Menschengruppen vordachten und organisierten[10], scheint etwa in Kambodscha dreißig Jahre später bereitwillige Nachahmer gefunden zu haben. Und die Frage, wie dies möglich war, ist aus der heutigen Perspektive gesehen umso wichtiger, als offenbar jede neue Generation das Problem für sich selbst entdeckt und nach neuen Antworten sucht, die manchmal, wie im Fall Daniel Goldhagens, auch die Antworten von vor fünfzig Jahren sein mögen, die die Älteren längst hinter sich gelassen zu haben glaubten[11].

Die verständliche Fixierung auf das Singuläre hat freilich ihre Nebenwirkungen. Wir wissen bis heute relativ wenig darüber, wie die Fortsetzung der europäischen Bürgerkriege, die ihren spektakulären Beginn 1936 in Spanien nahmen, nach 1939 ausgesehen hat. Abermals gibt es einen gewissen Vorsprung Westeuropas, denn neben Spanien ist auch über Italien, Frankreich oder die Niederlande relativ viel publiziert worden[12]. Bekannt sind ebenfalls das besondere Gewaltpotential, das der Nationalsozialismus in Jugoslawien entfesseln half, und der griechische Bürgerkrieg, dessen wichtigster Teil aber bereits zur Geschichte des Kalten Krieges gehört und in der Gesamtdarstellung dieses Kapitels charakteristischerweise zu einer quantité négligeable schrumpft[13]. In welcher europäischen Geschichte finden wir indessen

---

[10] Die Wiederentdeckung dieses Themas ist vor allem Ulrich Herberts Biographie über Werner Best zu verdanken: Ulrich HERBERT, Best. Biographische Studien über Radikalismus, Weltanschauung und Vernunft 1903–1989, Bonn 1996; der Wandel des Interesses der NS-Forschung eindrucksvoll zusammengefaßt von demselben in der Einleitung zu Ulrich HERBERT (Hg.), Nationalsozialistische Vernichtungspolitik 1939–1945. Neue Forschungen und Kontroversen, Frankfurt a.M. 1998.

[11] Daniel J. GOLDHAGEN, Hitlers willige Vollstrecker. Ganz gewöhnliche Deutsche und der Holocaust, Berlin 1997, 10. „Die Nation – ein Verbrecher" (Naród – zbrodniarzem) lautete der Titel einer Broschüre des Mitglieds des polnischen Obersten Gerichts Emil S. RAPPAPORT, veröffentlicht 1945 in Lodsch (Łódź).

[12] Dieser Vorsprung war Anfang der 90er Jahre noch wesentlich deutlicher als heute. Vgl. Klaus-Dietmar HENKE – Hans WOLLER (Hgg.), Politische Säuberung in Europa. Die Abrechnung mit Faschismus und Kollaboration nach dem Zweiten Weltkrieg, München 1991.

[13] So etwa in der zu Recht heute wohl meistgelesenen Darstellung von John Lewis GADDIS, We Now Know: Rethinking Cold War History, Oxford 1997.

ein Kapitel über den Widerstand in den drei baltischen Republiken, in der Ukraine oder in Polen gegen die Sowjetisierung, die ja trotz Fremdeinwirkung immer auch Elemente des Bürgerkrieges aufwies?[14] In eine solche Darstellung gehören auch die Machtergreifung der Pfeilkreuzler in Ungarn 1944, die polnisch-ukrainischen Kämpfe unter deutscher Besatzung, die innerrumänischen Auseinandersetzungen um die Eiserne Garde 1941[15], die Entfesselung der Gewalt gegen Juden in den sowjetischen Westrepubliken im Sommer 1941 und schließlich gegen Polen durch den deutschen Einmarsch in die ehemals preußischen Gebiete 1939 – um nur einige Beispiele dieser „unbekannten Bürgerkriege" zu nennen. Bei all diesen Vorgängen war die nationalsozialistische Invasion der Auslöser, oft Schutzschild und Vorbild; ohne die Bereitschaft zur Gewalt, wie sie eben schon 1936 in Spanien vorhanden gewesen sein muß, hätte es aber nicht zu jenen singulär häßlichen Szenen kommen können, in denen Nachbarn Nachbarn denunzierten und ermordeten und die später im Schatten des Holocaust aus unserem Bewußtsein verschwanden[16].

Die Berücksichtigung dieser Komponente scheint nicht nur wegen der erwünschten Vollständigkeit des Bildes wichtig. In dem schon bald berüchtigten Klappentext von Andreas Hillgrubers „Zweierlei Untergang", der den Autor unerwartet und unverdientermaßen in die Nähe der revisionistischen Rechten plazierte, hieß es 1986, diese „[...] aufsehenerregende Arbeit wendet sich gegen die landläufige Meinung,

---

[14] Als ein wichtiger Schritt in diese Richtung sei genannt Ulrich HERBERT – Axel SCHILDT (Hgg.), Kriegsende in Europa. Vom Beginn des deutschen Machtzerfalls bis zur Stabilisierung der Nachkriegsordnung 1944–1948, Essen 1998, wo unter anderem die Sowjetunion, Polen, Jugoslawien, Griechenland und die Tschechoslowakei miteinbezogen werden und die Vorgeschichte von Säuberung und Machtkampf nach 1944 berücksichtigt wird.

[15] Als einen Versuch, die „vergessenen" faschistischen Bewegungen als ein gesamteuropäisches Phänomen zu behandeln, siehe Jerzy W. BOREJSZA, Szkoły nienawiści. Historia faszyzmów europejskich 1919–1945, Warszawa 2000 [dt. Ausgabe unter dem Titel: Schulen des Hasses. Faschistische Systeme in Europa, Frankfurt a.M. 1999].

[16] Ein durch seine geographische Reichweite beeindruckendes und zugleich zutiefst deprimierendes Panorama dieser Ereignisse bietet der Sammelband von Krzysztof JASIEWICZ (Hg.), Europa nieprowincjonalna. Przemiany na ziemiach wschodnich dawnej Rzeczypospolitej (Bialorus, Litwa, Lotwa, Ukraina, schodnie pogranicze III Rzeczypospolitej Polskiej) w latach 1772–1999 [Das nicht-provinzielle Europa. Der Wandel in den östlichen Gebieten der früheren Polnischen Republik ... 1772–1999], Warszawa 1999, Teil IV und V.

wonach die Zerschlagung des Deutschen Reiches eine Antwort auf die Untaten des NS-Regimes gewesen sei", denn die „Amputation des Reiches" sei „schon lange vor Auschwitz Kriegsziel der Alliierten gewesen"[17]. Der unglückselige Lektor des Verlags hatte in unzulässiger Verkürzung und an der denkbar unpassendsten Stelle eine Binsenwahrheit angesprochen, daß nämlich die Alliierten aus der oben angesprochenen Instrumentalisierung der deutschen Minderheit im östlichen Mitteleuropa durch das Reich und aus der hohen Gewaltbereitschaft sowohl dieser Minderheit als auch deren Umgebung den Schluß gezogen haben, daß das Postulat der Selbstbestimmung der Nationen nicht nur neue Grenzziehungen erfordere, sondern auch Zwangsumsiedlungen ganzer ethnischer und nationaler Gruppen, eine Ergänzung und Korrektur des Versailler Programms, wie sie noch vor 1938 außerhalb des Balkans unvorstellbar schien[18]. Das Ergebnis ist bekannt: Die erzwungene Wanderung von Millionen vor allem Deutscher, Polen und Ukrainer entlang der Ost-West-Achse machte die Entwurzelung in Mitteleuropa zu einem Massenphänomen, wie es in dieser Dimension trotz der Neuziehung der Grenzen nach 1918 unbekannt war. Diese Erfahrung verband nun die bisherigen Bewohner von Königsberg, Eger, Lemberg und Przemyśl, die nach Hannover, Nürnberg, Breslau oder Charkov kamen, mit den Finnen aus Karelien und war auch den Slowenen und Italienern nicht fremd. Gleichzeitig separierte sie diese Menschen von dem durchschnittlichen Westeuropäer, denn wer konnte sich schon in Rotterdam oder Bordeaux vorstellen, daß seine Heimat plötzlich um Hunderte von Kilometern verschoben wird? Die gleichzeitig millionenfach erfahrene jahre- oder jahrzehntelange Entwurzelung durch Verschickung von Sowjetbürgern unterschiedlichster Nationalität[19] in Straflager vertiefte den Graben zwischen den Lebens-

[17] Andreas Hillgruber, Zweierlei Untergang. Die Zerschlagung des Dritten Reiches und das Ende des europäischen Judentums, Berlin 1986.

[18] Siehe dazu Hans Lemberg, „Ethnische Säuberung". Ein Mittel zur Lösung von Nationalitätenproblemen?, in: Aus Politik und Zeitgeschichte, Das Parlament B 46/1992, 27–38.

[19] Vgl. dazu vor allem den Sammelband von Dittmar Dahlmann – Gerhard Hirschfeld (Hgg.), Lager, Zwangsarbeit, Vertreibung und Deportation. Dimensionen der Massenverbrechen in der Sowjetunion und in Deutschland 1933 bis 1945 (Schriften der Bibliothek für Zeitgeschichte N.F. 10) Essen 1999, ferner Stéphane Courtois (Hg.), Le livre noir du communisme: crimes, terreur, et répression, Paris 1997 [dt. Ausgabe: Das Schwarzbuch des Kommunismus: Unterdrückung, Verbrechen und Terror, München 1998].

welten in Ost und West noch mehr, denn sie blieb im Propagandagetöse des Kalten Krieges eine Sprechblase, an die bis zur Veröffentlichung von Alexander Solschenizyns Trilogie „Archipel GULAG“ (1973–75) kaum jemand außerhalb der Kreise der professionellen Antikommunisten glauben wollte[20].

Die millionenfach erlittene Entwurzelung bildete aber nur einen Teil der Andersartigkeit der Lebenswelten im geteilten Europa. Die dominierende Trennlinie verlief entlang des Eisernen Vorhangs, der zwar nur zufällig die 2.000 Jahre alte Linie des „limes“ nachzog, das alte Ungleichgewicht von jenseits und diesseits, von „drinnen“ und „draußen“ auf augenfällige Weise unterstrich und in atemberaubendem Tempo potenzierte. Gewiß schoß auch in der Ersten Welt gelegentlich die Polizei auf Demonstranten, gewiß gab es im Nachkriegsjahrzehnt in der Zweiten Welt massenhaften sozialen Aufstieg und Vollbeschäftigung, gewiß gab es noch 1970 kaum Gründe, Portugal, Spanien, Griechenland, selbst Demokratien wie Italien oder Irland als Vorbilder zu betrachten. Nur würde ebenfalls kaum ein vernünftiger Zeitgenosse auf die Idee kommen, die dreißig Jahre nach dem Zweiten Weltkrieg als ein Goldenes Zeitalter der Zweiten Welt zu betrachten. Die offensichtlichen Gründe dafür waren die Unfreiheit, die in verschiedenen Schattierungen östlich der Trennlinie herrschte, sowie die seit den 70er Jahren immer offener zutage tretende wirtschaftliche Ineffektivität des real existierenden Sozialismus. In der Anfangsphase hielt der „Ostblock“ (1950 sieben Staaten mit 285 Millionen Einwohnern) durchaus mit der ökonomischen Entwicklung des „Westens“ (18 Staaten mit 340 Millionen Einwohnern) mit. Für 1948 ergab eine Untersuchung der Europäischen Wirtschaftskommission der Vereinten Nationen, daß das Bruttosozialprodukt pro Kopf im Osten mit 115 Punkten (1938 = 100) höher war als im Westen (90). Es waren nicht nur die riesigen Bevölkerungsverluste des Zweiten Weltkrieges, die hier zu Buche schlugen, sondern auch die Dynamik des Wiederaufbaus vor der Zwangsverstaatlichung östlich des Eisernen Vorhangs. 1970 betrug das Bruttosozialprodukt pro Kopf im Osten noch 64 % des westeuropäischen und 30 % des US-amerikanischen; bis 1989 sollte es auf entsprechend 30 % bzw. 21 % fallen. Der Spitzenreiter dieser traurigen Stati-

---

[20] Obwohl für einige bislang pro-kommunistische Intellektuelle der Bruch mit dem Kommunismus durch die polnischen und ungarischen Ereignisse von 1956 eintrat, siehe: François Furet, Le passé d'une illusion. Essai sur l'idée communiste au XXe siècle, Paris 1995.

stik, die Volksrepublik Polen, wies Mitte der 80er Jahre ein um 15 % niedrigeres Sozialprodukt pro Kopf auf als vor 1978[21].

Die Lücke zwischen beiden Teilen Europas, die immer mehr zu einem Graben wurde, entstand ebenfalls durch die Blockierung der sozialen Mobilität und die mangelnde Innovationsfähigkeit des Systems, das ja bekanntlich außer Raumfahrt und Rüstung nirgendwo den Anspruch einlösen konnte, der Marktwirtschaft auch nur ebenbürtig zu sein. Dies wirkte sich auf den „Ostblock“ nicht zuletzt dahingehend aus, daß die wichtigen Themen der Zukunft beinahe nur im Westen diskutiert wurden – von der Rohstoffknappheit zur Ökologie, von der Immigration bis zur multikulturellen Gesellschaft. Und wo es Berührungspunkte zwischen meinungsbildenden Milieus zu geben schien, wie etwa bei den Stichworten Antiamerikanismus oder Dekolonialisierung, waren sie auf der einen Seite Ergebnis genuiner Erfahrung, auf der anderen staatsparteilicher Propaganda, die keinen Rückhalt in den kollektiven Lebenswelten hatte bzw. im Gegensatz zu ihnen stand.

Diese Andersartigkeit der Alltagssorgen und Alltagserfahrungen bezog sich nicht zuletzt auf das Verhältnis zum Nationalismus. Krzysztof Pomian diktierte in dem Schlußwort seines „Europa und seine Nationen“ 1990 das memento, der schlimmste, erbliche Virus unseres Kontinents sei der nationale, staatliche oder ideologische Partikularismus. Nichts weise darauf hin, daß er gegenwärtig verschwunden oder unschädlich geworden sei[22] – Worte, die nach dem Drama Jugoslawiens und angesichts unserer heutigen Ratlosigkeit gegenüber dem Kosovo sicherlich nichts an Überzeugungskraft verloren haben dürften.

Nun gab es auch innerhalb der Europäischen Wirtschaftsgemeinschaft bzw. unter den 15 heutigen Mitgliedern der EU durchaus erhebliche Unterschiede in der Gewichtung europäischer und nationaler Identitäten; die Spannung zwischen beiden geriet oft genug zu einem erstrangigen Problem[23]. Eine vergleichbare Spannung zwischen marxi-

---

[21] Angaben nach Antoni MĄCZAK (Hg.), Historia Europy [Geschichte Europas], Wrocław 1997, 766, 787f.

[22] Krzysztof POMIAN, L'Europe et ses nations, Paris 1990.

[23] Vgl. die Aufsätze von Wilfried Loth und Heinz-Gerhard Haupt in: Jahrbuch für Europäische Geschichte 1 (2000): Wilfried LOTH, Der Prozess der europäischen Integration. Antriebskräfte, Entscheidungen und Perspektiven, 17–30; Heinz-Gerhard HAUPT, War vor allem das 20. Jahrhundert das Jahrhundert des europäischen Nationalismus?, 31–50.

stisch-leninistischem Internationalismus und nationaler Identität gab es in der Zweiten Welt nur auf dem Papier, denn der Internationalismus war nie ein wirkliches Angebot und der Nationalismus war einerseits verpönt, andererseits oft augenzwinkernd artikuliert und dadurch umso effektiver, ein aus mehreren Gründen nicht hinterfragbares Allgemeingut[24]. Es handelt sich dabei nicht nur und nicht einmal hauptsächlich um eine Sparte der „political correctness". Der gravierende Unterschied zwischen einem Nationalismus als Selbstverständlichkeit und der ständigen Hinterfragung der Tragfähigkeit der bisher wichtigsten Integrationsbasis der Gesellschaft führte zu einer neuen Ungleichzeitigkeit zwischen Ost und West.

Darf man der – extrem starken – Anziehungskraft des Wirtschaftsmodells Europäische Gemeinschaft/Europäische Union eine solche Sogkraft zumuten, daß diese strukturelle Differenz der mentalen Welten in dem Wettrennen nach Regionalfonds aufgeht und nicht zu einer erstrangigen Belastung des Kontinents wird? Und daß dieses Wettrennen innerhalb absehbarer Zeit das „andere Europa" so weit an den westlichen Teil des Kontinents angleicht, daß die Erinnerung über den einstigen Hochmut gegenüber den „kleineren Brüdern" jenseits von Elbe und Rennweg zu einer schamhaften Erinnerung wird?

---

[24] Das zudem aus westlicher Sicht bis 1989 als Resistenzpotential gegen Moskau durchaus willkommen war, wie André Liebich zu Recht bemerkt: André Liebich, Pojęcie „Narodu" – między Wschodem a Zachodem [Begriff der Nation – zwischen Westen und Osten], in: Obóz 36 (1999) 15–33, hier 31.

Wolfgang Schmale

DIE KOMPONENTEN DER HISTORISCHEN EUROPÄISTIK

Einleitung: Der Begriff „Europäistik"

In der Geschichtswissenschaft kann der Begriff „Europäistik" noch nicht als geläufig bezeichnet werden. Soweit er außerhalb der Historiographie Verwendung findet, bezeichnet er zusammenfassend das, was „Europakunde" oder „Europastudien" genannt werden kann[1]. In bezug auf europäische Geschichte habe ich den Begriff Europäistik öffentlich erstmals in einem Vortrag Ende Oktober 1996 am Institut

[1] Der an der Universität Wien erstmals für das Studienjahr Winter 2000/2001 eingerichtete Master's-Studiengang „Europäische Studien" figuriert unter dem Label „Europäistik". Eine am 14. Juli 1998 durchgeführte Internet-Recherche von Gerd Helm (Universität München, Historisches Seminar, Abteilung Frühe Neuzeit) ergab ein „Institut für Europäistik" an der Universität Ruse (Bulgarien) sowie Hinweise auf die Verwendung des Begriffs durch einen Lateinamerikaspezialisten (Wien), durch einen Sprach- und Kulturwissenschaftler (Leipzig) und durch einen neuseeländischen Grimm-Spezialisten. Zu Ruse siehe http://www.fh-mars.ac.at/arlt/institut/studies/s_0301_d.htm (Internationale Kulturwissenschaften; Stand der Website: 13. November 2000) und die Besprechung des dortigen Studienganges von Wolfgang Kehl in: Zeitschrift für KulturAustausch 4/1997 (http://www.ifa.de/z/97-4/dzinhalt.htm#europa; Stand der Website: 13. November 2000). Eine vom Verfasser am 13. November 2000 durchgeführte neuerliche Internet-Recherche ergab ca. 30 Treffer, von denen allerdings die meisten auf den Verfasser selbst, das „Institut für Europäistik", Ruse, und auf den Wiener Europäistik-Studiengang entfallen. Weitere Belege für den Gebrauch des Begriffs Europäistik: The Pushkin Manifesto: Theses formulated in connection with the 2nd International Symposium on Eurolinguistics in Pushkin, Russia, September 1999, Abschnitt G: G. European studies (Europäistik) as a subject in education, Thesis 13: „Eurolinguistics as an integral part of a new interdisciplinary branch of the humanities – European studies (Europäistik) – with the aim of promoting a European-minded programme in the education of young Europeans from primary schools to universities." (http://www.elama.de/Symposia/Pushkin_1999/Manifesto/body_manifesto.html; Stand der Website: 13. November 2000).

für Geschichte in Wien verwendet. Danach folgten im Sommersemester 1997 eine Vorlesung des Verfassers „Einführung in die Europäistik" an der Universität München[2] und 1998 in der Zeitschrift für Geschichtswissenschaft ein Aufsatz zu dem Thema „Europäische Geschichte als historische Disziplin. Überlegungen zu einer Europäistik"[3].

Wie begründet sich die Verwendung des Begriffes „Europäistik" in der Geschichtswissenschaft und was meint er? Seit geraumer Zeit läßt sich die Institutionalisierung von „Europäischer Geschichte" als besondere geschichtswissenschaftliche Disziplin beobachten. Eine Disziplin wird institutionell, etwa durch Lehrkanzeln/Lehrstühle oder Forschungsinstitute, durch Studiengänge oder regelmäßige Lehrveranstaltungen, durch Publikationsreihen und anderes gekennzeichnet. Der enge zeitliche Zusammenhang der Institutionalisierung der Disziplin mit der institutionellen Entwicklung Europas nach 1945, insbesondere nach der Gründung des Europarats sowie der Europäischen Gemeinschaft für Kohle und Stahl (EGKS) und nach den Römischen Verträgen, die die EWG begründeten, erscheint offensichtlich[4]. Die Dynamik ließ dann aber um 1970 nach. Obwohl der Kopenhagener Gipfel vom 13./14. November 1973 zu einem sogenannten „Dokument über die europäische Identität" geführt hatte, mit dem die Wende von einem rein wirtschaftlichen Verständnis der Europäischen Gemeinschaften rhetorisch besiegelt worden war, hat erst die breite Diskussion im Vorfeld von Maastricht über „europäische Kultur"[5], ausgelöst durch die revolutionäre Zäsur von 1989/1990 und die Beseitigung des Eisernen Vorhangs, zu einer zweiten Institutionalisierungswelle im Bereich der Disziplin „Europäische Geschichte" geführt. Der Vertrag von Maas-

[2] Laut Internetversion der „Dokumentation Europa in Forschung und Lehre" (http://www.uni-marburg.de/eurostudies/res/eurforler/lehrangebot_europa_l_bis_m.htm; Stand der Website: Mai 2000, abgerufen 13. November 2000) ist diese geschichtswissenschaftliche Europäistik-Vorlesung bisher die einzige geblieben.

[3] Wolfgang Schmale, Europäische Geschichte als historische Disziplin. Überlegungen zu einer Europäistik, in: Zeitschrift für Geschichtswissenschaft 46 (1998) 389–405.

[4] Europa wird hier nicht mit dem Europa der EGKS oder der EWG/EG/EU gleichgesetzt, aber diese Gründungen wirkten zusammen mit dem um wenige Jahre älteren Europarat auch im Wissenschaftsbereich äußerst motivierend.

[5] Vgl. z.B. Luciënne Tomesen – Guy Vossen (Hgg.), Denken over cultuur in Europa, Houten 1994. Der Band vereinigt die Beiträge eines Symposions, das im Dezember 1991 in Maastricht abgehalten wurde. Vgl. darin Wolfgang Schmale, Europese identiteit en geschiedenis, 23–38.

tricht (1992) nahm in der Präambel auf „europäische Identität" Bezug[6]. Die infolge des Vertrags neu geschaffenen finanziellen Förderinstrumente der EU haben im Bereich der wissenschaftlichen Lehre und Forschung transnationale Kooperationen erleichtert – und im übrigen zur Voraussetzung einer finanziellen Förderung gemacht.

Die innere Verfassung der Disziplin „Europäische Geschichte" wird durch ihre Gegenstände und Methoden bestimmt. Ich fasse letzteres in bezug auf „europäische Geschichte" und auf dem Hintergrund der Institutionalisierung unter dem Begriff „Europäistik" zusammen – ein begrifflicher Parallelismus vorzugsweise zu „Historik", aber auch zu „Komparatistik". Bei der Europäistik geht es um den Versuch, Gegenstände und Methoden der Europahistoriographie zu systematisieren sowie neue Konzepte zur Diskussion zu stellen. Das Feld der wissenschaftlichen Beschäftigung mit der europäischen Geschichte vermittelt nicht nur den Eindruck einer vielgestaltigen Auseinandersetzung mit dieser Geschichte, sondern auch den eines heterogenen Nebeneinanders. Eine Systematisierung der Konzepte und Methoden, wie sie die historische Europäistik anstrebt, könnte und sollte zu Synergieeffekten führen.

Obwohl im Titel dieses Beitrages so bestimmt von *den* Komponenten der Europäistik die Rede ist, soll nicht beansprucht werden, alle Komponenten innerhalb des knapp bemessenen Raumes eines Aufsatzes darlegen zu können. Der Schwerpunkt liegt bei der Erörterung des Problems, was Gegenstand von Europäischer Geschichte ist.

Die Komponenten der historischen Europäistik

1. Die Historiographie und die Frage „Was ist Europäische Geschichte?"[7]

Europäische Geschichte als Geschichte, die auf der Summe nationaler Geschichten basiert, war und ist eine sehr häufige geschichtswissen-

---

[6] Vgl. Daniel-Erasmus KAHN (Hg.), Vertrag über die Europäische Union mit sämtlichen Protokollen und Erklärungen. Vertrag zur Gründung der Europäischen Gemeinschaft (EG-Vertrag) in den Fassungen von Maastricht und Amsterdam, 4. erweiterte Aufl., München 1998, 2.

[7] Die im folgenden gegebenen Beispiele wurden gewählt, um einige grundlegende Aspekte der historiographischen Debatte um Europäische Geschichte zu skizzieren. Ein systematischer Aufriß der Europahistoriographie steht außerhalb der Möglichkeiten dieses Artikels.

schaftliche Antwort auf die Frage, was europäische Geschichte ist. Das hängt vielleicht mit der Genese dessen zusammen, was Europahistoriographie genannt werden kann. Trotz einiger sich auf Europa beziehender historiographischer Titel im 16. und 17. Jahrhundert entstand die Europahistoriographie erst im 18. Jahrhundert. Sie war im wesentlichen in die aufkommende Kulturgeschichtsschreibung eingebettet, bildete aber einen Schwerpunkt in der Geschichte politischer Gemeinwesen in Europa und ihrer Beziehungen untereinander aus[8]. Am schönsten wird das durch William Robertsons Werk „History of the Reign of the Emperor Charles V." (London 1769) illustriert. Der Autor brachte die Entstehung eines europäischen Staaten*systems* – die Betonung liegt auf der Erkenntnis dessen systemischen Charakters – im Zeitalter Karls V. historiographisch auf den Punkt. Die politikgeschichtliche Europahistoriographie kann insoweit auf eine namhafte Tradition, zu der natürlich Ranke und viele andere zählen, zurückblicken.

In der Zeit zwischen dem Ersten und Zweiten Weltkrieg, als politische Europabewegungen entstanden und gelegentlich hochrangige Politikerpersönlichkeiten wie Aristide Briand (Europa-Memorandum für den Völkerbund, Mai 1930) den Versuch unternahmen, die Frage europäischer Einheit zu einem regierungspolitischen Thema zu machen, wurden in der Geschichtswissenschaft zahlreiche Forschungen zur europäischen Geschichte in die Wege geleitet. Definitionsfragen spielten hierbei eine nicht unwesentliche Rolle. Eine ganze Reihe dieser Forschungen und Publikationen fiel dann in die Kriegszeit. Der erste Band von Gonzague de Reynolds „La Formation de l'Europe" erschien 1944 und trug den Titel „Qu'est-ce que l'Europe?". Heinz Gollwitzer arbeitete im Krieg an seiner dann 1951 publizierten Habilitationsschrift zum Europagedanken im 18. und 19. Jahrhundert in Deutschland[9], Oskar Halecki beschäftigte sich während der gesamten Epoche mit dem Problem der Definition von europäischer Geschichte. Parallel zum Einsetzen der der europäischen Integration dienenden Institutionen Ende der 1940er Jahre wurden politikwissenschaftliche Theorien angeboten, die auf mögliche Konzeptionen der europäischen Geschich-

---

[8] Zur Entstehung der Europahistoriographie vgl. Wolfgang SCHMALE, Geschichte Europas, Wien 2000, Kap. 6.

[9] Heinz GOLLWITZER, Europabild und Europagedanke. Beiträge zur deutschen Geistesgeschichte des 18. und 19. Jahrhunderts, 1. Aufl., München 1951, 2. Aufl. 1964.

te nach 1945 ausstrahlten[10]. Die Integrationsgeschichtsschreibung stellt beinahe schon eine eigene Disziplin dar und ist beispielsweise durch ein eigenes Organ bei der EU-Kommission vertreten (Groupe de liaison des professeurs d'histoire contemporaine auprès de la Commission européenne)[11].

Den konkretesten Versuch einer Bestimmung von „Europäische Geschichte" hatte Oskar Halecki 1946–49 unternommen. Im ersten Kapitel seines wohlbekannten Buches „Europa. Grenzen und Gliederung seiner Geschichte" gab er zuerst eine Arbeitsdefinition: „Als vorläufige Arbeitsdefinition wollen wir sagen, europäische Geschichte ist die Geschichte aller europäischen Nationen, die als ein Ganzes, als eine Gemeinschaft betrachtet werden, welche klar von jeder anderen geschieden ist. Außerdem ist nicht zu leugnen, daß Europa von dem Augenblick an, da es als eine derartige Gemeinschaft gebildet wurde, tatsächlich eine einzigartige Stellung in der Weltgeschichte einnahm, eine Stellung von außergewöhnlicher und hervorragender Bedeutung."[12] Halecki hob zwei geschichtli-

---

[10] Vgl. in chronologischer Reihenfolge (ohne Gliederung nach Wissenschaftsdisziplinen): Alexander NIKURADSE, Zur Frage der Europa-Forschung. Aufgaben, Methoden, Organisation. Diskussionsunterlage (Schriften des Instituts für Kontinentaleuropäische Forschung. Historisch-gegenwartskundliche Studien) [zur „Europa-Forschung" in Geistes-, insbesondere Geschichts-, und Naturwissenschaften], München 1955; Martin GÖHRING (Hg.), Europa – Erbe und Aufgabe. Internationaler Gelehrtenkongreß Mainz 1955, Wiesbaden 1956; Klaus SCHWABE, Die europäische Integration als Aufgabe der Zeitgeschichtsforschung, in: Vierteljahrshefte für Zeitgeschichte 31 (1983) 555–571; Otto G. OEXLE, Mittelalterliche Grundlagen des modernen Europa, in: Jörg CALLIESS (Hg.), Was ist der Europäer Geschichte? Beiträge zu einer historischen Orientierung im Prozeß der europäischen Einigung, Rehburg-Loccum 1991, 17–60; Winfried SCHULZE, Von der „europäischen Geschichte" zum „Europäischen Geschichtsbuch", in: Geschichte in Wissenschaft und Unterricht 44 (1993) 402–409; Heinz DUCHHARDT – Andreas KUNZ (Hgg.), „Europäische Geschichte" als historiographisches Problem (Veröffentlichungen des Instituts für Europäische Geschichte, Beiheft 42) Mainz 1997; Schmale, Europäische Geschichte als historische Disziplin; Wolfgang MERKEL, Die Europäische Integration und das Elend der Theorie, in: Geschichte und Gesellschaft 25 (1999) 302–338.

[11] Vgl. auch die Zeitschrift dieser Verbindungsgruppe: Journal of European Integration History/Revue d'Histoire de l'Intégration Européenne/Zeitschrift für Geschichte der Europäischen Integration. Die Verbindungsgruppe besteht seit 1982, die Zeitschrift wird seit 1995 veröffentlicht.

[12] Oskar HALECKI, Europa. Grenzen und Gliederung seiner Geschichte, Darmstadt 1957 (engl. 1950), 2. Zur Entstehung des Buches verweist Halecki auf einen entsprechenden Vortrag vom Dezember 1946 vor der American Historical Association zum Thema „Neue Interpretationen der europäischen Geschichte der Neuzeit". Das Vorwort zum Buch ist auf 1949 datiert.

che Momente besonders hervor: „Doch zunächst mußten die europäischen Völker alle bekehrt werden. Und diese Bekehrung, nicht mehr die imperiale Eroberung, dehnte die geschichtlichen Grenzen Europas aus, bis sie sich den geographischen Grenzen des Kontinents näherten.“[13] Halecki versuchte also eine kulturgeschichtliche Entwicklung mit der geographischen, d.h. gegenständlichen Definition Europas in Einklang zu bringen. Einem „geographischen Determinismus“ schwor er zwar ab, aber man könne „nicht völlig die enge Beziehung zwischen der geschichtlichen Entwicklung und den Besonderheiten der von der Natur geschaffenen Umwelt übersehen, die Bedingungen schafft und Möglichkeiten bietet, welche von sehr unterschiedlicher Art sind“[14]. Er bezog sich dabei – unter Zurückweisung des „Determinismus der deutschen 'Anthropogeographie'“ – auf die französische „géographie humaine“ und nannte Lucien Febvres „La terre et l'évolution humaine“ (Paris 1922) als Beispiel[15]. Das zweite entscheidende historische Moment besteht bei Halecki in der Nationalgeschichte: „Das Ergebnis war die Bildung einer ganzen Reihe eigenständiger nationaler Kulturen, die zusammen die europäische Zivilisation in ihrer endgültigen Form darstellten.“[16] Seine eigentliche Definition von Europa lautete anschließend: „Europa ist die Gemeinschaft aller Nationen, die unter den günstigen Bedingungen eines kleinen, aber von Vielfältigkeit erfüllten Kontinents das durch das Christentum umgewandelte und erhöhte Erbe der griechisch-römischen Kultur übernahmen und weiterentwickelten und so den freien Völkern außerhalb des antiken Reiches Zugang zu den bleibenden Werten der Vergangenheit gaben.“[17]

Halecki, der sich über Jahrzehnte mit Periodisierungsfragen beschäftigt hatte, bezeichnete dieses Europa und seine Geschichte in der Perspektive der „allgemeinen Geschichte der Menschheit“ als „europäisches Zeitalter“. Kennzeichen dieses Zeitalters war nach Halecki, daß die europäischen Nationen für viele Jahrhunderte „eine von allen anderen Völkern [...] geschiedene Gemeinschaft“ dargestellt hätten[18]. Dies sei im Altertum noch nicht und nach dem Ende des Zweiten Weltkrieges nicht mehr der Fall gewesen: „Nicht minder gewiß ist es heute, daß die sogenannte Zeitgeschichte zum größten Teil, wenn nicht

[13] Ebenda 10.

[14] Ebenda 6.

[15] Ebenda 6, Anm. 9.

[16] Ebenda 11.

[17] Ebenda 12.

[18] Ebenda 13 (ähnlich 4).

ganz, nicht mehr zum europäischen Zeitalter gehört. Die Geschichte aller europäischen Nationen läuft natürlich weiter, aber sie bildet nicht mehr eine von allen anderen Völkern so sehr geschiedene Gemeinschaft, daß die europäische Geschichte wie bisher einen 'aus sich selbst verständlichen Bereich der Forschung' darstellen könnte, der als Ganzes von jedem anderen getrennt wäre. Auch nimmt die europäische Gruppe der Nationen jetzt nicht mehr eine privilegierte, führende Stellung in der Welt ein."[19]

Für Halecki bedeutete die Entstehung der Nationen nicht die Beschreitung eines Weges, der von europäischen Gemeinsamkeiten wegführte, vielmehr deutete er die Nationsbildung als geradezu tragendes Element europäischer Kultur. Nationsgeschichte und europäische Kulturgeschichte scheinen bei ihm in einem gegenseitigen Bedingungsverhältnis zu stehen. Die affirmative Stringenz, mit der Halecki Definitionen lieferte, steht in auffallendem Gegensatz zur zögerlichen Diktion der Einleitung in das rund zehn Jahre später konzipierte und von Theodor Schieder herausgegebene „Handbuch der europäischen Geschichte". Die sieben Bände sind über einen Zeitraum von 20 Jahren[20] erschienen. In der Grundkonzeption lehnte es sich an das zwischen 1962 und 1964 von Max Beloff, Pierre Renouvin, Franz Schnabel und Franco Valsecchi publizierte sechsbändige Werk „L'Europe du XIXe et du XXe siècle" an[21]. Schieder betonte im Vorwort zum Gesamtwerk: „Das schwierigste Problem ist mit der Verteilung der gemeineuropäischen und der nationalen Elemente in der Geschichte Europas gestellt."[22] Zustimmend zitierte Schieder Max Beloff, der die „Ausschau" nach „irgendeiner Abstraktion wie 'Einheit'" abgelehnt hatte[23]. Schieder stellte die Frage: „Wieweit gibt es eine […] gemeinsame Geschichte der Europäer? Wieweit mindestens wird sie von den europäischen Nationen subjektiv als solche empfunden? Der Historiker findet hier aus einem Zirkel nicht heraus."[24] Schieder versuchte für das Handbuch diese Problematik wie folgt zu lösen: „Das schwierigste Problem ist mit

[19] Ebenda 13.

[20] Band 4 und 6 erschienen 1968 als erste, Band 2 als letzter 1987.

[21] Vgl. Theodor SCHIEDER (Gesamtherausgeber des „Handbuchs der europäischen Geschichte"), Vorwort zum Gesamtwerk, ebenda Bd. 1, Stuttgart 1976, 1–21, hier 18.

[22] Ebenda 18.

[23] Ebenda 17. Schieder zitiert Beloff. Zitatbeleg ebenda Anm. 42.

[24] Ebenda 17.

der Verteilung der gemeineuropäischen und der nationalen Elemente in der Geschichte Europas gestellt. Das Handbuch versucht hier eine Trennung und Zusammenfassung zugleich: jeder Band – mit der Ausnahme des ersten Bandes, der die Frühzeit behandelt – beginnt mit einer breiten Darstellung des gesamteuropäischen Fundaments, der gemeineuropäischen Grundzüge und Strukturen und der europäischen Verflechtungen, wie sie in den Staatenbeziehungen eines Staatensystems, aber auch in fast allen geistig-kulturellen Bewegungen, in den gesellschaftlichen Schichtungen, den wirtschaftlichen Interessen bestehen, und es läßt diesem 'europäischen' Hauptteil eine Darstellung der einzelnen nationalgeschichtlichen Entwicklungen folgen, wobei im allgemeinen die Fähigkeit und der Wille zur Selbstgestaltung in Staaten zugrunde gelegt wird."[25] Schieder schließt die Darlegung des Handbuch-Konzepts mit dem Verweis auf das zitierte Werk von Beloff, Renouvin et al. ab. Hier habe „eine Gruppe von Historikern mit betont europäischer Gesinnung den einzig gangbaren Ausweg gefunden [...], um dem europäischen Dilemma zu entgehen"[26].

Was Schieder und vielen anderen Historikern vor rund 40 Jahren[27] als Problemlösung erschien, nämlich die Teilung in eine „gemeineuropäische" und eine „nationalgeschichtliche" Dimension der europäischen Geschichte, bedeutete eine Art Aporie europäischer Geschichte festzuschreiben. Oskar Halecki war da im Grunde schon weiter gewesen, weil er Nation und Europa gerade nicht als Aporie begreifen mochte. Freilich ist einzuräumen, daß trotz fortschreitender europäischer Integration noch um 1976, als Schieders Vorwort gedruckt wurde, und umso mehr um 1960/65, als das Handbuch konzipiert wurde, eine solche Aporie als tatsächlich gegeben empfunden werden konnte, denn was Halecki um 1950 nicht sah oder sehen konnte, war die Tatsache einer zunächst weiter fortschreitenden „Nationalisierung" von Kultur in Europa nach dem Zweiten Weltkrieg. Das reflektieren Schieders Formulierungen wie „aus einem Zirkel nicht herausfinden", „einzig gangbarer Ausweg" und „europäisches Dilemma". Der Vergleich mit dem Heute, hinter dem 50 Jahre Europäische Integration, die „samte-

[25] Ebenda 18.

[26] Ebenda.

[27] Schieders Vorwort zum Gesamtwerk wurde zwar erst 1976 zusammen mit dem Band 1 des Handbuchs publiziert, also acht Jahre nach den zuerst erschienenen Bänden 4 und 6 (1968), doch wurde das Konzept in der ersten Hälfte der 1960er Jahre entwickelt.

ne Revolution“ von 1989 in Ostmittel- und Osteuropa sowie die Aussicht auf den baldigen Beitritt zur EU von ca. zehn Staaten aus diesem Teil Europas stehen – all das sind historische Entwicklungen, die den Nationalstaat zwar nicht zum Verschwinden gebracht, aber inzwischen doch zu wesentlichen Modifizierungen am Nationalstaat geführt haben –, weckt Verständnis für Schieders damalige Wahrnehmung der europäischen Geschichte, die von anderen Voraussetzungen als heute in der politischen Umwelt ausging. Verständnis stellt sich aber letztlich nur ein, wenn der politikgeschichtlichen Schwerpunktsetzung des Schiederschen Handbuchs gefolgt wird. Schieder stand das europäische Staatensystem vor dem inneren Auge, das sich seit dem 11./12. Jahrhundert herausbildete, und so folgt nur der erste, die Zeit von ca. 400 bis ca. 1100 behandelnde Band nicht dem allgemeinen Schema „gemeineuropäische versus nationale Geschichte“.

Gab es vor drei, vier Jahrzehnten keine Alternative zur Vorrangigkeit der politik- und nationalgeschichtlichen Betrachtungsweise? Die Frage ist rhetorisch, denn natürlich bestanden Alternativen, wie ein Blick auf die damalige französische, längst Modell gewordene Historiographie – Schlagwort „Annales“ – beweist. Nur setzte die Rezeption sozial- und mentalitätshistorischer Ansätze in Deutschland erst allmählich ein und Schieder war aufgrund seines Werdegangs[28] offenbar nicht dafür prädestiniert, die in Deutschland hochgehaltene politik-, staats- und nationsgeschichtliche Auffassung von Geschichtswissenschaft zu relativieren. Aufgrund der sich über zwei Jahrzehnte erstreckenden Publikationsgeschichte des Handbuchs sei der Vollständigkeit halber hinzugefügt, daß sich in den zuletzt erschienenen Bänden mindestens die gemeineuropäischen Teile der Bandherausgeber von der politikgeschichtlichen Schwerpunktsetzung abgewandt haben. Das gilt besonders für Band 2 (ca. 1050 bis 1450), der von Ferdinand Seibt herausgegeben wurde und als letzter Band 1987 erschien[29].

Obwohl sich auch die deutschsprachige Geschichtswissenschaft in der Zwischenzeit hinsichtlich der verwendeten Konzepte und Methoden

[28] Vgl. zu Theodor Schieder: Winfried Schulze – Otto Gerhard Oexle (Hgg.), Deutsche Historiker im Nationalsozialismus, Frankfurt 1999, passim, sowie ebenda besonders die Beiträge von Götz Aly, Wolfgang J. Mommsen und Ingo Haar.

[29] Teil A von Band 2 lautet: „Von der Konsolidierung unserer Kultur zur Entfaltung Europas“. Die §§ 1 bis 5 schrieb Ferdinand Seibt, die §§ 6, 7 und 8 von Teil A wurden von Rainer Christoph Schwinges, Herbert Helbig und Franz Georg Maier verfaßt.

stark ausdifferenziert hat, verfolgen die jüngsten Veröffentlichungen wieder betont politikgeschichtliche Perspektiven. Es soll nur ein Beispiel gegeben werden, Michael Salewskis „Geschichte Europas. Staaten und Nationen von der Antike bis zur Gegenwart", erschienen im Jahr 2000. Der Klappentext des Beck-Verlages führt aus: „Vor allem aber macht die spannende Lektüre seines Buches bewußt, was Europa eigentlich ist: die Summe seiner Geschichte, das Ergebnis einer mehr als dreitausendjährigen Vergangenheit." Autor und Verlag sind fast ein wenig dafür zu beneiden, daß sie sich in der Lage sahen, auf die Frage „Was ist Europa?" eine so klare und schnörkellose Antwort zu geben. Salewski selber schreibt im Vorwort: „Dies ist eine Geschichte Europas, nicht eine des Europagedankens, denn nicht Theoreme haben das heutige Europa entstehen lassen, es sind langwährende Prozesse. Diese Geschichte ist abgründig und grausam, auch davon wird hier die Rede sein, manchmal cum ira et studio. Dennoch hoffe ich, daß am Ende auch etwas von dem Stolz zu verspüren ist, der diese Geschichte Europas auch durchzieht. 'Civis romanus sum' durchschallte es lange Jahrhunderte der Antike; 'ich bin Bürger Europas!' könnte im 3. Jahrtausend das Echo sein." Schieders negative Emotionen (*Zirkel*, *Ausweg*, *Dilemma*) sind hier durch kämpferischen Stolz ersetzt. Die Lösung, was europäische Geschichte sei, ist gefunden. Aber mehr noch: Der erste Satz in Salewskis Vorwort lautet: „Dies ist die Geschichte eines kleinen Kontinents, der die große Welt über tausende von Jahren wesentlich geprägt und sie zu dem gemacht hat, was sie heute ist."[30]

Hier klingt das Motiv von David und Goliath an. Die These, daß Europa die Welt zu dem gemacht habe, was sie heute sei, ist weit verbreitet, aber das stellt keine Gewähr dafür dar, daß sie richtig ist. Seit Tausenden von Jahren? Das klingt fast nach einem historischen Mißverständnis – oder nach dem Versuch, Bausteine für eine europäische Identität zu liefern. Letzteres als Intention von Europahistoriographie deutet auch Jacques Le Goff im allgemeinen Vorwort zu der Reihe „Europa bauen" an: „Wir setzen unseren ganzen Ehrgeiz darein, all denen, die am Aufbau und Ausbau Europas beteiligt sind, aber auch jenen in der Welt, die sich dafür interessieren, Bausteine zur Beantwortung der fundamentalen Frage 'Wer sind wir? Woher kommen wir?

[30] Michael SALEWSKI, Geschichte Europas. Staaten und Nationen von der Antike bis zur Gegenwart, München 2000, Vorwort (S. 9).

Wohin gehen wir?' zu liefern."[31] Hat sich Geschichtswissenschaft – nicht *die* Geschichtswissenschaft, aber doch ein Teil – in die Gefahr begeben, „für einen neuen Eurochauvinismus als Legitimationsideologie benützt zu werden"[32]? Dieser möglichen Gefahr gewärtig zu sein, kann nicht schaden, selbst wenn der überwiegende Teil der zur Zeit erscheinenden ein- oder mehrbändigen Überblickswerke zur europäischen Geschichte nicht dieser Gefahr unterliegt.

Im Gegensatz zum Schiederschen Handbuch folgt die Reihe „Europa bauen" keiner „storyline", sondern liefert themenzentrierte Einzelbände, die sich allerdings am Schluß, wenn alles erschienen sein wird, wahrscheinlich wie die einzelnen Kapitel eines kulturgeschichtlichen Handbuchs der europäischen Geschichte zusammenfügen lassen. Europäische Geschichte wird hier nicht wirklich dezentriert.

Bei Salewski und anderen, wie Heinz Schilling[33], Hagen Schulze[34] und Norman Davies[35], überwiegt die politikgeschichtliche Perspektive, aber sie ist prinzipiell in eine staats- und nationsübergreifende Perspektive eingebettet. Die von Schieder als einzig mögliche Lösung angesehene Trennung in eine gemeineuropäische und eine nationalgeschichtliche Perspektive ist prinzipiell aufgegeben[36].

Die meisten Überblicksdarstellungen und Theoriebeiträge gehen zumindest implizit von einer gegenständlichen Definition Europas aus, die derjenigen Haleckis ziemlich ähnlich geblieben ist. Ob ausdrücklich danach gefragt wird, was Europa *ist*[37], oder nicht, spielt dabei nur eine nebengeordnete Rolle. Europa entpuppt sich als ein wesentlich geographisch definierter Raum, dessen Grenzen heute allerdings kaum mehr

---

[31] Jacques Le Goffs Vorwort ist in allen Bänden der Reihe „Europa bauen" (deutsche Ausgabe im C.H. Beck-Verlag, München), Seite 5-6 abgedruckt. Zur Kritik an Le Goff vgl. Michael Mitterauer, Die Entwicklung Europas – ein Sonderweg? Legitimationsideologien und die Diskussion der Wissenschaft, Wien 1999, 22f.

[32] Mitterauer, Europa 25.

[33] Heinz Schilling, Die neue Zeit. Vom Christenheitseuropa zum Europa der Staaten. 1250 bis 1750 (Siedler Geschichte Europas 2) Berlin 1999.

[34] Hagen Schulze, Phoenix Europa (Siedler Geschichte Europas 3) Berlin 1998.

[35] Norman Davies, Europe. A History, Oxford 1996, korr. Nachdruck, 1997.

[36] Sehr deutlich tritt diese Veränderung vor Augen bei Thomas A. Brady – Heiko A. Oberman – James D. Tracy (eds.), Handbook of European History 1400–1600. Late Middle Ages, Renaissance, and Reformation, 2 Bde., Leiden 1994–95.

[37] Vgl. wegen der Betitelung: Calliess (Hg.), Was ist der Europäer Geschichte?; Jörg A. Schlumberger – Peter Segl (Hgg.), Europa – aber was ist es? Aspekte seiner Identität in interdisziplinärer Sicht, Köln 1994.

linear gedacht werden. Zumeist werden kulturelle Übergangsräume wie der „Mittelmeerraum" konzediert. Gegen eine zu enge Anbindung der Definition von Europäischer Geschichte an einen Raum können einige Einwände erhoben werden. Ein Berg, ein Fluß, eine Person, eine Dynastie, eine Kirche, ein Haus, ein Dorf oder ein Nationalstaat, ein Bild usw. zeichnen sich durch ihr gegenständliches Sein aus. Im Gegensatz zu den meisten Untersuchungsobjekten der Geschichtswissenschaft läßt sich das Etwas namens Europa nicht eindeutig begrenzen, es besitzt keine klare Gegenständlichkeit. Die von den Geographen vorgenommenen Grenzbestimmungen, die im übrigen ja eine eigene wechselvolle Geschichte haben, erweisen sich bei historischen Fragestellungen, die nicht der Geschichte der Versuche geographischer Grenzbestimmungen Europas selbst gewidmet sind, als nicht allzu nützlich. Historische und kulturelle Prozesse machen an diesen letztlich imaginären Grenzen nicht halt; sie gehen über den Ural oder das Meer hinweg oder erreichen weder die eine noch die andere vermeintlich natürliche Grenze. Genau das wird zumeist nicht hinreichend berücksichtigt. Europa hat darüber hinaus nie ein einheitliches politisches Gemeinwesen dargestellt, so daß man sich nicht an den Grenzen eines politischen Gemeinwesens orientieren kann. Weder die Europäische Union (EU), die mit großen Einschränkungen vielleicht als politisches Gemeinwesen bezeichnet werden könnte, noch der Europarat (ER), der kein politisches Gemeinwesen darstellt, liefern sichere Begrenzungsmöglichkeiten. Beide gehen auf völkerrechtliche Verträge zurück. Subjekte der Völkerrechtsverträge sind immer souveräne Staaten. So reicht im Sinne des ER Europa z.B. bis an die Grenze des Irak, da die Türkei Mitglied ist. Die EU erweitert sich ständig und erzwingt geradezu, mindestens in den Bereichen Recht und Wirtschaft, eine Integration durch die Übernahme ihrer Standards und Normen. Auch wenn eine Mitgliedschaft beispielsweise der Ukraine und Rußlands derzeit nicht aktuell verhandelt wird, so ist sie, ohne daß ein Zeitpunkt zu nennen wäre, doch nicht ausgeschlossen. Der Zwang zu einer weitgehenden rechtlichen und wirtschaftlichen Integration *vor* dem eigentlichen Beitritt würde zu einer Ausdehnung des integrierten Europas weit über die traditionell angenommenen geographischen Grenzen hinaus führen.

Will man „Europa" als historisches Objekt bestimmen, so versagen die üblichen Methoden der Objektbegrenzung. Seit ca. dem 8. Jahrhundert v.Chr. läßt sich der Name „Europa" ununterbrochen nachweisen, aber das, worauf er sich vor knapp 3.000 Jahren bezog, war nicht das, worauf er sich heute bezieht.

Es empfiehlt sich, eine bestimmte Unterscheidung zu treffen, die an einem letzten Beispiel aus der Historiographie erläutert werden kann. Verstärkt seit dem Zweiten Weltkrieg wurden Einzelphänomene historisch-anthropologisch, sozialgeschichtlich, kulturgeographiegeschichtlich usf. mit Hilfe komparatistischer Methoden ohne Rücksicht auf die sogenannten Nationalkulturen untersucht. Dabei hat sich herausgestellt, daß viele bis dahin nationalgeschichtlich bzw. nationalkulturell vereinnahmte historische Erscheinungen nach Mustern verlaufen waren, für die nationale Grenzen überhaupt keine Relevanz besaßen, sondern für die sich fast überall in Europa oder in größeren Teilen Europas Belege finden ließen. Die Erforschung der politischen Kultur „von unten" im Spätmittelalter und in der Frühen Neuzeit bis ins 19. Jahrhundert (politischer Protest, Aufstände, Revolten, rechtlicher Widerstand usf. im städtischen und agrarischen Bereich) war und ist eng verwoben mit der Diskussion um die „Krise des 17. Jahrhunderts", in der Weichenstellungen erfolgten, die die angesprochenen Epochen in spezifischer Weise miteinander vermitteln. Entstanden in den 1950er Jahren aus der fruchtbaren Konfrontation zwischen neo-marxistischer und „bürgerlicher" Geschichtswissenschaft[38], zählt sie in der Nachkriegszeit zu jenen transnational und transatlantisch geführten Diskussionen, innerhalb derer trans- und a-nationale Topoi und Analysekategorien für den gesamten europäischen Raum entstanden. Nicht zuletzt solchen Diskussionen ist es zu verdanken, wenn heute im Bereich der Gesellschafts- und Mentalitätsgeschichte sowie der Wirtschaftsgeschichte die existenten politischen Grenzen keine Vorstrukturierung der historiographischen Problemstellung mehr implizieren. Die Erfolge von Familien- und Geschlechtergeschichte, Geschichte der Bauern, des Adels, des Bürgertums, erst recht der Arbeiter oder des Gesindes, Alltagsgeschichte oder Geschichte der Fürstenhöfe, um recht willkürlich einige Bereiche herauszugreifen, beruhen auf ihrer letztlich a-nationalen Relevanz. Hartmut Kaelble spricht in diesem Zusammenhang anschaulich vom „gelebten Europa", von der „Geschichte des gelebten

[38] Die Diskussion ist dokumentiert in: Trevor ASTON (Hg.), Crisis in Europe 1560–1660. Essays from Past and Present, 3. Aufl., London 1969; Henry KAMEN, The Iron Century. Social Change in Europe 1550–1660, London 1971; Miroslav HROCH – Josef PETRÁN, Das 17. Jahrhundert. Krise der Feudalgesellschaft? (Historische Perspektiven 17) Hamburg 1981; Sheilagh C. OGILVIE, Germany and the Seventeenth-Century Crisis, in: Historical Journal 35 (1992) 417–441.

Europa“ sowie von „unreflektierten, ungeplanten, aber sich schon abzeichnenden inneren Annäherungen und Gemeinsamkeiten Europas“[39].

Die Tatsache, daß Volksaufstände im 17. Jahrhundert gehäuft wo immer in Europa auftraten und oft gleichgerichtete strukturelle Ursachen hatten, ist den damaligen Akteuren in der Form, wie es die Geschichtswissenschaft herausgearbeitet hat, nicht bewußt gewesen, jedenfalls nicht über die im Sinne eines Gemeinplatzes weit verbreitete Annahme hinaus, daß Untertanen sowieso widerborstig seien und zu Widersetzlichkeit neigten. Man kann heute versuchen, solche und Hunderte anderer ähnlich gelagerter Ergebnisse ins historische Bewußtsein der Öffentlichkeit zu heben und damit zur Überwindung nationaler Grenzziehungen der historischen Vorstellungswelt beizutragen. Es bleibt der Umstand, daß das, was heute aufgrund wissenschaftlicher Forschung als europäisch charakterisiert werden kann, im 17. oder einem anderen Jahrhundert in der Regel nicht als „europäisch“ wahrgenommen wurde. In diesem Sinne handelt es sich um die Konstitution einer europäischen Geschichte durch die Geschichtswissenschaft. Eine „objektiv“ existierende europäische Geschichte, die allein der empirischen Zuwendung bedürfe, um sie schreiben zu können, gibt es nicht. Die Unterscheidung zwischen zeitgenössischen Wahrnehmungen von vielerlei Erscheinungen als *europäisch* oder nicht und der Konstitution einer *europäischen* Geschichte durch Wissenschaften sollte künftig mehr Beachtung finden.

Aufgrund dieser ersten Skizze lassen sich vier allgemeine europahistorische Konzepte diagnostizieren, die freilich in reich variierten Gewändern daherkommen. Das erste verbindet im Kern eine räumliche Definition Europas mit dem sich über ein Jahrtausend hinziehenden Phänomen des Nationalen und sucht dabei durchaus kulturgeschichtlich ausgerichtet nach gemeineuropäischen Elementen (Beispiele Halecki und Schieder). Das zweite folgt im Rahmen einer flexiblen Definition des Raums einer politik-, staats- und nationalgeschichtlichen „storyline“, hebt die perspektivische Trennung zwischen Nationalem und Gemeineuropäischem auf und bietet gleichfalls kulturgeschichtliche Auffüllungen (Beispiele H. Schilling und H. Schulze, M. Salewski). Das dritte Konzept beruht auf der Erforschung universal- bzw. teileuropäischer Strukturelemente (Beispiel Debatte um die „Krise des 17. Jahrhunderts“). Das vierte, weiter unten noch genauer zu besprechen-

---

[39] Hartmut Kaelble, Europabewußtsein, Gesellschaft und Geschichte. Forschungsstand und Forschungschancen, in: ders. – Rainer Hudemann – Klaus Schwabe (Hgg.), Europa im Blick der Historiker, München 1995, 1–29, hier 13.

de Konzept geht von den jeweils zeitgenössischen Benennungen als *Europa* und *europäisch*, also von performativen Akten, und von Wahrnehmungen sowie von diskursiven Konstitutionen *Europas* aus. Dieses Konzept ist „diskursorientiert". Die Quellen, die für das vierte Konzept eine wichtige Rolle spielen – Diskurse (s.u.) –, sollen als Primärebene I bezeichnet werden. Die drei anderen Konzepte ordnen und interpretieren auf je unterschiedliche Weise menschliches Handeln und die Entstehung von Strukturen, Institutionen usw. Sie sind in einem sehr weiten Wortsinn „ereignisorientiert". Die Quellen, die hierbei eine wichtige Rolle spielen, sollen als Primärebene II bezeichnet werden. Die Europahistoriographie stellt eine Art Filter dieser beiden Primärebenen dar und trägt durch ihre Aussagen selbst zur diskursiven Konstitution Europas bei. Im folgenden sollen nun das dritte und vierte Konzept kurz untersucht werden.

2. Komparatistik und Kulturtransfer: Die Erforschung universal- und teileuropäischer Strukturelemente[40]

Die wissenschaftliche Konstitution der Europäischen Geschichte ist ein Kind unserer Zeit, selbst wenn sie in der Kultur- und Menschheitsgeschichtsschreibung der Aufklärung ein erstes Vorbild hat, das allerdings zwischen 1850 und 1950 durch eine zunehmend national ausgerichtete Geschichtsschreibung beinahe verschüttet wurde. Die Kardinalmethode dieser Konstitution europäischer Geschichte ist die Komparatistik[41]. Das heißt nicht, Nationalgeschichte nunmehr zu einem überholten Ansatz zu erklären, denn diese gibt einen Vergleichsparameter ab und stellt im übrigen als Bewußtseinsgröße jenseits aller Ursprünge dieses Bewußtseins in mythischen Konstruktionen ein hi-

---

[40] Dieser Abschnitt ist kurz gefaßt, weil ich zu den hier behandelnden Fragestellungen schon mehrfach publiziert habe. Vgl. Wolfgang Schmale, Historische Komparatistik und Kulturtransfer. Europageschichtliche Perspektiven für die Landesgeschichte. Eine Einführung unter besonderer Berücksichtigung der Sächsischen Landesgeschichte, Bochum 1998; ders., Europäische Geschichte als historische Disziplin (mit weiterer Literatur) 393–395, 399–405.

[41] Vgl. aus der umfangreichen Literatur Heinz-Gerhard Haupt – Jürgen Kocka, Historischer Vergleich: Methoden, Aufgaben, Probleme. Eine Einleitung, in: Dies. (Hgg.), Geschichte und Vergleich, Frankfurt a. M. 1996, 9–45. Als expliziten europahistoriographischen Versuch siehe Arno Strohmeyer, Historische Komparatistik und die Konstruktion von Geschichtsregionen: der Vergleich als Methode der historischen Europaforschung, in: Jahrbücher für Geschichte und Kultur Südosteuropas 1 (1999) 39–55.

storisches „Faktum" dar. Vergleiche führen etwa zur Binnenstrukturierung des geographisch-historischen Raums Europa wie im Fall der „Drei historischen Regionen Europas" von Szűcs[42]. Solche Binnenstrukturierungen sind notwendig, weil die immer wieder benutzten Bezeichnungen „Westeuropa", „Nordeuropa", „Südosteuropa" usw., ja selbst sogar die manchmal etwas sakrosankt eingesetzte Bezeichnung „Mittelmeerraum" im Grunde Leerformeln sind, die den Nachholbedarf an einer im weitesten Sinn auf kulturgeschichtlichen Forschungsergebnissen beruhenden Strukturierung des europäischen Raums kaschieren. Was Szűcs und andere durchgeführt haben, ist nichts anderes, als universal- bzw. teileuropäische Strukturelemente zusammenzutragen, wie es beispielsweise auch in der Kulturgeographie geschieht[43].

Zum einen also wird europäische Geschichte durch die komparatistische Methode konstituiert, zum anderen durch die Anwendung des Konzepts „Kulturtransfer". Bei „Kulturtransfer" handelt es sich um ein in den Kulturwissenschaften mittlerweile verbreitetes Konzept, das sowohl in der Ethnologie, den Geschichtswissenschaften wie den Philologien, in der Soziologie und Pädagogik Anwendung findet. Kultur wird hier kurz als Zusammenhang zwischen umfassender Sinn- und Bedeutungsstiftung und umfassenden Strukturen der Sinn- und Bedeutungsstiftung verstanden. Wo immer ein solcher umfassender Zusammenhang ausgebildet wird, kann man von Kultur als geschichtswissenschaftlich zu untersuchender Einheit sprechen. Kultur als Untersuchungseinheit findet sich folglich auch unterhalb der Nationalschwelle. Die Untersuchungseinheit kann einen geographischen Bezug aufweisen, dies ist aber nicht zwingend, wie an den Begriffen „Volkskultur", „Elitekultur" oder „Gelehrtenkultur" abzulesen ist. In den Geschichtswissenschaften scheint das Konzept vorzugsweise geeignet, die nach wie vor gängigen nationalgeschichtlichen Perspektiven interkulturell zu durchbrechen und zu relativieren. Langfristiges Ziel ist es, den interkulturellen Charakter europäischer Geschichte auch in der Neuzeit, der klassischen Epoche der Nationalstaaten und Nationalkulturen, zu erforschen. Die Praxis der Kulturtransferforschung kann mit

---

[42] Jenő Szűcs, Die drei historischen Regionen Europas. Aus dem Ungarischen von Béla Rásky, Frankfurt a.M. 1990.

[43] Vgl. hierzu als Beispiel Robin A. Butlin – Robert A. Dodgshon (Hgg.), An Historical Geography of Europe, Oxford 1998.

Helga Mitterbauer so beschrieben werden: „Der Begriff 'Kulturtransfer' umfaßt sowohl inter- als auch intrakulturelle Wechselbeziehungen, er schließt Reziprozität ein und lenkt den Blick auf die Prozessualität des Phänomens. Kulturtransfer ist als dynamischer Prozeß zu betrachten, der drei Komponenten miteinander verbindet, und zwar 1. die Ausgangskultur, 2. die Vermittlungsinstanz, und 3. die Zielkultur. Zu hinterfragen sind die Objekte, Praktiken, Texte und Diskurse, die aus der jeweiligen Ausgangskultur übernommen werden. Den zweiten Bereich bildet die Untersuchung der Rolle und Funktion von Vermittlerfiguren und Vermittlungsinstanzen (Übersetzer, Verleger, Wissenschaftler, Universitäten, Medien, Verlage etc.), wobei eine Theorie interkultureller Vermittlungsinstanzen noch aussteht. Im Zusammenhang mit der Zielkultur stehen die Selektionsmodi ebenso wie die Formen der Aneignung und der produktiven Rezeption (Übersetzung, kulturelle Adaptionsformen, Formen der kreativen Rezeption, Nachahmung) im Mittelpunkt des Interesses."[44]

Zu diskutieren ist, ob das Konzept „Kulturtransfer" bezüglich aller Epochen gleich wirkungsvoll ist. Es sei nur auf das Konzept von kultureller Diffusion sowie Evolution und auf die Ausbildung kultureller Modelle, die nachgeahmt werden, hingewiesen. Zu diskutieren ist dies im Verhältnis zum Konzept der Integrationsgeschichte, mit der in bezug auf Europa in erster Linie die Geschichte nach 1945 gemeint ist. An der Grundaussage, daß durch die Anwendung solcher Konzepte europäische Geschichte erst konstituiert wird, ändert sich dabei nichts. Die Konzepte zielen auf strukturell verschiedenartige Phänomene, die in ihrer Verschiedenartigkeit unterschiedlichen Epochen zuzuordnen sind. Zeitliche und räumliche Überschneidungen sind nicht ausgeschlossen. In bezug auf die Geschichte der Ausbildung eines europäischen Kulturraumes empfiehlt es sich, die zur Verfügung stehenden Konzepte epochenspezifisch einzusetzen: Diffusion und Evolution bis zur Sedimentierung protonationaler Kulturen im Spätmittelalter; Modellbildungen (Spätmittelalter und Frühe Neuzeit; Italien, Frankreich); Kulturtransfer (18. bis 20. Jahrhundert); Integration (seit 1945). Inhaltlich kann Europa mit diesen Konzepten als kulturell-politisches (Nationalstaatsbildung und Ausbildung eines Systems

[44] Helga Mitterbauer, in: Spezialforschungsbereich Graz „Moderne – Wien und Zentraleuropa um 1900", „Newsletter Moderne", 2. Jg., Heft 1, März 1999, 23.

internationaler Beziehungen), als kulturell-wirtschaftliches, als kulturell-rechtliches System, als System des Wissens usf. konstituiert werden. Die wissenschaftliche Erforschung und Darlegung universaleuropäischer Strukturelemente macht in diesem Bereich das aus, was Europa genannt wird. Damit entfällt die Notwendigkeit, Grenzen im Sinne Haleckis oder Schieders zu ziehen, und besteht die Möglichkeit, bestimmte wissenschaftliche Grundannahmen seit der Aufklärung, die heute nicht mehr ohne weiteres selbstverständlich sind, zu überwinden: Ein Gutteil von Wissenschaft besteht seit der Revolutionierung der Wissenschaften im 18. und 19. Jahrhundert darin, physische und ideelle Erscheinungen je für sich möglichst abzugrenzen, einzugrenzen und zu definieren. Wir dürfen aber nicht daran vorbeigehen, daß diese Abgrenzbarkeit oft nicht herstellbar ist und wir die Fähigkeit haben müssen, mit dem Nichtabgrenzbaren produktiv umzugehen. Mit anderen Worten: Zur Annäherung an eine europäische Geschichtsschreibung würde auch die fundamentale Überprüfung der in den Wissenschaften seit ca. 200 Jahren (oder auch länger bzw. kürzer) vorhandenen Prämissen gehören.

3. Diskursive Konstitutionen Europas

Die wissenschaftliche Konstitution europäischer Geschichte, wie hier unter den Stichworten Komparatistik und Kulturtransfer kurz angesprochen, stellt eine Spielart der Konstitution Europas durch Diskurse, die auch außerhalb von Wissenschaft praktiziert werden, dar. Meine zentrale These lautet: *Europa, sei es als Gegenstand wissenschaftlicher oder sonstiger Diskurse, sei es als „Objekt“ von Wahrnehmung, hat keine Existenz außerhalb der Konstitution durch Diskurse.* Auch das „wahrgenommene“ Europa, also jenes Etwas namens Europa, dessen Entität sehr oft unreflektiert vorausgesetzt wird, das man vermeintlich als Entität wahrnehmen kann wie ein Haus oder eine Insel, wird im Wahrnehmungsdiskurs selbst konstituiert. Mit Diskurs ist eine Mischung aus Sprachlichkeit und Bildlichkeit gemeint. „Europa“ bedeutet insoweit zuallererst einen in Zeit und Raum höchst flexiblen und facettenreichen Prozeß diskursiver Konstitutionen.

Die diskursive Konstitution Europas beginnt mit der Benennung, mit der Namensgebung. Die Geschichte des Namens „Europa“ ist weit komplexer, als es zunächst scheinen mag. Wer hat wann was wie bezeichnet? Es geht um eine Vielzahl wiederholter, variierter und modifizierter performativer Akte, deren Geschichte trotz einer Reihe begriffs-geschichtlicher Arbeiten[45] erst noch zu schreiben ist[46]. Neuere Arbeiten, wie die 1994 vorgelegte Innsbrucker Dissertation von Wido Sieberer zum Europabegriff in Herodots Historien[47], wie die 1999 in Bamberg bei Bernd Schneidmüller angefertigte Magisterarbeit von Klaus Oschema zum 12. bis 15. Jahrhundert[48], das Buch von Luisa Passerini zur Zwischenkriegszeit (1999)[49] oder auch jene des Verfassers zur weiblichen Form Europas in der Neuzeit[50], verdeutlichen, wie viel noch zu tun bleibt. Das im vorliegenden Band und an vielen anderen Stellen debattierte Problem, was genau mit dem Namen Europa zu verbinden ist, läßt sich historisieren: Diese Debatten sind der gegenwartsgeschichtliche Beitrag zur langen Reihe performativer Akte seit der Antike.

Die Geschichte der performativen Akte setzt beim Namen „Europa" an, umgreift natürlich auch mißlungene Taufen wie „Japhetien" und findet ihre Fortsetzung in der Geschichte des Europa-Begriffs, anhängender Begriffe, der Synonyme wie zeitweise Christentum, der Parallelbegriffe (Beispiel eurasischer Kontinent), der „Europaidee", des „Europabewußtseins", der „europäischen Identität" und ganz besonders der

[45] Einige Beispiele in chronologischer Reihenfolge: Jürgen Fischer, Oriens – Occidens – Europa. Begriff und Gedanke „Europa" in der späten Antike und im frühen Mittelalter, Wiesbaden 1957; H.D. Schmidt, The Establishment of „Europe" as an Political Expression, in: Historical Journal 9 (1966) 172–178; Rolf-Joachim Sattler, Europa. Geschichte und Aktualität des Begriffs, Braunschweig 1971; Richard Faber, Abendland. Ein „politischer Kampfbegriff", Hildesheim 1979; Hans Lemberg, Zur Entstehung des Osteuropabegriffs im 19. Jahrhundert. Vom „Norden" zum „Osten" Europas, in: Jahrbücher für Geschichte Osteuropas N.F. 33 (1985) 48–91; Paul Egon Hübinger, Abendland, Christenheit, Europa. Eine Klärung der Begriffe in geschichtlicher Sicht, in: Ders., Ausgewählte Aufsätze und Vorträge, Siegburg 1990, 1–20; Hans Hecker (Hg.), Europa – Begriff und Idee. Historische Streiflichter, Bonn 1991; Basileios Karageorgos, Der Begriff Europa im Hoch- und Spätmittelalter, in: Deutsches Archiv für Erforschung des Mittelalters 48 (1992) 137–164.

[46] Ausführlicher Schmale, Europäische Geschichte als historische Disziplin 395–398.

[47] Wido Sieberer, Das Bild Europas in den Historien. Studien zu Herodots Geographie und Ethnographie Europas und seiner Schilderung der persischen Feldzüge, Innsbruck 1994.

[48] Klaus Oschema, Zwischen Weltbild und Weltanschauung. Studien zum Europa-Begriff des 12. bis 15. Jahrhunderts, Magisterarbeit, Bamberg 1999.

[49] Luisa Passerini, Europe in love, love in Europe: Imagination and politics in Britain between the wars, London 1998.

[50] Wolfgang Schmale, Europa – die weibliche Form, in: L'Homme: Zeitschrift für Feministische Geschichtswissenschaft 11/ 2 (2000) 211–233.

Visualisierungen und Narrativierungen Europas durch Symbole, Embleme, Farben oder beispielsweise den Europa-Mythos. Europa läßt sich zuerst als sprachliches, gegebenenfalls narratives und in Bildern visualisiertes Phänomen begreifen.

Das „Konzept der Performativität"[51], d.h. einer Geschichte der performativen Entstehung Europas, die den Bogen vom Wort „Europa" bis zum europäischen Bewußtsein und europäischer Identität spannt, bietet die Möglichkeit, die traditionell betriebene Begriffsgeschichte „Europa" in die Geschichte kommunikativer, performativer Akte zu transformieren. Beim „Konzept der Performativität" als historiographischem Konzept handelt es sich um mehr als um die Untersuchung von „Sprechakten" im engeren Wortsinn; sinnvoll ist ein erweiterter Begriff von Sprache, der Namensgebung, Narration, Mythologie, Ikonographie (einschließlich Symbolik und Emblematik) und Diskurs umfaßt. Sogar die Farbe Blau gehört dazu. Die Farbe Blau hat in Europa eine historische Bedeutung, aus der Sicht nicht-europäischer Kulturen charakterisierte sie schon länger „Europa" im Sinne von „nicht-asiatisch", „nicht-islamisch=christlich" etc. Es gehört dazu, was man die Konstruktion des „europäischen Menschen" nennen könnte, ein Begriff, der zwischen 1850 und 1950 vergleichsweise häufig eingesetzt wurde[52]. Es handelt sich um Phänomene, die selten in ihrer Gemeinsamkeit und ihrer gemeinsamen performativen Tragweite beachtet wurden. Im einzelnen gilt es, die zeitliche Kongruenz und Inkongruenz performativer Sprachmittel herauszuarbeiten, die Europa formten.

Schluß

Die diskursive Konstitution Europas begann vor ca. 3.000 Jahren, und es scheint, als sei davon bis heute nichts verloren gegangen. Die Bedeutung der zahllosen Diskurselemente hat sich freilich verändert, das Ergebnis der diskursiven Konstitution, das scheinbar seit 3.000 Jahren unverändert den Namen Europa trägt, hat sich in seiner Essenz verändert. „Europa" ist das Ergebnis immer neuer Schöpfungsakte. „Europa" wird permanent diskursiv modifiziert, aber es lassen sich durchaus für bestimmte Zeiträume Kernbedeutungen festhalten. Die

---

[51] Im folgenden sind einige Sätze wörtlich oder modifiziert übernommen aus Schmale, Europäische Geschichte als historische Disziplin 396ff.

[52] Vgl. Wolfgang Schmale, The Making of Homo Europaeus, in: Comparare. Comparative European History Review 1 (2001) 165–183.

performativen Akte führen zu Sedimentierungen, über die „Europa“ als etwas Beständiges, in seiner semantischen Konsistenz Fixes wahrgenommen wird. Die Wahrnehmung Europas als etwas semantisch Konsistentes, z.B. als „Kultur“ in und seit der Kulturgeschichtsschreibung der Aufklärung, wirkt auf die diskursive Konstitution zurück. So wird Europa gegenwärtig als „Identität“ wahrgenommen[53] und begründet oftmals z.B. politisches Handeln.

Die Geschichtswissenschaft trägt selbst zur diskursiven Konstituierung Europas bei. Sie schöpft dabei als Quellen aus den performativen Akten der Geschichte (Primärebene I) ebenso wie aus der Analyse der unendlich vielen, durch Raum und Zeit bestimmten ereignishaften Geschichten (Primärebene II). Sie schöpft aus den Primärebenen I und II. Durch Anwendung bestimmter Methoden und Konzepte (Komparatistik, kulturgeschichtliche Konzepte usw.) werden dabei universaleuropäische und teileuropäische Strukturelemente freigelegt. Werden die Untersuchungen dezentriert so angelegt, daß von Strukturelementen – x-beliebigen wie Ölbaum, Universität, architektonischer Stil, Gabel, Kondom, philosophischen Theoremen usw. – ausgegangen wird, bedarf es keiner vorher definierter räumlicher Grenzen, sondern diese ergeben sich gegebenenfalls aus der Verbreitung der untersuchten Strukturelemente. Freilich reicht es nicht aus, ein, zwei, drei Strukturelemente zu untersuchen, wenn sinnvolle Aussagen gemacht werden sollen. Je mehr es sind, desto besser, aber desto größer auch die Schwierigkeit. Hinzu sollte die Untersuchung der diskursiven Konstitutionen Europas treten und im Verhältnis zu den universal- bzw. teileuropäischen Strukturelementen betrachtet werden.

Kernelemente des ersten Konzepts, das am Beispiel von Halecki und Schieder vorgestellt wurde, werden dabei in ihrer Bedeutung zurückgestuft. Die Anwendung des dritten und vierten Konzepts bedarf nicht mehr als Basis apriorisch der Definition des Raumes, sondern führt gegebenenfalls erst zu einer solchen Definition. Die Periodisierungsfrage tritt ebenfalls in den Hintergrund, aber sie wird nicht ausgegliedert. Die Geschichte der Wahrnehmungen Europas liefert zweifellos Stoff für mögliche Periodisierungen, nur sind diese nicht mehr unbedingt primär an das Phänomen des Nationalen, der Politik und des Staates gebunden.

---

[53] Vgl. Wolfgang Schmale, Körper – Kultur – Identität. Neuzeitliche Wahrnehmungen Europas – Ein Essay, in: Wiener Zeitschrift zur Geschichte der Neuzeit 1 (2001/1) 81–98.

Heinz Duchhardt

BILANZ UND ANSTOSS. EIN KOMMENTAR ZUM WIENER EUROPA-SYMPOSION

Die Verschriftlichung eines auf der Grundlage von Notizen frei formulierten Diskussionsbeitrags – in diesem Fall der „Eröffnung" der Schlußdiskussion des Wiener Kolloquiums – ist nie ganz unproblematisch, unter anderem weil die aus dem Augenblick heraus geborenen Formulierungen in aller Regel nicht mehr rekonstruierbar sind. Es mag trotzdem Sinn machen, die Substanz eines eher auf Kürze und Prägnanz zielenden und im Blick auf die Schlußdiskussion als „Impulsreferat" und Stichwortgeber zu verstehenden Beitrags zusammenzufassen.

1. „Europäische Geschichte" als historiographische Herausforderung[1] und als von Öffentlichkeit und Politik erwarteter Zugriff muß immer in der Spannung der gemeinsamen Strukturen vieler Staaten und Gesellschaften und der jeweiligen regionalen Besonderheiten und Spezifika stehen. Diese Spannung ist nicht aufhebbar, und das muß man bei allem Verständnis für exogene und endogene Tendenzen zur „Europäisierung" der Geschichte[2] auch klar zum Ausdruck bringen. „Europäische Geschichte" muß immer mehr sein als eine bloße Addition von Nationalgeschichten, aber der Ansatz darf andererseits nicht dazu verführen, der Suche nach und der Herausarbeitung der gemeinsamen Strukturen *alles* unterzuordnen und zu opfern – *alles* im Sinn von regionalen und großräumlichen Spezifika und „Sonderwegen".

---

[1] So der Titel eines Mainzer Kolloquiums von 1996, das dann unter dem Titel publiziert wurde: Heinz Duchhardt – Andreas Kunz (Hgg.), „Europäische Geschichte" als historiographisches Problem (Veröffentlichungen des Instituts für Europäische Geschichte, Beiheft 42) Mainz 1997.

[2] Für die Schulbücher ist das untersucht worden in dem Sammelband: Falk Pingel (Hg.), Macht Europa Schule? (Studien zur internationalen Schulbuchforschung 54) Frankfurt a.M. 1995.

2. Vor diesem Hintergrund – der Unaufhebbarkeit einer in der Sache gründenden und historiographischen Spannung – wird es verständlich, wenn die Forschung vermehrt versucht, über die Analyse von Großregionen einen Beitrag zur „europäischen“ Geschichte zu leisten. Die Tendenz – die sich etwa in Gesamtdarstellungen der Geschichte der nordischen Staaten[3], des Balkans[4], des Baltikums[5], des Ostseeraums[6] spiegelt – ist offensichtlich, statt sich gleich am „Totum“ zu versuchen, zunächst relativ homogenen Großregionen näherkommen zu wollen. Allerdings ist in den meisten Fällen solcher „Raumstudien“ bis zu jener subtilen Durchdringung eines Raumes, wie das Fernand Braudel in so fulminanter und die ganze moderne Geschichtswissenschaft so nachhaltig befruchtender Weise getan hat[7], noch ein weiter Weg.

3. Auf der anderen Seite vermag sich auch die Geschichtswissenschaft nicht völlig dem zu entziehen, was geradezu zu einem Schlüsselwort unserer Zeit geworden ist: der Globalisierung. Der 38. Deutsche Historikertag in Aachen beispielsweise stand unter dem Rahmenthema „Eine Welt – eine Geschichte?“, auf dem 19. Internationalen Historikertag in Oslo war das erste von drei „großen Themen“ den „Perspectives on global history: Concepts and methodology“ gewidmet. Für den einzelnen, nicht im großen Team oder in einem förmlichen „Laboratoire“ arbeitenden Historiker ist „Globalisierung“ freilich eher ein Trauma denn eine wirkliche Herausforderung. Für Historiker in den Atlantikanrainerstaaten mag es eine reizvolle Herausforderung sein, die Beziehungen ihrer eigenen Gesellschaften und Staaten zu der Welt jenseits des Atlantik – also den früheren Kolonien – aufzuarbeiten, aber mit einem wirklich „globalistischen“ Ansatz werden sich auch niederländische und spanische Historiker schwer tun. Vielleicht ruht

---

[3] Aleksandr S. Kan, Geschichte der skandinavischen Länder, Berlin 1978; David G. Kirby, Northern Europe in the early modern period, London [usw.] 1990.

[4] Edgar Hösch, Geschichte der Balkanländer von der Frühzeit bis zur Gegenwart, München 1988.

[5] Boris Meissner (Hg.), Die baltischen Nationen: Estland, Lettland, Litauen (Nationalitäten- und Regionalprobleme in Osteuropa 4) Köln 1990; Heinz von zur Mühlen, Die baltischen Lande (Kulturelle Arbeitshefte 15) Bonn 1987; Romuald J. Misiunas – Rein Taagepera, The Baltic States: years of dependence, 1940–1980, Berkeley [usw.] 1983.

[6] Der Ostseeraum im Blickfeld der deutschen Geschichte (Studien zum Deutschtum im Osten 6) Köln 1970; Michael Müller-Wille, Die Ostseegebiete während des frühen Mittelalters, Kiel 1989.

[7] Fernand Braudel, La Méditerrannée et le Monde méditerranéen à l'époque de Philippe II, Paris 1949.

meine Skepsis aber auch in der Geschichte meines eigenen Mainzer Instituts, das in den frühen 1950er Jahren für die von Fritz Kern konzipierte „Historia Mundi“[8] mitverantwortlich war, die indes ausgesprochen viele Defizite aufweist und nur höchst sporadisch zu einer wirklichen universalen Sicht der Geschichte vorstieß. Andere Reihenwerke, die sich mit dem Titel „Weltgeschichte“ schmückten[9], betrieben im Grunde eine Art Etikettenschwindel, weil sie über eine Addition von Darstellungen der Geschichte von Großräumen (Indien, Lateinamerika usw.) nicht hinauskamen.

4. Das Wiener Symposion hat nachdrücklich die hohe Attraktivität des Forschungsfeldes „Peripherie und Europa“ unterstrichen – und zwar im doppelten Sinn des Hineinwachsens von Regionen an der europäischen Peripherie in „europäische“ Zusammenhänge und des Widerhalls, den der Europagedanke, der ja weitaus älter ist als alle politische Konföderation, dort gefunden hat. In Südosteuropa und Ostmitteleuropa steht die Forschung hier – vor allem was den zweiten Punkt betrifft – freilich noch ganz am Anfang, weil es bis zum großen politischen Umschwung 1989/90 jenseits des damaligen „Eisernen Vorhangs“ ganz undenkbar war, über ein Thema wie die Genese und die Spezifik eines Europabewußtseins wissenschaftlich zu arbeiten.

5. Wenn der Eindruck nicht täuscht, steht die europäische Geschichtswissenschaft heute etwas in der Gefahr, vor dem Hintergrund eines gewissen öffentlichen Drucks aus dem politischen Raum, der politische Integrationsprozesse auch publizistisch abgefedert sehen möchte, sehr schnell Synthesen auf den Markt zu geben[10], für die die Zeit eigentlich noch nicht reif ist, weil es an der pragmatischen Aufarbeitung des Materials – in Gestalt von Raumstudien oder Analysen bestimmter Lebensbereiche – noch mangelt. Reinhards vergleichende Verfassungsgeschichte Europas[11] ist eine magistrale Leistung, aber wo

---

[8] Historia Mundi. Ein Handbuch der Weltgeschichte in 10 Bänden, begründet von Fritz KERN, herausgegeben von Fritz VALJAVEC unter Mitwirkung des Instituts für Europäische Geschichte in Mainz, München 1952–61.

[9] Ich denke hier z.B. an die Fischer-Weltgeschichte, die in den 1960er bis 1980er Jahren in 36 Bänden erschien.

[10] Michael SALEWSKI, Geschichte Europas. Staaten und Nationen von der Antike bis zur Gegenwart, München 2000.

[11] Wolfgang REINHARD, Geschichte der Staatsgewalt. Eine vergleichende Verfassungsgeschichte Europas von den Anfängen bis zur Gegenwart, München 1999.

sind die entsprechenden Sozial-, Militär- oder Kulturgeschichten, die ihr zur Seite gestellt werden könnten? In gewisser Hinsicht tut sich hier eine Parallele zu den 1950er Jahren auf, als die Europa-Idee „Konjunktur" hatte, eine nie mehr erreichte Resonanz fand und entsprechende Gesamtdarstellungen hervorrief[12], die vom Ansatz und ihrer Ausschnitthaftigkeit her heute eher noch ein wissenschaftsgeschichtliches Interesse finden. Die Stunde der Gesamtsynthesen ist noch nicht gekommen; angesagt ist vielmehr eine pragmatische europabezogene Grundlagenforschung, zu der u.a. die Windungen, die Ups and Downs der Europapläne des 18. bis 20. Jahrhunderts zählen[13] oder auch eine Frage wie die, die das Institut für Europäische Geschichte vor kurzem auf einer Konferenz beschäftigte, ob es denn überhaupt so etwas gäbe wie europäische lieux de mémoire[14], die geeignet wären, das oft beklagte „Mythendefizit" Europas abzubauen[15].

6. „Europäische Geschichte", inzwischen als offenbar publikumsträchtiger Parameter in den Programmen aller renommierten Verlage präsent, wird auf absehbare Zeit eine „Schneisengeschichte" sein müssen. Unter „Schneisen" verstehe ich dabei solche Phänomene, die für diesen Kontinent typisch und zugleich auch für kleine Forscherteams realisierbar sind. Zu denken ist hier etwa an Migrationen mit einer endogenen und auch exogenen Dimension, generell die damit ja nicht selten in einem Zusammenhang stehende Minderheitenproblematik. Migrationen sind auch deswegen ein besonders fruchtbarer Parameter, weil über sie ein Teil eines – natürlich immer auch andere Trägerschichten umfassenden – Kulturtransfers zwischen verschiedenen Staaten und Gesellschaften ablief. Aber es ist bei den „Schneisen" auch an Formierung und Wandel von Recht (Rezeption des Römischen Rechts), an die ganz spezifische „europäische" politische Kultur und

---

[12] U.a. Alfred MIRGELER, Geschichte Europas, Freiburg 1953; Christopher DAWSON, Understanding Europe, London 1956; Denys HAY, Europe. The Emergence of an Idea, Edinburgh 1957; Carlo CURCIO, Europa. Storia di un'idea, 2 Bde., Firenze 1958; Geoffrey BARRACLOUGH, European Unity in Thought and Action, London 1963.

[13] Die Historische Kommission bei der Bayerischen Akademie der Wissenschaften und das Institut für Europäische Geschichte Mainz betreiben ein entsprechendes Forschungsprojekt.

[14] Thema eines Kolloquiums des Instituts für Europäische Geschichte in der Villa Vigoni (Loveno, Italien) im März 2000. Die Ergebnisse sind publiziert in: Jahrbuch für Europäische Geschichte 3 (2002).

[15] Wolfgang SCHMALE, Scheitert Europa an seinem Mythendefizit? (Herausforderungen 3) Bochum 1997.

die materielle Kultur zu denken. „Schneisen" sind nicht zuletzt alle Beziehungsgeschichten, die vor allem in den Fällen von direkter Nachbarschaft – Deutsche und Polen[16], Bulgaren und Rumänen, Briten und Franzosen[17] – zumindest in bestimmten Phasen der Geschichte voller Dramatik waren.

7. Wenn es warnend den Finger zu heben gilt, daß die Geschichtswissenschaft sich nicht à tout prix von einer auf Europäisierung und deren emotional-publizistische Abstützung zielenden Politik vereinnahmen lassen darf, so hindert das auf der anderen Seite nicht, sich aus dem politischen Raum wissenschaftlich anregen zu lassen. „Umweltgeschichte" war, um Prozesse dieser Art an einem einzigen einleuchtenden Beispiel zu demonstrieren, bis in die 1970er Jahre hinein allenfalls das Steckenpferd einiger weniger belächelter Außenseiter, um dann aber im Gefolge der wachsenden Sensibilisierung für Umweltfragen immer mehr in den Rang einer akzeptierten und mehr und mehr auch etablierten Subdisziplin hineinzuwachsen. Es ist im Prinzip wissenschaftlich nicht anstößig, sich befruchten zu lassen von Integrations- und Europäisierungsprozessen im politischen Bereich. Wovor jedoch zu warnen ist, das ist zum einen, einem teleologischen Ansatz zu erliegen und „Europa" zu einer einzigen Erfolgsgeschichte umzubiegen, und es ist zum anderen, über der großen Idee die Kleinteiligkeit des Kontinents und die in aller Regel gar nicht am großen Ganzen orientierten Mentalitäten zu marginalisieren oder gar zu negieren.

---

[16] Klaus Zernack, Preußen – Deutschland – Polen. Aufsätze zur Geschichte der deutsch-polnischen Beziehungen (Historische Forschungen 44) Berlin 1991.

[17] Jeremy Black, Natural and necessary enemies. Anglo-French relations in the 18th century, Athens, GA 1987.

PERSONENREGISTER

ORTSREGISTER

BIBLIOGRAPHIE

ADAMS Willi Paul, Republikanische Verfassung und bürgerliche Freiheit. Die Verfassungen und politischen Ideen der amerikanischen Revolution, Darmstadt-Neuwied 1973.

ADLER Cyrus – MARGALITH Aaron M., With Firmness in the Right: American Diplomacy Action Affecting Jews, 1840–1945, New York 1946.

AHMAD Aijaz, In Theory. Classes, Nations, Literatures, London-New York 1992.

AINLAY Stephen C. – CROSBY Faye, Stigma, Justice, and the Dilemma of Difference, in: AINLAY Stephen C. – BECKER Gaylene – COLEMAN Lerita M. (eds.), The Dilemma of Difference. A Multidisciplinary View of Stigma, New York-London 1986, 17–38.

ALAPURO Risto, State and Revolution in Finland, Berkeley, Cal. 1988.

ALBRECHT-CARRIÉ René, A Diplomatic History of Europe since the Congress of Vienna, London 1958.

ANGELOV Dimiter G., The Making of Byzantinism, presented at the Sokrates Kokkalis Student Workshop on "New Approaches to Southeast Europe" at the Minda de Gunzburg Center for European Studies, Harvard University, 12–13 February 1999.

ASH Timothy Garton, Does Central Europe Exist?, in: ASH Timothy Garton, The Uses of Adversity. Essays on the Fate of Central Europe, New York 1989, 179–213.

ASTON Trevor (ed.), Crisis in Europe 1560–1660. Essays from Past and Present, 3. Aufl., London 1969.

AVINERI Shlomo, Marx and Jewish Emancipation, in: Journal of the History of Ideas 25 (1964) 445–450.

AVIZIENIS Rasa, Guide to Lithuania, Chalfont St. Peter-Old Saybrook 1995.

BABEROWSKI Jörg, Das Ende Osteuropas und das Fach Osteuropäische Geschichte, in: Neue Zürcher Zeitung 13./14.11.1999, Nr. 265, 57.

Baedeker Balticum: Estland, Lettland, Litauen, Königsberger Gebiet, o.O. 1994.

BAGGE Sverre, Nordic Students at Foreign Universities until 1660, in: Scandinavian Journal of History 9 (1984) 1–29.

BALBINUS Bohuslaus, Epitome historica rerum bohemicarum, Prag 1677.

BALDERSHEIM Harald – STÅHLBERG Krister (eds.), Nordic Region-Building in a European Perspective, Aldershot 1999.

BAMBERGER-STEMMANN Barbara, Funktionen und Anwendungen des Minderheitenschutzes in der Zwischenkriegszeit, phil. Diss., Marburg 1997.

BARON Salo W., A Social and Religious History of the Jews, 2. ed., rev. and enl., vol. 4, New York 1957.

BARRACLOUGH Geoffrey, European Unity in Thought and Action, London 1963.

BARRACLOUGH Geoffrey, Is there a European Civilisation?, in: BARRACLOUGH Geoffrey, History in a Changing World, Oxford 1957, 46–53.

BARTH Frederik (ed.), Ethnic Groups and Boundaries. The Social Organization of Culture Difference, Boston 1969.

BATTENBERG Friedrich, Das Europäische Zeitalter der Juden, Darmstadt 1990.

BAUMAN Zygmunt, Culture As Praxis, London-Thousand Oaks-New Delhi 1999.

BAUMAN Zygmunt, Intimations with Postmodernity, New York 1992.

BAUMGART Winfried, Europäisches Konzert und nationale Bewegung. Internationale Beziehungen 1830–1878 (Handbuch der Geschichte der internationalen Beziehungen 6) Paderborn-Wien 1999.

BENBASSA Esther – RODRIGUE Aron, Sephardi Jewry. A History of the Judeo-Spanish Community, 14th – 20th Centuries, Berkeley 2000.

BEST Gary, To Free a People: American Jewish Leaders and the Jewish Problem in Eastern Europe, 1890–1914, London 1982.

BIETENHOLZ Doris, How come this ♥ means love?, Saskatoon 1995.

BLACK Jeremy, Natural and necessary enemies. Anglo-French relations in the 18th century, Athens, GA 1987.

BLEKASTAD Milada, Comenius. Versuch eines Umrisses von Leben, Werk und Schicksal des Jan Amos Komenský, Oslo-Prag 1970.

BOREJSZA Jerzy W., Szkoły nienawiści. Historia faszyzmów europejskich 1919–1945, Warszawa 2000 [dt. Ausgabe unter dem Titel: Schulen des Hasses. Faschistische Systeme in Europa, Frankfurt a.M. 1999].

BRADBURY Malcolm, Rates of Exchange, Harmondsworth 1985 [dt. Ausgabe: Berlin 1993].

BRADY Thomas A. – OBERMAN Heiko A. – TRACY James D. (eds.), Handbook of European History 1400–1600. Late Middle Ages, Renaissance, and Reformation, 2 vols., Leiden 1994–95.

BRAGUE Rémi, Europe, la voie romaine, Paris 1992, ergänzte Taschenbuchausgabe Paris 1999.

BRAUDEL Fernand, La Méditerrannée et le Monde méditerranéen à l'époque de Philippe II, Paris 1949.

BREITMAN Richard – KRAUT Alan M., American Refugee Policy and European Jewry, 1933–1945, Bloomington 1987.

BRUNER Jerome S. – GOODNOW Jacqueline J. – AUSTIN George A., A Study of Thinking, New Brunswick-N.J.-Oxford 1986.

BUTLIN Robin A. – DODGSHON Robert A. (eds.), An Historical Geography of Europe, Oxford 1998.

CALLIESS Jörg (Hg.), Was ist der Europäer Geschichte? Beiträge zu einer historischen Orientierung im Prozeß der europäischen Einigung, Rehburg-Loccum 1991.

CHABOD Federico, Storia dell'idea d'Europa (Biblioteca di cultura moderna 562), SESTAN Ernesto – SAITTA Armando (Hgg.), Bari 1962.

CHATTERJEE Partha, The Nation and Its Fragments: Colonial and Postcolonial Histories, Princeton 1993.

CHINYAEVA Elena, Russians outside Russia. The Émigré Community in Czechoslovakia 1918–1938 (Veröffentlichungen des Collegium Carolinum 89) München 2001.

CHOURAQUI Jean-Marc, La Révolution française et l'émancipation des Juifs de France, Paris 1989.

CHRISTIANSEN Eric, The Northern Crusades. The Baltic and the Catholic Frontier 1100–1525, London 1980.

CONRAD Hermann, Der Ostseeraum im Blickfeld der deutschen Geschichte (Studien zum Deutschtum im Osten 6) Köln 1970.

CORBEY Raymond – LEERSEN Joep (eds.), Alterity, Identity, Image. Selves and Others in Society and Scholarship, Amsterdam-Atlanta 1991.

COSGROVE Denis (ed.), Mappings, London 1999.

COURTOIS Stéphane (Hg.), Le livre noir du communisme: crimes, terreur, et répression, Paris 1997 [dt. Ausgabe unter dem Titel: Das Schwarzbuch des Kommunismus: Unterdrückung, Verbrechen und Terror, München 1998].

CREUZBERGER Stefan – MANNTEUFEL Ingo – STEININGER Alexander – UNSER Jutta (Hgg.), Wohin steuert die Osteuropaforschung? Eine Diskussion, Köln 2000.

CURCIO Carlo, Europa. Storia di un'idea, 2 Bde., Firenze 1958.

DAHLMANN Dittmar – HIRSCHFELD Gerhard (Hgg.), Lager, Zwangsarbeit, Vertreibung und Deportation. Dimensionen der Massenverbrechen in der Sowjetunion und in Deutschland 1933 bis 1945 (Schriften der Bibliothek für Zeitgeschichte N.F. 10) Essen 1999.

DAVIES Norman, Europe. A History, Oxford 1996, repr. with corr., London 1997.

DAVIES Norman, The Heart of Europe. A Short History of Poland, Oxford 1984.

DAWSON Christopher, Understanding Europe, London 1956.

DELANTY Gerhard, Inventing Europe. Idea, Identity, Reality, Basingstoke-London 1995.

DELOUCHE Frédéric (Hg.), Das Europäische Geschichtsbuch. Von den Anfängen bis heute. Eine europäische Initiative von Frédéric Delouche, Stuttgart 1998 (1. Aufl. 1992).

DELOUCHE Frédéric (ed.), The Illustrated History of Europe. A Unique Guide to Europe's Common Heritage, Paris 1992.

DINER Dan, Das Jahrhundert verstehen. Eine universalhistorische Deutung, München 1999.

DINNERSTEIN Leonard, America and the Survivors of the Holocaust, New York 1982.

DITTRICH Z.R., Uitgestelde bevrijding. Volkeren van oostelijk Europa na de Tweede Wereldoorlog [Postponed Liberation. The Peoples of Eastern Europe after World War II], Utrecht 1991.

DOUGLAS Mary, Purity and Danger: An Analysis of Concepts of Pollution and Taboo, Harmondsworth 1970.

DUCHHARDT Heinz – KUNZ Andreas (Hgg.), „Europäische Geschichte" als historiographisches Problem (Veröffentlichungen des Instituts für Europäische Geschichte, Beiheft 42) Mainz 1997.

DÜLFFER Jost, Der Niedergang Europas im Zeichen der Gewalt: Das 20. Jahrhundert, in: DUCHHARDT Heinz – KUNZ Andreas (Hgg.), „Europäische Geschichte" als historiographisches Problem (Veröffentlichungen des Instituts für Europäische Geschichte, Beiheft 42) Mainz 1997, 105–127.

DUROSELLE Jean-Baptiste, L'Europe. Histoire de ses peuples, Paris 1990.

DVORNIK Francis, The Slavs in European History and Civilization, New Brunswick 1962.

Ellenson David, Rabbi Esriel Hildesheimer and the Creation of a Modern Jewish Orthodoxy, Tuscaloosa 1990.

Engman Max, An Imperial Amsterdam. The St. Petersburg Age in Northern Europe, in: Barker Theo – Sutcliffe Anthony (eds.), Megalopolis: The Giant City in History, New York 1993, 73–85.

Engman Max, Finland as a Successor State, in: Engman Max – Kirby David (eds.), Finland. People, Nation, State, London 1989, 102–127.

Engman Max, Karelians between East and West, in: Tägil Sven (ed.), Ethnicity and Nation Building in the Nordic World, London 1995, 217–246.

Engman Max, Norden och flyttningarna under nya tiden [The North and Migration in Modern Times], København 1997.

Engman Max, S:t Petersburg och Finland. Migration och influens 1702–1917 [St. Petersburg and Finland. Migration and Influence 1702-1917], Helsingfors 1983.

Engman Max, The Finns and Russia (1809–1917), in: Aerts Erik – Thompson Francis M.L. (eds.), Ethnic minority groups and economic development (1850–1940) (Tenth economic history congress 10) Leuven 1990, 96–112.

Evans Robert J.W., Essay and Reflection: Frontiers and National Identities in Central Europe, in: International History Review 14 (1992) 480–502.

Faber Richard, Abendland. Ein „politischer Kampfbegriff“, Hildesheim 1979.

Fausser Katja, Dimensions of a Complex Concept, in: Macdonald Sharon (ed.), Approaches to European Historical Consciousness: Reflections and Provocations (Körber-Stiftung Hamburg, Eustory Series – Shaping European History, vol. 1) Hamburg 2000, 41–51.

Feingold Henry L., The Politics of Rescue: The Roosevelt Administration and the Holocaust, 1938–1945, New York 1980.

Finkelstein Louis, Jewish Self-Government in the Middle Ages, New York 1924.

Fischer Jürgen, Oriens – Occidens – Europa. Begriff und Gedanke „Europa“ in der späten Antike und im frühen Mittelalter, Wiesbaden 1957.

Fischer-Weltgeschichte, 36 Bde., Frankfurt a.M. 1965–1983.

Flachbarth Ernő, System des internationalen Minderheitenrechtes. Geschichte des Minderheitenschutzes. Positives materielles Minderheitenrecht (Veröffentlichungen des Instituts für Minderheitenrecht an der Budapester Kgl. Ungar. Péter Pázmány-Universität 1) Budapest 1937.

Frankel Jonathan, Prophecy and Politics: Socialism, Nationalism, and the Russian Jews, 1862–1917, Cambridge 1981.

Franklin Myrtle – Bor Michael, Sir Moses Montefiore 1784–1885, London 1984.

Friedell Egon, Kulturgeschichte der Neuzeit: Die Krisis der europäischen Seele von der schwarzen Pest bis zum Ersten Weltkrieg, ungekürzte Sonderausgabe, München 1989.

Furet François, Le passé d'une illusion. Essai sur l'idée communiste au XXe siècle, Paris 1995.

Furuhagen Birgitta – Blomqvist Lars E., Ryssland. Ett annat Europa. Historia och samhälle under 1000 år [Russia. Another Europe. History and Society during Thousand Years], Stockholm 1995.

Gaddis John Lewis, We Now Know: Rethinking Cold War History, Oxford 1997.

GAGE Richard L. (ed.), Arnold Toynbee and Daisaku Ikeda. Choose Life. A dialogue, London 1976.

GEANAKOPLOS Deno John, Church and State in the Byzantine Empire: A Reconsideration of the Problem of Caesaropapism, in: GEANAKOPLOS Deno John, Byzantine East and Latin West: Two Worlds of Christendom in Middle Ages and Renaissance, Oxford 1966, 55–83.

GEANAKOPLOS Deno John, Constantinople and the West. Essays on the Late Byzantine (Paleologan) and Italian Renaissances and the Byzantine and Roman Churches, Madison 1989.

GEISS Imanuel, Die jüdische Frage auf dem Berliner Kongreß 1878, in: Jahrbuch des Instituts für Deutsche Geschichte 10 (1981) 413–422.

GELBER Nahum M., The Intervention of German Jews at the Berlin Congress 1878, in: Publications of the Leo Baeck Institute: Year Book 5 (1960) 221–248.

GEORGIEVA Tsvetana, Prostranstvo i prostranstva na bîlgarite, XV–XVIII vek [Space and Spaces of the Bulgarians, 15–18 century], Sofia 1999.

GIRAULT René, Das Europa der Historiker, in: HUDEMANN Rainer – KAELBLE Hartmut – SCHWABE Klaus (Hgg.), Europa im Blick der Historiker (HZ Beihefte N.F. 21) München 1995, 55–90.

GÖHRING Martin (Hg.), Europa – Erbe und Aufgabe. Internationaler Gelehrtenkongreß Mainz 1955, Wiesbaden 1956.

GOLDHAGEN Daniel J., Hitlers willige Vollstrecker. Ganz gewöhnliche Deutsche und der Holocaust, Berlin 1997.

GOLLWITZER Heinz, Europabild und Europagedanke. Beiträge zur deutschen Geistesgeschichte des 18. und 19. Jahrhunderts, 1. Aufl., München 1951, 2. Aufl. 1964.

GOODY Jack, The East in the West, Cambridge 1996.

GREGORY Derek, Geographical Imaginations, Cambridge 1994.

GREGORY Derek, Social Theory and Human Geography, in: GREGORY Derek – MARTIN Ron – SMITH Graham (eds.), Human Geography. Society, Space, and Social Science, Minneapolis 1994, 78–109.

GUSTAFSSON Harald, A Nordic Perspective – why? Why not?, in: HOLT Richard – LANGE Hilde – SPRING Ulrike (eds.), Internationalisation in the History of Northern Europe. Report of the Nordsaga '99 Conference, University of Tromsø, 17.–21. Nov. 1999 (Tromsø 2000) 7–21.

GUSTAFSSON Harald, Dansk historia i nordiskt perspektiv – eller tyskt? [Danish History in a Nordic Perspective – or German?], in: Historisk Tidsskrift 98/2 (1998) 359–371.

GUSTAFSSON Harald, Nordens historia. En europeisk region under 1200 år [The History of the North. A European Region During 1200 Years], Lund 1997.

GUSTAFSSON Harald, Political Interaction in the Old Regime. Central Power and Local Society in the Eighteenth-Century Nordic States, Lund 1994.

HAJNAL John, European Marriage Patterns in Perspective, in: GLASS D. V. – EVERSLEY D. E. C. (eds.), Population in History. Essays in Historical Demography, London 1965, 101–140.

HALECKI Oscar, The Limits and Divisions of European History, London-New York 1950 [dt. Ausgabe unter dem Titel: Europa. Grenzen und Gliederung seiner Geschichte, Darmstadt 1957].

HALECKI Oscar, The Millennium of Europe, Notre Dame 1963.

HALLENCREUTZ Carl-Fredrik, När Sverige blev europeiskt. Till frågan om Sveriges kristnande [When Sweden Became European. The Question of the Christianization of Sweden], Stockholm 1993.

HASTRUP Kirsten, Culture and History in medieval Iceland. An anthropological analysis of structure and change, Oxford 1985.

HAUPT Heinz-Gerhard, War vor allem das 20. Jahrhundert das Jahrhundert des europäischen Nationalismus?, in: Jahrbuch für Europäische Geschichte 1 (2000) 31–50.

HAUPT Heinz-Gerhard – KOCKA Jürgen, Historischer Vergleich: Methoden, Aufgaben, Probleme. Eine Einleitung, in: HAUPT Heinz-Gerhard – KOCKA Jürgen (Hgg.), Geschichte und Vergleich, Frankfurt 1996, 9–45.

HÄUSLER Wolfgang, „Die Czechen und Polacken schütteln/Ihr strupp'ges Karyatydenhaupt". Friedrich Hebbel und die „Bedientenvölker" der Habsburgermonarchie, in: Hebbel-Jahrbuch 51 (1996) 151–212.

HÄUSLER Wolfgang, „Europa bin ich – nicht mehr eine Stadt". Die Haupt- und Residenzstadt Wien als Schauplatz des Kongresses 1814/15, in: Heinz DUCHHARDT (Hg.), Städte und Friedenskongresse, Köln 1999, 135–158.

HAY Denys, Europe. The Emergence of an Idea, Edinburgh 1957.

HECKER Hans (Hg.), Europa – Begriff und Idee. Historische Streiflichter, Bonn 1991.

HEER Friedrich, Europäische Geistesgeschichte, Stuttgart 1953.

HENKE Klaus-Dietmar – WOLLER Hans (Hgg.), Politische Säuberung in Europa. Die Abrechnung mit Faschismus und Kollaboration nach dem Zweiten Weltkrieg, München 1991.

HERBERT Ulrich, Best. Biographische Studien über Radikalismus, Weltanschauung und Vernunft 1903–1989, Bonn 1996.

HERBERT Ulrich (Hg.), Nationalsozialistische Vernichtungspolitik 1939–1945. Neue Forschungen und Kontroversen, Frankfurt a.M. 1998.

HERBERT Ulrich – SCHILDT Axel (Hgg.), Kriegsende in Europa. Vom Beginn des deutschen Machtzerfalls bis zur Stabilisierung der Nachkriegsordnung 1944–1948, Essen 1998.

HERTZBERG Arthur, The French Enlightenment and the Jews, New York 1968.

HILLGRUBER Andreas, Zweierlei Untergang. Die Zerschlagung des Dritten Reiches und das Ende des europäischen Judentums, Berlin 1986.

Historia Mundi. Ein Handbuch der Weltgeschichte in 10 Bänden, begründet von Fritz KERN, herausgegeben von Fritz VALJAVEC unter Mitwirkung des Instituts für Europäische Geschichte in Mainz, München 1952–61.

HOBSBAWM Eric, On History, London 1998 [dt. Ausgabe unter dem Titel: Wieviel Geschichte braucht die Zukunft, dtv-Taschenbuch München 2001].

HOBSBAWM Eric, The Age of Extremes, London 1994.

HOLMBERG Åke, On the Practicability of Scandinavianism: Mid-nineteenth-century Debate and Aspirations, in: Scandinavian Journal of History 9 (1984) 171–182.

HÖSCH Edgar, Geschichte der Balkanländer von der Frühzeit bis zur Gegenwart, München 1988.

HROCH Miroslav – PETRÁN Josef, Das 17. Jahrhundert. Krise der Feudalgesellschaft? (Historische Perspektiven 17) Hamburg 1981.

HÜBINGER Paul Egon, Abendland, Christenheit, Europa. Eine Klärung der Begriffe in geschichtlicher Sicht, in: HÜBINGER Paul Egon, Ausgewählte Aufsätze und Vorträge, Siegburg 1990, 1–20.

HUIZINGA Johan, Nederland's geestesmerk, in: HUIZINGA Johan: Verzamelde werken, Bd. 7, Haarlem 1950.

HUNTINGTON Samuel P., The Clash of Civilizations and the Remaking of World Order, New York 1996 [dt. Ausgabe unter dem Titel: Der Kampf der Kulturen. Die Neugestaltung der Weltpolitik im 21. Jahrhundert, München 1997].

IANCU Carol, Les juifs en Roumanie 1866–1919. De l'exclusion à l'émancipation (Etudes historiques 4) Aix-en-Provence 1978.

ISRAEL Jonathan I., European Jewry in the Age of Mercantilism 1550–1720, Oxford 1989.

JANEV Janko, Der Mythos auf dem Balkan, Berlin 1936.

JANOWSKI Maciej, Pitfalls and Opportunities: The Concept of East-Central Europe as a Tool of Historical Analysis, in: European Review of History 6/1 (Spring 1999) 91–100.

JANOWSKY Oscar I., The Jews and Minority Rights 1898–1919, New York 1966.

JASIEWICZ Krzysztof (Hg.), Europa nieprowincjonalna. Przemiany na ziemiach wschodnich dawnej Rzeczypospolitej (Bialorus, Litwa, Lotwa, Ukraina, schodnie pogranicze III Rzeczypospolitej Polskiej) w latach 1772–1999 [Das nichtprovinzielle Europa. Der Wandel in den östlichen Gebieten der früheren Polnischen Republik ... 1772–1999], Warszawa 1999.

JERSCH-WENZEL Stefi, Die Lage von Minderheiten als Indiz für den Stand der Emanzipation einer Gesellschaft, in: Hans-Ulrich WEHLER (Hg.), Sozialgeschichte heute, Göttingen 1974, 365–287.

JESPERSEN Leon (ed.), A Revolution from Above? The Power State of 16th and 17th Century Scandinavia, Odense 2000.

JOHNSON Paul, A History of the Modern World. From 1917 to the 1980s, London 1984.

Journal of European Integration History/Revue d'Histoire de l'Intégration Européenne/Zeitschrift für Geschichte der Europäischen Integration, ed. by the Groupe de Liaison des Professeurs d'Histoire auprés de la Commission Européenne, Baden-Baden 1995ff.

JUDT Tony, A Grand Illusion? An Essay on Europe, New York 1996.

JUSSILA Osmo, Finland from Province to State, in: ENGMAN Max – KIRBY David (eds.), Finland. People, Nation, State, London 1989, 85–101.

JUTIKKALA Eino, The Colonisation and the Roots of the Finnish People, in: ENGMAN Max – KIRBY David (eds.), Finland. People, Nation, State, London 1989, 16–37.

KAELBLE Hartmut, Auf dem Weg zu einer europäischen Gesellschaft. Eine Sozialgeschichte Westeuropas 1889–1980, München 1987.

KAELBLE Hartmut, Europabewußtsein, Gesellschaft und Geschichte. Forschungsstand und Forschungschancen, in: HUDEMANN Rainer – KAELBLE Hartmut – SCHWABE Klaus (Hgg.), Europa im Blick der Historiker, München 1995, 1–29.

KAHN Daniel-Erasmus (Hg.), Vertrag über die Europäische Union mit sämtlichen Protokollen und Erklärungen. Vertrag zur Gründung der Europäischen Gemeinschaft (EG-Vertrag) in den Fassungen von Maastricht und Amsterdam, 4. erweiterte Aufl., München 1998.

KAMEN Henry, The Iron Century. Social Change in Europe 1550–1660, London 1971.

KANN Aleksandr S., Geschichte der skandinavischen Länder, Berlin 1978.

KANN Robert A., Das Nationalitätenproblem der Habsburgermonarchie. Geschichte und Ideengehalt der nationalen Bestrebungen vom Vormärz bis zur Auflösung des Reiches im Jahre 1918, 2 Bde. (Veröffentlichungen der Arbeitsgemeinschaft Ost 4 und 5), 2. erweiterte Aufl., Graz-Köln 1964.

KAPPELER Andreas, Das Universitätsfach Osteuropäische Geschichte nach dem Zusammenbruch des „Ostblocks", in: Österreichische Osthefte 40 (1998) 487–500.

KAPPELER Andreas, Osteuropäische Geschichte, in: MAURER Michael (Hg.), Aufriß der historischen Wissenschaften, Bd. 2: Räume (Reclams Universal-Bibliothek 17028) Stuttgart 2001, 198–265.

KAPPELER Andreas, Rußland als Vielvölkerreich. Entstehung – Geschichte – Zerfall, München 1993.

KARAGEORGOS Basileios, Der Begriff Europa im Hoch- und Spätmittelalter, in: Deutsches Archiv für Erforschung des Mittelalters 48 (1992) 137–164.

KATZ Jacob, Tradition and Crisis: Jewish Society at the End of the Middle Ages, New York 1961.

KAUKIANEN Leena, From Reluctance to Activity. Finland's Way to the Nordic Family during 1920's and 1930's, in: Scandinavian Journal of History 9 (1984) 201–219.

KEMILÄINEN Aira, Finns in the Shadow of the "Aryans". Race Theories and Racism (Studia Historica 59) Helsinki 1998.

KENNEDY Paul, The Rise and Fall of the Great Powers, London 1988.

KIESEWETTER Hubert, Das einzigartige Europa. Zufällige und notwendige Faktoren der Industrialisierung, Göttingen 1996.

KIRBY David – HINKKANEN Merja-Liisa, The Baltic and the North Seas, London 2000.

KIRBY David, Northern Europe in the Early Modern Period. The Baltic World 1492–1772, London 1990.

KIRBY David, The Baltic World 1772–1993. Europe's Northern Periphery in an Age of Change, London 1995.

KLIER John Doyle, Imperial Russia's Jewish Question 1855–1881 (Cambridge Russian, Soviet and post-Soviet studies 96) Cambridge 1995.

KLIER John Doyle, Russia Gathers Her Jews: The Origins of the "Jewish Question" in Russia, 1772–1825, DeKalb, Illinois 1986.

KLINGE Matti, Östersjövärlden [Baltic Sea Region], Helsingfors 1995.

KLINGE Matti, The Finnish Tradition. Essays on structures and identities in the North of Europe, Helsinki 1993.

KLINGE Matti, The Germanophil University, in: ENGMAN Max – KIRBY David (eds.), Finland. People, Nation, State, London 1989, 166–177.

KLINGENSTEIN Grete – LUTZ Heinrich – STOURZH Gerald (Hgg.), Europäisierung der Erde? Studien zur Einwirkung Europas auf die außereuropäische Welt (Wiener Beiträge zur Geschichte der Neuzeit 7) Wien 1980.

KLUG Ekkehard, Das „asiatische" Rußland. Über die Entstehung eines europäischen Vorurteils, in: Historische Zeitschrift 245 (1987) 265–289.

KOPP Volker, Herr Zwilling und Frau Zuckermann, Vineta Films, Berlin 1999.

KÖRBER-STIFTUNG, Hamburg, (Hg.), Europa, aber wo liegen seine Grenzen? (Bergedorfer Gesprächskreis, Protokoll Nr. 104) Hamburg 1995.

KORZEC Paweł, Polen und der Minderheitenschutzvertrag (1919–1934), in: Jahrbücher für Geschichte Osteuropas, N.F., 22 (1974) 515–555.

LAIOU Angeliki, On Just War in Byzantium, in: LANGDON John S. – IOANNIDES Christos P. – REINERT Stephen W. – ALLEN Jelizaveta S. (eds.), To Hellenikon: Studies in Honor of Speros Vryonis, Jr., vol. 1, New Rochelle 1993, 153–177.

LANGER William L., European Alliances and Alignments 1871–1890, New York 1964.

LARSEN Knud, Scandinavian Grass Roots: From Peace Movement to Nordic Council, in: Scandinavian Journal of History 9 (1984) 183–200.

LE GOFF Jacques, Das alte Europa und die Welt der Moderne, München 1994.

LE GOFF Jacques, Europa bauen (Buchreihe). Deutsche Ausgabe im C.H. Beck-Verlag; bisher 19 Bde., München 1993–2001.

LEDERHENDLER Eli, The Road to Modern Jewish Politics: Political Tradition and Political Reconstruction in the Jewish Community of Tsarist Russia, New York 1989.

LEMBERG Hans, „Ethnische Säuberung". Ein Mittel zur Lösung von Nationalitätenproblemen?, in: Aus Politik und Zeitgeschichte, Das Parlament B 46/1992, 27–38.

LEMBERG Hans, Zur Entstehung des Osteuropabegriffes im 19. Jahrhundert. Vom „Norden" zum „Osten" Europas, in: Jahrbücher für Geschichte Osteuropas NF 33 (1985) 48–91.

LEWIS Bernard, The Jews of Islam, 2. ed., Princeton 1987.

LIBERLES Robert, Religious Conflict in Social Context: The Resurgence of Orthodox Judaism in Frankfurt am Main, 1838–1877, Westport 1985.

LIEBICH André, Pojęcie „Narodu" – między Wschodem a Zachodem [Begriff der Nation – zwischen Westen und Osten], in: Obóz 36 (1999) 15–33.

LINKE Uli, Blood and Nation: The European Aesthetics of Race, Philadelphia 1999.

LIVI BACCI Massimo, Europa und seine Menschen. Eine Bevölkerungsgeschichte (Reihe Europa bauen) München 1999.

LOCHER Theodor J., Over de verhouding van Oost en West in de Europese geschiedenis [The Relationship between East and West in European History], in: LOCHER Theodor J., Geschiedenis van ver en nabij [Outside and Inside Views on History], Leiden 1970, 174–190.

LÖWE Heinz-Dietrich, Antisemitismus und reaktionäre Utopie: Russischer Konservativismus im Kampf gegen den Wandel von Staat und Gesellschaft 1890–1917, Hamburg 1978.

LOTH Wilfried, Der Prozess der europäischen Integration. Antriebskräfte, Entscheidungen und Perspektiven, in: Jahrbuch für Europäische Geschichte 1 (2000) 17–30.

ŁUCZAK Czesław, Die Wirtschaftskrise Polens 1929–1935 (Institut für Europäische Geschichte Mainz: Vorträge 77) Wiesbaden 1982.

MĄCZAK Antoni (Hg.), Historia Europy [Geschichte Europas], Wrocław 1997.

MALINO Frances – SORKIN David (eds.), From East and West: Jews in a Changing Europe 1750–1870, Oxford 1990.

MANN Michael, The Sources of Social Power, vol. 2: The Rise of Classes and Nation-States, 1760–1914, Cambridge 1993.

MARRUS Michael R., The Unwanted: European Refugees in the Twentieth Century, New York 1985.

MASHBERG Michael, American Diplomacy and the Jewish Refugees, in: Yivo Annual of Jewish Social Science 15 (1974) 339–365.

MCCAGG William O., A History of Habsburg Jews 1670–1918, Bloomington 1998.

MEAD W.R., Perceptions of Finland, in: ENGMAN Max – KIRBY David (eds.), Finland. People, Nation, State, London 1989, 1–15.

MEISEL Josef, Die Durchführung des Artikels 44 des Berliner Vertrages in Rumänien und die europäische Diplomatie, Berlin 1925.

MEISSNER Boris (Hg.), Die baltischen Nationen: Estland, Lettland, Litauen (Nationalitäten- und Regionalprobleme in Osteuropa 4) Köln 1990.

MENDELSOHN Ezra, Jewish Politics in Interwar Poland: An Overview, in: GUTMAN Yisrael (ed.), The Jews of Poland between two World Wars (Tauber Institute series 10) Hanover, New England 1989, 9–19.

MENDELSOHN Ezra, The Jews of East Central Europe between the Wars, Bloomington 1983.

MENDRAS Henri, L'Europe des Européens: Sociologie de l'Europe occidentale, Paris 1997.

MERKEL Wolfgang, Die Europäische Integration und das Elend der Theorie, in: Geschichte und Gesellschaft 25 (1999) 302–338.

MEYER Michael A., Responses to Modernity: A History of the Reform Movement in Judaism, New York 1988.

MILLER Alexei, Central Europe: A Tool for Historians or a Political Concept?, in: European Review of History 6/1 (Spring 1999) 85–89.

MIRGELER Alfred, Geschichte Europas, Freiburg 1953.

MISIUNAS Romuald J. – TAAGEPERA Rein, The Baltic States: years of dependence, 1940–1980, Berkeley u.a. 1983.

MITTERAUER Michael, Die Entwicklung Europas – ein Sonderweg? Legitimationsideologien und die Diskussion der Wissenschaft, Wien 1999.

MITTERAUER Michael, Europäische Familienentwicklung, Individualisierung und Ich-Identität, in: HUDEMANN Rainer – KAELBLE Hartmut – SCHWABE Klaus (Hgg.), Europa im Blick der Historiker (Historische Zeitschrift, Beihefte [Neue Folge] 21) München 1995, 91–97.

MITTERAUER Michael, Ostkolonisation und Familienverfassung. Zur Diskussion um die Hajnal-Linie, in: RAJŠP Vincenc – BRUCKMÜLLER Ernst (Hgg.), Vilfanov Zbornik – In Memoriam Sergej Vilfan, Ljubljana 1999, 203–222.

MITTERBAUER Helga, in: Spezialforschungsbereich Graz „Moderne – Wien und Zentraleuropa um 1900", „Newsletter Moderne", 2. Jg., Heft 1, März 1999, 23.

MOLLAT DU JOURDIN Michel, Europa und das Meer (Reihe Europa bauen) München 1993.

MØLLER Anders Monrad, Economic Relations and Economic Cooperation between the Nordic Countries in the Nineteenth Century, in: Scandinavian Journal of History 8 (1983) 37–62.

MORAWIEC Małgorzata, *Antemurale christianitatis*. Polen als Vormauer des christlichen Europa, in: Jahrbuch für Europäische Geschichte 2 (2001) 249–260.

MOSSE Werner E. – PAUCKER Arnold – RÜRUP Reinhard (eds.), Revolution and Evolution: 1848 in German-Jewish History, Tübingen 1981.

MOUT M.E.H.N., Het gezicht der vrijheid. Das Gesicht der Freiheit, inaugural lecture, Leiden 1991.

MÜLLER-WILLE Michael, Die Ostseegebiete während des frühen Mittelalters, Kiel 1989.

NADICH Judah, Eisenhower and the Jews, New York 1953.

Nationalism and War in the Near East (By a Diplomatist), Oxford 1915.

NEUMANN Iver B., Russia as Central Europe's Constituting Other, in: East European Politics and Societies 7/2 (Spring 1993) 349–369.

NEUMANN Iver, Use of the Other. "The East" in European Identity Formation, Manchester 1999.

NEURINGER Sheldon Morris, American Jewry and United States Immigration Policy 1881–1953, New York 1980.

NIKURADSE Alexander, Zur Frage der Europa-Forschung. Aufgaben, Methoden, Organisation. Diskussionsunterlage (Schriften des Instituts für Kontinentaleuropäische Forschung. Historisch-gegenwartskundliche Studien) München 1955.

NOLTE Ernst, Der europäische Bürgerkrieg 1917–1945. Nationalsozialismus und Bolschewismus, Stuttgart 1987.

NORMAN Hans – RUNBLOM Harald, Transatlantic Connections. Nordic Migration to the New World after 1800, Oslo 1987.

OEXLE Otto G., Mittelalterliche Grundlagen des modernen Europa, in: CALLIESS Jörg (Hg.), Was ist der Europäer Geschichte? Beiträge zu einer historischen Orientierung im Prozeß der europäischen Einigung, Rehburg-Loccum 1991, 17–60.

OGILVIE Sheilagh C., Germany and the Seventeenth-Century Crisis, in: Historical Journal 35 (1992) 417–441.

OKEY Robin, Central Europe – Eastern Europe: Behind the Definitions, in: Past & Present 137 (1992) 102–133.

ORBACH Alexander, New Voices of Russian Jewry: A Study of the Russian Jewish Press of Odessa in the Era of the Great Reforms, 1860–1871, Leiden 1980.

OSCHEMA Klaus, Zwischen Weltbild und Weltanschauung. Studien zum Europa-Begriff des 12. bis 15. Jahrhunderts, Magisterarbeit, Bamberg 1999.

ÖSTERBERG Eva – SOGNER Sølvi (eds.), People Meet the Law. Control and conflict-handling in the courts. The Nordic countries in the post-Reformation and pre-industrial period, Oslo 2000.

ØSTERGÅRD Uffe, The Geopolitics of Nordic Identity – From Composite States to Nation States, in: SØRENSON Øystein – STRÅTH Bo (eds.), The Cultural Construction of Norden, Oslo 1997, 38–41.

OSTERHAMMEL Jürgen, Die Entzauberung Asiens. Europa und die asiatischen Reiche im 18. Jahrhundert, München 1998.

OSTERHAMMEL Jürgen, Kolonialismus: Geschichte – Formen – Folgen, München 1995.

OSTERHAMMEL Jürgen, Sklaverei und die Zivilisation des Westens, Privatdruck der Siemens-Stiftung, München 2000.

PAPPAS Spyros, Brussels and the European Identity, in: Haus der Geschichte der Bundesrepublik Deutschland (Hg.), The Culture of European History in the 21st Century, Berlin 1999, 39–45.

PARKES James, The Jew in the Medieval Community: A Study of his Political and Economic Situation, London 1938, repr. New York 1976.

PASSERINI Luisa, Europe in love, love in Europe: Imagination and politics in Britain between the wars, London 1998.

PHILO Chris, History, Geography and the "Still Greater Mystery" of Historical Geography, in: GREGORY Derek – MARTIN Ron – SMITH Graham (eds.), Human Geography. Society, Space, and Social Science, Minneapolis 1994, 256–260.

PINGEL Falk (Hg.), Macht Europa Schule? Die Darstellung Europas in Schulbüchern der Europäischen Gemeinschaft (Studien zur internationalen Schulbuchforschung 54) Frankfurt a.M. 1995.

PLASCHKA Richard – HASELSTEINER Horst – SUPPAN Arnold – DRABEK Anna M. – ZAAR Birgitta (Hgg.), Mitteleuropa-Konzeptionen in der ersten Hälfte des 20. Jahrhunderts (Zentraleuropa-Studien 1) Wien 1995.

POLIŠENSKÝ Josef V., Anglie a Bílá Hora [England and the White Mountain], Prag 1949.

POLONSKY Anthony, The Little Dictators. The History of Eastern Europe since 1918, London-Boston 1975.

POMIAN Krzysztof, L'Europe et ses nations, Paris 1990.

PUNTSCHER-RIEKMANN Sonja, The Myth of European Unity, in: HOSKING Geoffrey – SCHÖPFLIN George (eds.), Myths and Nationhood, London 1997, 60–71.

RANKE Leopold von, Geschichten der romanischen und germanischen Völker von 1494 bis 1535, Leipzig 1824.

RANKE Leopold von, Weltgeschichte, Bd. IX/1, Leipzig 1888.

RAPPAPORT Emil S., „Die Nation – ein Verbrecher" (Naród – zbrodniarzem), Łódź 1945.

REINHARD Marcel R., Histoire de la population mondiale de 1700 à 1948, Paris 1949.

REINHARD Wolfgang, Geschichte der Staatsgewalt. Eine vergleichende Verfassungsgeschichte Europas von den Anfängen bis zur Gegenwart, München 1999.

REUNALA Aarne, The Forest and the Finnish, in: ENGMAN Max – KIRBY David (eds.), Finland. People, Nation, State, London 1989, 38–56.

RIETBERGEN Peter, Europe – a Cultural History, London-New York 1998.

ROBERTS Michael, The Swedish Imperial Experience 1560–1718, Cambridge 1979.

ROBINSON Nehemiah, Indemnification and Reparations: Jewish Aspects, New York 1944.

RUPNIK Jacques, The other Europe, London 1988.

RÜSEN Jörn, "Cultural Currency" – The Nature of Historical Consciousness in Europe, in: MACDONALD Sharon (ed.), Approaches to European Historical Consciousness: Reflections and Provocations (Körber-Stiftung Hamburg, Eustory Series – Shaping European History 1) Hamburg 2000, 75–85.

RYSTAD Göran, Europe and Scandinavia. Aspects of the Process of Integration in the 17th Century, Lund 1983.

RYSTAD Göran – CARLGREN Wilhelm – BÖHME Klaus-Richard (eds.), In Quest of Trade and Security. The Baltic in Power Politics 1500–1990, vol. 1-2, Lund 1994–1995.

SALEWSKI Michael, Geschichte Europas. Staaten und Nationen von der Antike bis zur Gegenwart, München 2000.

SANDERS Ronald, Shores of Refuge: A Hundred Years of Jewish Emigration, New York 1988.

SATTLER Rolf-Joachim, Europa. Geschichte und Aktualität des Begriffs, Braunschweig 1971.

SCHIEDER Theodor (Gesamtherausgeber), Handbuch der europäischen Geschichte, 7 Bde., Stuttgart 1968–1987.

SCHIFFAUER Werner, Die Angst vor der Differenz, in: Zeitschrift für Volkskunde 1 (1996) 20–31.

SCHILLING Heinz, Die neue Zeit. Vom Christenheitseuropa zum Europa der Staaten 1250 bis 1750 (Siedler Geschichte Europas 2) Berlin 1999.

SCHLÖGEL Karl, Kommunalka – oder Kommunismus als Lebensform. Zu einer historischen Topographie der Sowjetunion, in: Historische Anthropologie 6 (1998) 329–346.

SCHLUMBERGER Jörg A. – SEGL Peter (Hgg.), Europa – aber was ist es? Aspekte seiner Identität in interdisziplinärer Sicht, Köln 1994.

SCHMALE Wolfgang, Europa – die weibliche Form, in: L'Homme. Zeitschrift für Feministische Geschichtswissenschaft 11/2 (2000) 211–233.

SCHMALE Wolfgang, Europäische Geschichte als historische Disziplin. Überlegungen zu einer Europäistik, in: Zeitschrift für Geschichtswissenschaft 46 (1998) 389–405.

SCHMALE Wolfgang, Europese identiteit en geschiedenis, in: TOMESEN Luciënne – VOSSEN Guy (Hgg.), Denken over cultuur in Europa, Houten 1994, 23–38.

SCHMALE Wolfgang, Geschichte Europas, Wien 2000.

SCHMALE Wolfgang, Historische Komparatistik und Kulturtransfer. Europageschichtliche Perspektiven für die Landesgeschichte. Eine Einführung unter besonderer Berücksichtigung der Sächsischen Landesgeschichte, Bochum 1998.

SCHMALE Wolfgang, Körper – Kultur – Identität. Neuzeitliche Wahrnehmungen Europas – Ein Essay, in: Wiener Zeitschrift zur Geschichte der Neuzeit 1 (2001/1) 81–98.

SCHMALE Wolfgang, Scheitert Europa an seinem Mythendefizit? (Herausforderungen 3) Bochum 1997.

SCHMALE Wolfgang, The Making of Homo Europaeus, in: Comparare. Comparative European History Review 1 (2001) 165–183.

SCHMIDT H.D., The Establishment of "Europe" as an Political Expression, in: Historical Journal 9 (1966) 172–178.

SCHROEDER Paul W., Austria, Great Britain, and the Crimean War. The Destruction of the European Concert, New York 1972.

SCHULIN Ernst, Die weltgeschichtliche Erfassung des Orients bei Hegel und Ranke, Göttingen 1958.

SCHULZE Hagen, Phoenix Europa (Siedler Geschichte Europas 3) Berlin 1998.

SCHULZE Winfried – OEXLE Otto Gerhard (Hgg.), Deutsche Historiker im Nationalsozialismus, Frankfurt 1999.

SCHULZE Winfried, Von der „europäischen Geschichte" zum „Europäischen Geschichtsbuch", in: Geschichte in Wissenschaft und Unterricht 44 (1993) 402–409.

SCHWABE Klaus, Die europäische Integration als Aufgabe der Zeitgeschichtsforschung, in: Vierteljahrshefte für Zeitgeschichte 31 (1983) 555–571.

SÉRIOT Patrick (Hg.), N.S. Trubetzkoy, l'Europe et l'humanité, Sprimont (Belgien) 1996.

SETON-WATSON Hugh, On Trying to be a Historian of Eastern Europe, in: DELETANT Dennis – HANAK Harry (eds.), Historians as Nation-Builders. Central and South-East Europe, London 1988.

SETON-WATSON Hugh, The "Sick Heart" of Modern Europe. The Problem of the Danubian Lands, Seattle-London 1975.

SHAFIR Shlomo, Ambiguous Relations. The American Jewish Community and Germany since 1945, Detroit 1999.

SHULVASS Moses A., From East to West: The Westward Migration of Jews from Eastern Europe during the Seventeenth and Eighteenth Centuries, Detroit 1971.

SIEBERER Wido, Das Bild Europas in den Historien. Studien zu Herodots Geographie und Ethnographie Europas und seiner Schilderung der persischen Feldzüge, Diss. Innsbruck 1994.

SIEDENTOP Larry, Democracy in Europe, London 2000.

SIHVO Hannes, Karelia: Battlefield, Bridge, Myth, in: ENGMAN Max – David KIRBY (eds.), Finland. People, Nation, State, London 1989, 57–72.

SIMPSON John Hope, The Refugee Problem: Report of a Survey, Oxford 1939.

SOGNER Sølvi, Ung i Europa. Norsk ungdom over Nordsjoen til Nederland i tidlig nytid [Young in Europe. Norwegian Migration over the North Sea to the Netherlands during the Early Modern Period], Oslo 1994.

SØRENSEN Øystein – STRÅTH Bo (eds.), The Cultural Construction of Norden, Oslo 1997.

STENIUS Henrik, The Good Life is a Life of Conformity: The Impact of the Lutheran Tradition on Nordic Political Culture, in: SØRENSEN Øystein – STRÅTH Bo (eds.), The Cultural Construction of Norden, Oslo 1997, 161–171.

STERN Fritz, Gold und Eisen. Bismarck und sein Bankier Bleichröder, Reinbek b. Hamburg 1988.

STERN Selma, Der preußische Staat und die Juden (Schriftenreihe wissenschaftlicher Abhandlungen des Leo Baeck-Instituts 7, 8, 24, 32) 4 Teile, Tübingen 1962–1975.

STILLSCHWEIG Kurt, Die Juden Osteuropas in den Minderheitenverträgen, Berlin 1936.

STOURZH Gerald, Begründung und Bedrohung der Menschenrechte in der europäischen Geschichte, Wien 2000.

STOURZH Gerald, Wege zur Grundrechtsdemokratie, Wien 1989.

STROHMEYER Arno, Historische Komparatistik und die Konstruktion von Geschichtsregionen: der Vergleich als Methode der historischen Europaforschung, in: Jahrbücher für Geschichte und Kultur Südosteuropas 1 (1999) 39–55.

SUNDHAUSSEN Holm, Europa balcanica: Der Balkan als historischer Raum Europas, in: Geschichte und Gesellschaft 25 (1999) 626–653.

SZŰCS Jenő, Les trois Europes. Préface de Fernand Braudel. Transl. by Véronique Charaire, Gábor Klaniczay and Philippe Thureau-Dangin, Paris 1985 [dt. Ausgabe unter dem Titel: Die drei historischen Regionen Europas. Aus dem Ungarischen von Béla Rásky, Frankfurt a.M. 1984, 2.Aufl. 1994].

SZŰCS Jenő, The Three Historical Regions of Europe. An Outline, in: Acta Historica. Revue de l'Académie des Sciences de Hongrie 29 (1983) 131–184.

TÄGIL Sven (ed.), Ethnicity and Nation Building in the Nordic World, London 1995.

TARKIANEN Kari, Se Vanha Vainooja. Käsitykset itäisestä naapurista Iivana Julmasta Pietari Suureen [The Old Evil Enemy. Perceptions of the Eastern Neighbor from Ivan the Terrible to Peter the Great] (Historiallisia tutkimuksia 132) Helsinki 1986.

THADEN Edward C., Russia's Western borderlands, 1710–1870, Princeton, N.J. 1984.

THORKILDSEN Dag, Religious Identity and Nordic Identity, in: SØRENSEN Øystein – STRÅTH Bo (eds.), The Cultural Construction of Norden, Oslo 1997, 138–160.

THRIFT Nigel, Taking Aim at the Heart of the Region, in: GREGORY Derek – MARTIN Ron – SMITH Graham (eds.), Human Geography. Society, Space, and Social Science, Minneapolis 1994, 200–231.

TODD Emmanuel, L'invention de l'Europe, Paris 1990.

TODOROVA Maria, Balkan Family Structure and the European Pattern: Demographic Developments in Ottoman Bulgaria, Washington D.C. 1993.

TODOROVA Maria, Imagining the Balkans, New York-London 1997 [dt. Ausgabe unter dem Titel: Die Erfindung des Balkans: Europas bequemes Vorurteil, Darmstadt 1999].

TODOROVA Maria, Is "the Other" a useful cross-cultural concept? Some thoughts on its implementation to the Balkan region, in: Internationale Schulbuchforschung 21 (1999) 163–171.

TODOROVA Maria, Slavafest und Zadruga, in: Historische Anthropologie. Kultur – Gesellschaft – Alltag 1 (1993) 39–45.

TODOROVA Maria, The Ottoman Legacy in the Balkans, in: BROWN L. Carl (ed.), Imperial Legacy: The Ottoman Imprint in the Balkans and the Middle East, New York 1995, 45–77.

TODOROVA Maria, Zum erkenntnistheoretischen Wert von Familienmodellen. Der Balkan und die „europäische Familie", in: EHMER Josef – HAREVEN Tamara K. – WALL Richard (Hgg.), Historische Familienforschung. Ergebnisse und Kontroversen. Michael Mitterauer zum 60. Geburtstag, Frankfurt a.M.-New York 1997, 284–287.

TOMESEN Luciënne – VOSSEN Guy (Hgg.), Denken over cultuur in Europa, Houten 1994.

TRÄGÅRDH Lars, Statist Individualism: On the Culturality of the Nordic Welfare State, in: SØRENSEN Øystein – STRÅTH Bo (eds.), The Cultural Construction of Norden, Oslo 1997.

TROEBST Stefan, Getrübte Wahrnehmung: Das deutsche Bulgarien-Bild vom Kaiserreich bis heute, in: Südosteuropa-Mitteilungen 39/4 (1999) 343–350.

TROEBST Stefan, Nordosteuropa: Geschichtsregion mit Zukunft, in: Scandia 1999/2, 153–168.

TRUBETZKOY Nikolaj Sergejevič, Grundzüge der Phonologie, Göttingen 1967.

TRUBETZKOY Nikolaj Sergejevič, Evropa i čelovečestvo, Sofia 1920 [dt. Ausgabe unter dem Titel: Europa und die Menschheit, München 1922].

TSIRPANLIS C., Byzantine Parliaments and Representative Assemblies from 1081 to 1351, in: Byzantion 43 (1973) 432–481.

TURCZYNSKI Emanuel, Konfession und Nation. Zur Frühgeschichte der serbischen und rumänischen Nationsbildung (Geschichte und Gesellschaft 11) Düsseldorf 1976.

VIEFHAUS Erwin, Die Minderheitenfrage und die Entstehung der Minderheitenschutzverträge auf der Pariser Friedenskonferenz 1919. Eine Studie zur Geschichte des Nationalitätenproblems im 19. und 20. Jahrhundert (Marburger Ostforschungen 11) Würzburg 1960.

WALLERSTEIN Immanuel, Unthinking Social Science. The Limits of Nineteenth-Century Paradigms, Cambridge 1991.

WANDYCZ Piotr S., The Price of Freedom. A History of East Central Europe from the Middle Ages to the Present, London 1992.

WEBER Max, The Nation State and Economic Policy (Freiburg Inaugural Lecture 1895), in: LASSMANN Peter – SPEIRS Ronald (eds.), Weber: Political Writings, Cambridge 1994, 1–28.

WELTER Beate, Die Judenpolitik der rumänischen Regierung 1866–1888, Frankfurt a.M. 1989.

WHITE Hayden, The Fictions of Factual Representation, in: WHITE Hayden, Tropics of Discourse: Essays in Cultural Criticism, Baltimore 1978, 121–134.

WOLFF Larry, Inventing Eastern Europe. The Map of Civilization on the Mind of the Enlightenment, Stanford 1994.

WYMAN David, Paper Walls: America and the Refugee Crisis, 1938–1941, New York 1984.

ZERNACK Klaus, Polen und Rußland. Zwei Wege in der europäischen Geschichte, Berlin 1994.

ZERNACK Klaus, Preußen – Deutschland – Polen. Aufsätze zur Geschichte der deutsch-polnischen Beziehungen (Historische Forschungen 44) Berlin 1991.

ZIPPERSTEIN Steven J., Elusive Prophet: Ahad Ha'am and the Origins of Zionism, Berkeley 1993.

ZIPPERSTEIN Steven J., The Jews of Odessa: A Cultural History, 1794–1881, Stanford 1985.

ZUCKERMAN Alan S., The Transformation of the Jews, Chicago 1984.

ZUR LIPPE Rudolf, Raum, in: WULF Christoph (Hg.), Vom Menschen. Handbuch historischer Anthropologie, Weinheim-Basel 1997, 169–179.

ZUR MÜHLEN Heinz von, Die baltischen Lande (Kulturelle Arbeitshefte 15) Bonn 1987.

ZWEIG Ronald W., German Reparations and the Jewish World: A History of the Claims Conference, Boulder 1987.

VERZEICHNIS DER AUTORINNEN UND AUTOREN

Włodzimierz Borodziej
Professor am Historischen Institut der Universität Warschau, 1994/95 Gastprofessor an der Philipps-Universität in Marburg, 1991–1994 in der Sejmkanzlei (Parlamentsverwaltung), ab 1992 als Generaldirektor derselben tätig. Seit 1997 Co-Vorsitzender der Deutsch-Polnischen UNESCO Schulbuchkommission, seit 1999 Vizepräsident der Universität Warschau.
Publikationen u.a. (Titel ins Deutsche übersetzt): Terror und Politik. Deutsche Polizei und polnische Widerstandsbewegung im Generalgouvernement (1985; dt. Ausgabe Mainz 1999); Zwischen Potsdam und Schreiberhau. Polen in den internationalen Beziehungen 1945–1947 (1990); Die Volksrepublik Polen in der Sicht der STASI (Mitherausgeber, Mitverfasser), Bd. I, II (1995 und 1996); Der Komplex der Vertreibung (1997, Mitherausgeber, Mitverfasser).

Dan Diner
Professor an der Hebrew-University, Jerusalem. Direktor des Simon-Dubnow-Instituts für jüdische Geschichte und Kultur an der Universität Leipzig. Ordentliches Mitglied der Philologisch-historischen Klasse der Sächsischen Akademie der Wissenschaften zu Leipzig.
Publikationen u.a.: Ist der Nationalsozialismus Geschichte? Zu Historisierung und Historikerstreit (1987, Hrsg.); Zivilisationsbruch. Denken nach Auschwitz (1989, Hrsg.); Der Krieg der Erinnerung und die Ordnung der Welt (1991); Zerbrochene Geschichte. Leben und Selbstverständnis der Juden in Deutschland (1991, Hrsg. mit Dirk Blasius); Weltordnungen. Über Geschichte und Wirkung von Recht und Macht (1993); Verkehrte Welten. Antiamerikanismus in Deutschland (1993); Kreisläufe. Nationalsozialismus und Gedächtnis (1995); Das Jahrhundert verstehen. Eine universalhistorische Deutung (1999); Hans Kelsen and Carl Schmitt. A Juxtaposition (1999, Hrsg. mit Michael Stolleis); Beyond the Conceivable. Studies on Germany, Nazism, and the Holocaust (2000).

Heinz Duchhardt

Direktor des Instituts für Europäische Geschichte, Abteilung Universalgeschichte, in Mainz (seit 1995), 1984–88 C4-Professor für Geschichte der Frühen Neuzeit an der Universität Bayreuth, 1988–95 C4-Professor für Neuere Geschichte an der Westfälischen Wilhelms-Universität Münster, Ordentliches Mitglied der Akademie der Wissenschaften und der Literatur Mainz und der Historischen Kommission bei der Bayerischen Akademie der Wissenschaften.

Publikationen u.a.: Gleichgewicht der Kräfte, Convenance, europäisches Konzert. Friedenskongresse und Friedensschlüsse vom Zeitalter Ludwigs XIV. bis zum Wiener Kongreß (1976); Das Zeitalter des Absolutismus (1989, 1992², 1998³); Altes Reich und europäische Staatenwelt 1648–1806 (1990); Deutsche Verfassungsgeschichte 1495–1806 (1991); Balance of Power und Pentarchie. Internationale Beziehungen 1700–1785 (1997, Handbuch der Geschichte der Internationalen Beziehungen, Bd. 4); „Europäische Geschichte“ als historiographisches Problem (1997, Hrsg. mit Andreas Kunz); Der Westfälische Friede. Diplomatie – politische Zäsur – kulturelles Umfeld – Rezeptionsgeschichte (1998, Hrsg.); La paix de Westphalie: de l'événement européen au lieu européen de mémoire? (1999).

Max Engman

Professor für Allgemeine Geschichte, Åbo Akademi University seit 1985. 1982–2000 Herausgeber: Historisk Tidskrift för Finland. Mitglied der Societas Scientiarum Fennica.

Publikationen u.a. (Titel ins Englische übersetzt): The Man in the Coal Box. John Reed and Finland (1979, ed. with Jerker A. Eriksson); St. Petersburg and Finland. Migration and Influence 1703–1917 (1983); Finland. People, Nation, State (engl., 1989, ed. with David Kirby); The Double Eagle and the Lion (1992); Ethnic Identity in Urban Europe (engl., 1992); When Empires fall. Studies on the Dissolution of Empires and the Birth of New States (1994, ed.); Ways to St. Petersburg (1995); The Finnish Administration and Emigration to Russia 1809–1917 (1995); West meets East. The Nordic Countries and Russia through the ages (1996, ed.).

Andreas Kappeler

Ord. Univ.Prof. für Osteuropäische Geschichte an der Universität Wien (seit 1998), 1982–1998 Professor für Osteuropäische Geschichte

an der Universität Köln. Wirkliches Mitglied der Österreichischen Akademie der Wissenschaften.
Publikationen u.a.: Rußland als Vielvölkerreich. Entstehung, Geschichte, Zerfall (1992, 2001[3]; Übersetzungen ins Russische, Französische und Englische); Kleine Geschichte der Ukraine (1994, 2000[2]); Russische Geschichte (1997, 2000[2]); Osteuropäische Geschichte, in: Michael Maurer (Hrsg.), Aufriß der historischen Wissenschaften, Bd. 2: Räume (2001) 198–265.

Alexei Miller
Leitender "research-fellow" am Institute for Scientific Information of the Russian Academy of Sciences, director of the Project "Nationalism as historical phenomenon", leitender "research-fellow" am Institute of Russian History der Russischen staatlichen humanistischen Universität, Moskau; Gastprofessor an der Central European University, Budapest College, History Department.
Publikationen u.a. (Titel ins Englische übersetzt): Nationalism and Nation-Formation. Theories–Models–Concepts (1994, ed.); Austria-Hungary: Experience of a Multinational State (1995, ed. gem. mit T. Islamov); Central Europe as Historical Region (1996, ed.); Russia-Ukraine: history of relations (1997, gem. mit B. Floria); Nation and Nationalism (1999, ed.); Imperial Authorities, Russian Public Opinion and Ukrainian Nationalism in the reign of Alexander II. (2000).

Nicolette Mout
Ord. Univ.Prof. für Neuere Geschichte (seit 1994) und ao. Professorin für mitteleuropäische Studien mit besonderer Berücksichtigung Österreichs an der Universität Leiden (seit 1990). Mitglied der Königlichen Niederländischen Akademie der Wissenschaften, korrespondierendes Mitglied im Ausland der Österreichischen Akademie der Wissenschaften.
Publikationen u.a.: Komenský v Amsterodamu (Comenius in Amsterdam, 1970, gem. mit J. Polišenský); Bohemen en de Nederlanden in de zestiende eeuw (1975); Gerhard Oestreich, Antiker Geist und moderner Staat bei Justus Lipsius (1547–1606) (Schriftenreihe der Historischen Kommission bei der Bayerischen Akademie der Wissenschaften 38, 1989, ed.); Het gezicht der vrijheid. (Das Gesicht der Freiheit) Antrittsvorlesung (1991); Die Kultur des Humanismus. Reden, Briefe, Traktate, Gespräche von Petrarca bis Kepler (1998).

Wolfgang Schmale

Ord. Univ.Prof. für Geschichte der Neuzeit an der Universität Wien (seit 1999). Zuvor Dozenturen bzw. Gastprofessuren an den Universitäten Tours, Bochum, München, Braunschweig, Graz. Herausgeber der Buchreihen: Herausforderungen. Historisch-politische Analysen (Bochum); Innovationen. Bibliothek zur neueren und neuesten Geschichte (Berlin). Geschäftsführender Herausgeber der Wiener Beiträge zur Geschichte der Neuzeit (Wiener Zeitschrift und Wiener Schriften zur Geschichte der Neuzeit).

Publikationen u.a.: Entchristianisierung, Revolution und Verfassung. Zur Mentalitätsgeschichte der Verfassung in Frankreich, 1715–1794 (1988); Scheitert Europa an seinem Mythendefizit? (1997); Archäologie der Grund- und Menschenrechte in der Frühen Neuzeit. Ein deutsch-französisches Paradigma (1997); Geschichte Frankreichs (2000); Geschichte Europas (2000 und 2001).

Gerald Stourzh

Professor emeritus für Geschichte der Neuzeit an der Universität Wien. 1964–69 ordentlicher Professor an der Freien Universität Berlin, 1969–1997 an der Universität Wien. Wirkliches Mitglied der Österreichischen Akademie der Wissenschaften. Ordentliches Mitglied der Historischen Kommission bei der Bayerischen Akademie der Wissenschaften.

Publikationen u.a.: Benjamin Franklin and American Foreign Policy (1954, 1969²); Alexander Hamilton and the Idea of Republican Government (1970); Die Gleichberechtigung der Nationalitäten in der Verfassung und Verwaltung Österreichs 1848–1918 (1985); Wege zur Grundrechtsdemokratie (1989); Um Einheit und Freiheit – Staatsvertrag, Neutralität und das Ende der Ost-West-Besetzung Österreichs 1945–1955, 4., stark erweiterte Aufl. (1998).

Maria N. Todorova

Professor für Geschichte, University of Illinois/Urbana-Champaign, 1996–2001 Professor für Geschichte, University of Florida/Gainesville. 1984–1992 a.o. Professor, University of Sofia; Gastprofessuren an der Universität Graz (1996), an der Harvard University und an der Bosphorus University, Istanbul (1999).

Publikationen u.a.: Rugier Boshkovich, Dnevnik na edno pîtuvane (Diary of a Journey) (1975); Podbrani izvori za istoriyata na balkanskite narodi XV–XIX vek (Selected Sources for the History of the

Balkan People, 15th–19th cc.) (1977); Angliya, Rusiya i Tanzimatît (1980); Angliya, Rossiya i Tanzimat (1983, revised edition, in Russian); Aspects of the Eastern Question (1986, ed.); English Travellers' Accounts on the Balkans (16th–19th cc.) (vol. 7 of series: Foreign Travellers' Accounts on the Balkans, 1987, ed.); Istoritsi za istoriyata (1988, ed.); Balkan Family Structure and the European Pattern: Demographic Developments in Ottoman Bulgaria (1993); Imagining the Balkans (1997; dt. Ausgabe: Die Erfindung des Balkans, 1999).